高等教育“十四五”创新型教材
高等教育创新探索系列教材

精益生产管理

JINGYI SHENGCHAN GUANLI

主　编　周建忠　俞　彬
副主编　段建雄　倪爱华

西北工業大學出版社
西　安

【内容简介】 本书针对生产现场管理人员在生产现场所面临的实际问题，介绍了精益生产的基本管理理论、管理方法和管理工具，以及国内外一些公司先进现场管理的具体做法和成功经验。全书共十二个项目，内容包括认识精益生产管理、消除浪费、5S 管理、目视化管理、TPM 全员生产性维护、标准作业、绘制价值流图、均衡化生产、自动化与防错法、流程化生产、拉动式生产与看板管理、品质管理。每个项目均包括项目导读、案例导入、知识目标、技能目标、知识解读、任务小结、思考练习等，便于学生加强理解及进行练习。

本书可作为应用型本科院校、职业院校、技师学院等装备制造类专业、工科类专业学生的基础课教材，也可作为工程类专业人员进行管理培训的教材或参考书。

图书在版编目（CIP）数据

精益生产管理 / 周建忠，俞彬主编. -- 西安：西北工业大学出版社，2024. 8. -- ISBN 978-7-5612-9423-9

Ⅰ. F273

中国国家版本馆CIP数据核字第20248XX077号

JINGYI SHENGCHAN GUANLI

精 益 生 产 管 理

周建忠　俞彬　主编

责任编辑： 李文乾　党　莉　　　**装帧设计：** 李　冉

责任校对： 陈　瑶

出版发行： 西北工业大学出版社

通信地址： 西安市友谊西路 127 号　　邮编：710072

电　　话： (029) 88493844，88491757

网　　址： www.nwpup.com

印 刷 者： 三河市悦鑫印务有限公司

开　　本： 889 mm × 1 194 mm　　1/16

印　　张： 12

字　　数： 350 千字

版　　次： 2024 年 8 月第 1 版　　2024 年 8 月第 1 次印刷

书　　号： ISBN 978-7-5612-9423-9

定　　价： 52.00 元

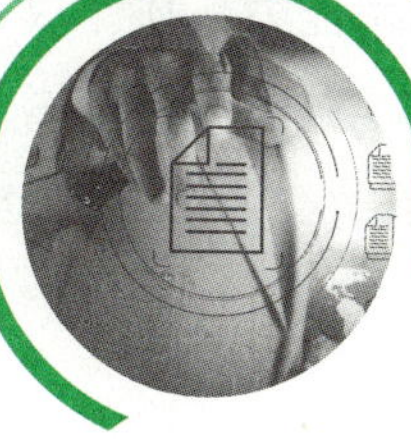

前　言

多变的全球化知识经济环境，使得企业体制的强化及业绩向上成为企业营运的当务之急。在利润空间减少、短交期、高品质、低成本的激烈市场竞争压力下，如何使企业能够灵活应对外部复杂经营环境的挑战是摆在我国制造型企业经营者面前的重要课题。现场管理是制造型企业生存和发展的重要基础。加强现场管理，需要掌握正确的管理思路、有效的管理方法和科学的管理工具，这样才能追本溯源，从根本上解决问题。日本丰田汽车公司精益生产的成功经验带给人们一种成功的管理理念，它以客户需求为起点，消除一切不能为客户增值的程序，消除浪费，以实现降低成本、提高产品质量和缩短交货期为目的。它已经成为应对当今生产能力过剩和全球市场竞争困境的法宝。精益生产管理模式无疑成为我国企业赢得良好经营效益和持续发展的良方。

本教材主要编写思路：

1. 本教材以培养学生现场管理岗位的综合管理技能为主线，以工学结合为切入点，打破以知识传授为主要特征的传统学科课程模式，转变为根据现场管理岗位的典型工作任务选择教材内容，从而更有效地培养学生实际工作的能力，提高课程内容的实用性、与工作任务的相关性，让学生在完成具体项目的过程中构建知识，并发展职业能力。经过行业专家深入、细致、系统的分析，最终确定了以下十二个项目作为教材内容：认识精益生产管理、消除浪费、5S 管理、目视化管理、TPM 全员生产性维护、标准作业、绘制价值流图、均衡化生产、自动化与防错法、流程化生产、拉动式生产与看板管理、品质管理。这些学习项目分别对应着现场管理中不同的工作岗位。教材内容突出对学生职业能力的训练，理论知识的选取紧紧围绕工作任务完成的需要来进行，同时又充分考虑了高等职业教育对理论知识学习的需要，强调以必需、够用为原则。

2. 按照情境学习理论的观点，只有在实际情境中学生才能获得真正的职业能力，并获得理论认知水平的发展，因此本教材打破纯粹理论知识的学科体系模式，以案例导入为切入点，实施项目教学以改变学与教的行为。这是教学模式的一个重大转变，要有力地推动这一转变，需要以项目为载体来组织课程内容。在项目设计中，项目载体设计是一个关键环节。本教材每个项目都以企业实际的典型现场管理案例或生产现场为载体进行设计，以工作任务为中心整合理论与实践，实现理论与实践的一体化。在教学过程中，根据实际情况采用角色扮演、仿真模拟、实操演练、现场参观、顶岗实训等多种教学组织形式，以自主学习、小组讨论和网络学习以及调研分析等方式来训练学生的独立思考能力、协作攻关能力、解决问题能力、迁移学习能力和创新能力等。教学效果评价采取过程评价、结果评价与增值评价相结合的多元化评价方式，通过理论与实践相结合，重点评价学生的职业意识、职业态度与职业能力。

本教材主要特色与创新：

1. 以培养社会需要的高技能型人才为导向，本教材建立在高校培养“银领”（即高级技能型应用人才）的办学理念基础上，从编写指导思想到内容选择、体系设计、编写模式，都以服务于培养现场管理岗位的综合管理技能与素质为出发点和归属，努力打造充分体现高职特色的实用教材。

2. 针对高校教育的特点，系统全面、深入浅出地介绍了现场管理与精益生产方面的有关管理理论、管理方法、改善工具和实践中的做法，从框架设计到内容分析，既吸取了国内外的研究成果，又立足创新，既吸取了现场管理与精益生产的理论和方法，又立足生产现场管理的实际应用，使学生可以利用现场管理与精益生产方法解决生产现场的实际问题。

3. 编写形式的创新，为适应教材的编写目标，建立了“栏目式”教材编写模式，这些栏目包括项目导读、案例导入、知识目标、技能目标、知识解读、任务小结、思考练习等。同时，本教材依托国家在线精品课程——精益管理课程教学平台，满足了线上线下混合式教学的需要。

在线精品课程

本书可作为应用型本科院校、职业院校、技师学院等工商管理类专业、工科类专业学生的基础课教材，教师可根据自己专业的需要，选择其中的项目进行教学与实践。

本书由周建忠、俞彬担任主编，段建雄、倪爱华担任副主编。全书共十二个项目，编写分工如下：周建忠负责内容框架确定及全书的统稿工作，并负责编写前言及项目七、项目八、项目十、项目十一、项目十二；俞彬负责编写项目五、项目六、项目九；段建雄负责编写项目一、项目二；倪爱华负责编写项目三、项目四。

在整个编写过程中，编者参考和引用了相关文献资料、书籍，在此谨向其作者深表谢意。

由于水平有限，特别是随着职业教育改革的不断深入，本书难免存在一些不足之处，恳请广大读者批评指正。

编　者

2024 年 5 月

目　录

项目一

认识精益生产管理

项目导读

精益生产是源自日本丰田生产方式的一种管理哲学，由美国麻省理工学院组织世界上 17 个国家的专家、学者，花费 5 年时间对 14 个国家的近 90 个汽车装配厂进行实地考察，耗资 500 万美元，以汽车工业为典型不断理论化后总结出来的一种革命性的生产方式，被称为“改变世界的机器”，是继大量生产方式之后人类现代生产方式的第三个里程碑。“精”表示精确、精良、精美，“益”表示效益、利益。精益生产能最大限度地减少企业所占用的资源，降低企业成本，创造最大价值，它不仅是一种生产方式，还是一种理念和文化。精益生产可灵活运用于各个行业，其优越性不仅体现在生产制造系统，而且体现在产品开发、协作配套、营销网络以及经营管理等各方面。通过本项目的学习，使学生学会用动态的、发展的眼光审视、观察事物，运用精益理念和思维不断追求自身的转变，积极应对外部环境的不断变化，发现并抓住新的发展机遇，追求尽善尽美，持续提升竞争力。

案例导入

F 公司是一家制造充电器的世界 500 强跨国企业，在某个系列产品的生产线上设有老化测试工序，老化测试房离生产线有 10 m 距离，该工序安排 3 名员工。1 名员工在线将装配好的充电器放入料箱中，其余 2 名员工负责将装满充电器的料箱运到老化架旁，然后将充电器插到老化架上，插满后推入老化房，老化测试完成后再将充电器依次拔下放入料箱中，最后推回生产线。另外，生产电器控制电路板的产线一天生产 1 800 片，但是半成品库积压了 1 000 多片库存，由于每天都积压，产线已经积压了 1 万多片库存，给产线的正常运行带来了巨大的困扰和隐患。

企业在引入精益生产管理后，全面分析产线的运行情况，发现存在明显的浪费。首先是产线的老化测试过程存在明显的搬运浪费，针对该情况重新优化工序，将老化架直接移到生产线旁边，下线的成品直接插入老化架中，插满后推入老化房中测试，测试完成后将老化架推上生产线，在线依次拆下继续生产。完成这次改善后，一条线减少了一个操作员和 10 个物料箱，因为这个系列产品白夜班共有 20 条生产线，所以最终节省了 20 个操作员和 200 个物料箱，为工厂一年节约成本 5 万美金。其次，针对库存问题，分析发现产线生产电路板的节拍时间为 20 s，而出货检验（Final Quality Control，FQC）测试时间为 30 s（全检时间），因此本线体的测试根本不能满足生产。同时，由于测试人员在成品检验室里进行操作，需多搬运两次产品且占用成品检验室空间，进而影响产品下线和入库，造成大量积压库存。因此，重新规划安排工位，提高线平衡，改良后段测试工装，并将成品检验室的测试设备和人员调整到线上进行测试。经调整后，产线主线达到线平衡，FQC 不再成为瓶颈，生产顺畅，下线平稳，减少产品搬运次数，无须再将产品搬到成品检验室进行测试，并节省了检验室空间。

任务一　精益生产的形成与发展

知识目标

◎了解单件小批量生产方式的内容；
◎理解大批量生产方式的内容和作用；
◎了解精益生产方式产生的背景及发展。

技能目标

◎能识别企业采用的生产方式；
◎能识别企业精益生产运用的精益思维及理念。

知识解读

工业制造生产方式的发展主要经历了单件小批生产方式、大批量生产方式和精益生产方式三个阶段。三者内容各不相同，单件生产方式向大批量生产方式的转变被称为工业界的第一次革命，大批量生产方式向精益生产方式的转变被称为工业界的第二次革命。

（一）单件小批生产方式

从工业经济诞生到20世纪初，生产都是以手工单件生产为主的。在伦敦的科学博物馆中收藏的由英国议员伊夫·亨利·埃利斯在1894年委托法国巴黎庞阿尔—勒瓦瑟机床公司制造的一辆汽车，就是单件生产方式的典型代表。采用这种生产方式的企业规模都很小，通常只有几十个人，很多工人本身就是业主，没有明确的分工，组织结构极为分散。采用非常简单的通用机床设备与工具对金属和木材进行加工，但员工凭借自身的精湛技艺，生产出的产品更像一件艺术品，正好迎合客户专门设计和生产的需求。但是这种生产方式的产品产量非常低，生产效率低下，而且质量没有保障，价格也非常昂贵，越来越不适应工业发展的要求。

（二）大批量生产方式

20世纪初期，当时的制造业采用手工单件小批生产方式，由于生产率低、生产周期长，产品价格居高不下，人们对产品有需求却无力购买，最后致使许多作坊和工厂面临倒闭的危机。第二次工业革命以后，随着机器的全面普及使用，机器逐渐代替人力成为生产制造的主要方式，极大地推动了生产力的快速发展，从而提高了生产率，大量生产方式应运而生。

大批量生产方式从形成到发展主要经历了萌芽期、形成与发展期和全盛期三个阶段。

1. 萌芽期

19世纪中期，美国制造业已具有劳动分工、零件的互换性和专用机械等特点，已具备了大量生产方式的雏形。例如美国福特汽车公司，亨利·福特规定每个零件都采用统一的计量标准，确保零件获得完全的互换性，进而使福特公司的生产效率得到极大提高，公司一名装配工的平均工作周期由 514 min 下降到 2.8 min。但进入 20 世纪后，美国模式的这些特征已经不足以支持许多大企业的成长。

2．形成与发展期

1903 年，美国福特汽车公司成立，福特在试造了几个车型后，终于推出了改变世界的 T 型车。1913 年福特意识到要降低成本、提高质量，必须采用流水作业进行大量生产，为此在底特律厂房里建立了世界上第一条汽车装配流水线，使工人的工作周期从 2.8 min 缩短为 1.9 min。流水线生产大大提高了生产效率，推动了大量生产方式的发展，有助于创建以规模经济为基础的商业市场。流水线不仅为汽车制造，而且为全球整个工业界带来了伟大的变革，大量生产方式的概念广为传播。

3．全盛期

由于大规模生产采用高效率的专用设备或生产线，并采用半熟练工人、专业设计和专门管理人员、标准产品和服务生产，产量大、效率高、成本低、质量稳定，第二次世界大战后成为世界工业的主导生产模式。它不仅对美国 20 世纪经济力量的迅猛发展起了巨大的推动作用，而且在世界的生产技术以及生产管理史上具有极为重要的意义。

大批量生产方式的特点是以单一品种的大规模生产来降低产品成本。大量生产方式围绕功能专业化和劳动详细分工设计庞大的生产组织，把固定费用分散到工厂、设备以及生产线组成上，产品的巨大产量形成了规模经济，这种高效能降低了单件成本。大批量生产方式虽然实现了规模经济，但因生产规模庞大、大量采用专用设备、专业化分工等，如遇到市场的需求多样化、特殊化和不稳定，企业难以快速调整来适应市场变化的需要。因此它只适用于单品种、稳定的市场需求，对于多品种、小批量生产而言，就很难发挥它的优势。

（三）精益生产方式的产生

到 20 世纪后半期，社会进入了一个市场需求多样化发展的新阶段，相应地要求工业生产向多品种、小批量的方向发展，单品种、大批量的流水生产方式的弱点日渐凸显。为顺应新的时代要求，多品种、小批量混合生产条件下的高质量、低消耗的精益生产方式在实践中逐步被摸索创造出来。

20 世纪 50 年代，第二次世界大战后的日本经济萧条，缺少资金，生产效率低，日本制造业当时的生产效率只有美国制造业的 1/9 ～ 1/8。日本要发展汽车产业，面临着照搬美国的大量生产方式还是按照日本国情另谋出路的抉择，丰田汽车公司管理者在经过深入考察和全面分析后选择了后者。1950 年，日本丰田汽车公司当时的总裁丰田英二对美国福特汽车公司在底特律的轿车厂进行了三个月的细致考察。当时，这个轿车厂日产量达 7 000 辆，而丰田汽车公司从其创立（1937 年）直至 1950 年的 10 多年间，总产量仅为 2 650 辆。同时，丰田英二发现福特公司用一组压力机来专门生产某一种特定零件，忽视因检修或待料等造成的停工以及因产品质量问题而出现的大量半成品和成品库存等现象，致使产品转型缓慢。丰田英二在他的考察报告中写道："那里的生产体制仍有改进的可能。"丰田人发现，由于日本的经济和技术基础与美国相去甚远，当时没有可能全面引进美国的成套设备来生产汽车，而且日本当时所期望的生产量仅为美国的几十分之一，"规模经济"法则在这里面临着考验。同时，日本的社会文化背景与美国大不相同，日本的家族观念、服从纪律和团队精神是美国人所没有的。从此，日本开始了制造汽车的一系列探索和实践，并根据日本国情建立了一整套新的生产管理体制，即丰田生产方式（Toyota Production System，TPS），它就是精益生产方式的原型。这种生产方式的主要指导思想是通过生产过程整体优化，改进技术，理顺物流，杜绝超量生产，消除无效劳动与浪费，有效利用资源，降低成本，提升质量，达到用最少的投入实现最大产出的目的。

精益生产方式是在实践应用中根据实际生产的要求而被创造总结出来的一种革命性的生产方式，被称为“改变世界的机器”，是继大量生产方式之后人类现代生产方式的第三个里程碑。总体来说，精益生产的发展主要经历了以下三个阶段。

（一）丰田生产方式的形成和完善阶段

在这一阶段，丰田汽车公司创造了三分钟替换作业法、现场改进、自动化、五个理由、供应商重组和伙伴关系、拉动式生产。丰田生产方式的发展主要得益于丰田佐吉、丰田喜一郎和大野耐一三个主要人物。

丰田佐吉创立了丰田生产方式自动化。1902 年，丰田汽车公司的奠基者丰田佐吉发明了自动纺织机，打开了自动纺织业的大门，实现了一名工人同时看管多台机器，并且使设备在发生故障时自动报警停机，这就是丰田生产方式自动化的前身。

丰田喜一郎创建了准时化生产的基础。20 世纪 30 年代，丰田开始建立汽车制造厂，丰田佐吉的长子丰田喜一郎赴美学习亨利·福特的生产制造系统，他把福特的传送带技术在日本的小规模汽车生产中加以改造应用，提出在生产线的各个工序中，只在下道工序需要时，上道工序才进行生产，从而奠定了准时化生产的基础。

大野耐一发明了著名的“准时生产”系统，在丰田英二（丰田喜一郎的侄子）领导时期，他概括出丰田生产方式的完整体系。1956 年访问通用汽车和福特汽车期间，美国超级市场的陈列和及时补给系统给了他很大启发，并由此发明了拉动式生产系统，即根据市场预测，只生产市场需要的产品，及时提供适销对路的产品，同时开发了一系列工具来实现他的生产模式。

经过 30 多年努力，20 世纪 80 年代终于形成了完整的丰田生产方式。1989 年，日本的汽车工业超过美国，产量达到 1 300 万辆，占世界汽车总量的 30%以上。从 2003 年开始，丰田汽车公司超过所有汽车企业成为全球利润冠军，2008 年丰田汽车公司超越美国通用汽车公司成为世界第一大汽车制造商。

（二）精益生产模式的形成阶段

以丰田汽车公司为代表的日本企业在国际市场上的成功，引起西方企业界的浓厚兴趣。西方企业家认为，日本在生产中所采用的方式是其在世界市场上竞争的基础。在这种情况下，美国麻省理工学院以詹姆斯·沃麦克、丹尼尔·琼斯、丹尼尔·鲁斯等为主要成员，通过“国际汽车计划”，组织世界上 17 个国家和地区的专家、学者，耗资 500 万美元，从 1984 年到 1989 年，花费 5 年时间对 14 个国家的近 90 个汽车装配厂进行实地考察，查阅了几百份公开简报和资料，以汽车工业这一开创大批量生产方式和丰田生产方式的典型工业为例，对比研究世界各大汽车企业，力图破解日本汽车业快速成长的秘密。

研究结果表明，北美与欧洲的汽车工业所采用的生产管理技术与当年亨利·福特使用的大量生产方式相差无几，而这些技术在市场多品种、小批量需求环境下，完全没有办法与日本企业，尤其是丰田汽车公司采用的生产方式竞争。20 世纪 80 年代初的世界汽车市场，小批量、多品种的趋势已经非常明显，丰田汽车公司发现了在这种市场环境下获取利润的生产方式，具有重大意义。詹姆斯等人满怀热情地把丰田生产方式的特点加以总结，提炼成普遍适用的管理模式，命名为“Lean Production（精益生产）”，并于 1990 年通过《改变世界的机器》一书向全世界推广介绍。经过四年“国际汽车计划”第二阶段研究，在 1996 年出版了《精益思想》，弥补了前一研究成果并没有对“怎样能学习精益生产的方法”提供多少指导的缺陷，描述了学习丰田方法所必需的关键原则，并且通过例子讲述了各行各业均可遵从的行动步骤，进一步完善了精益生产的理论体系。2005 年，詹姆斯·沃麦克等人又合著了《精益解决方案》，进一步提出精益消费的概念，告诉公司如何消除消费过程中的无效劳动，论述了如何将精益思想延伸至消费过程，从而在使消费者获得更多价值的同时，企业也获得更多的利润。

在此阶段，美国企业界和学术界对精益生产方式进行了广泛的学习和研究，提出很多观点，对原有的丰田生产方式进行了大量补充，增加了很多工业工程技术、信息技术、文化差异等，对精益生产理论进行完善，提升精益生产适用性。

（三）精益生产方式的新发展阶段

精益生产的理论和方法随着环境的变化而不断发展，特别是在20世纪末，随着研究的深入和理论的广泛传播，越来越多的专家学者参与进来，出现了“百花齐放”的现象，各种新的理论和方法层出不穷，主要包括大规模定制和精益生产的结合、单元生产、准时制生产、6S管理、全员生产性维护的新发展等。很多美国大企业将精益生产方式与本公司实际相结合，创造出适合本公司需要的管理体系，例如：1999年美国联合技术公司的获取竞争性优势管理（Achieving Competitive Excellence，ACE），精益六西格玛管理，波音公司的群策群力，通用汽车公司1998年的竞争制造系统（GM Competitive MFG System）等。这些管理体系实质是应用精益生产的思想并将其方法具体化，以指导公司内部各个工厂、子公司顺利地推行精益生产方式。

在此阶段，精益思想作为一种普遍的管理理念，跨出了它的诞生地——制造业，作为一种普遍的管理哲理在各个行业传播和应用，并成功应用于建筑设计与施工行业、服务业、民航与交通运输业、医疗保健行业、通信与邮政管理、软件开发与编程等，使得精益生产体系更加完善。

精益生产在中国的主流传播，是随着丰田汽车公司与我国汽车企业的合作而展开的。1978年6月，中国第一汽车有限公司考察团对丰田生产方式进行了全面学习，并在各大分厂进行实践摸索，取得了较好的效果。自1997年伊始，在珠三角工业带，精益生产几乎在所有日资企业中得到了广泛推行，并取得了较好的效果，在客观上带动了精益生产在中国的传播。2000年左右，在激烈的市场竞争和巨大的生产过剩压力下，随着精益生产理论的成熟，国内制造商逐渐了解到精益方法不只是一种生产体系，还是一种商业体系，囊括了将一件产品投入市场的所有方面，包括设计、供应商管理、生产以及销售，因此，精益方法最终在汽车制造业之外传播开来，中国的精益生产学习自此从被动模仿走入了主动探索的阶段。

任务小结

通过本任务的学习，系统地了解工业制造生产方式的单件小批生产、大批量生产和精益生产三个主要发展阶段，了解大批量生产方式的萌芽期、形成与发展期和全盛期三个阶段，深入了解精益生产方式产生的背景，丰田生产方式的形成和完善、精益生产模式的形成、精益生产方式的新发展三个精益生产发展阶段，能识别企业采用的具体生产方式及其运用的精益思维及理念。

任务二　精益生产理念

知识目标

◎掌握三种企业经营思想的定义；
◎理解三种企业经营思想的做法和经营结果；
◎掌握精益思想的五大原则。

技能目标

◎能正确分辨企业采用的经营思想；
◎能识别企业生产中运用的精益管理思想及原则。

知识解读

经营思想是指贯穿企业经营活动全过程的指导思想，它是由一系列观念或观点构成的对经营过程中发生的各种关系的认识和态度的总和。众所周知，企业经营的最终目的就是要获取最大的利润，而如何获取最大利润，却因企业经营思想不同而导致其做法不同。企业的经营思想可分为成本主义、售价主义和利润主义三种。

（一）成本主义

成本主义是以成本为中心，加上预先设定的利润，由此计算出售价的经营思想，即

售价 = 成本 + 利润

例如：某产品的生产成本是 500 元，利润定为成本的 20%，即 100 元，则产品售价定为 600 元。当市场需求增加，供不应求时，企业提高售价以获取更多利润。这类产品大多属于垄断商品，消费者没有选择，但这样的卖方市场是非常有限的。

（二）售价主义

售价主义是以售价为中心，当市场售价降低时，利润也随之降低的经营思想，即

利润 = 售价 − 成本

例如：某产品的市场售价是 600 元，目前生产成本为 500 元，利润就是 100 元。当市场竞争导致售价降到 550 元时，生产成本还是 500 元，此时利润就减为 50 元。采用这种管理思想的企业，大多属于没有危机感和改进意识的企业，在市场竞争日益激烈的今天更加难以生存。

（三）利润主义

利润主义是以利润为中心，当市场价格降低时，成本也必须降低，以维持目标利润的经营思想，即

成本 = 售价 − 利润

例如：公司针对某产品确定的利润目标是 100 元，现在市场售价为 600 元，那么目标成本就是 500 元。如果市场售价跌到 550 元，为了维持 100 元的利润目标，那么成本必须降到 450 元。显

然，采用这种经营思想的企业可以在竞争中立于不败之地。

以上三种经营思想的目标虽然都是利润，但由于立足点不同，企业的做法和经营结果也完全不同：

（1）成本主义建立在生产垄断产品以获得高额利润的基础上，虽然其垄断地位保证了利润，但市场需求仍将影响其利润的大小，并且一旦失去垄断地位，终将会走向倒闭。

（2）售价主义经营思想是消极地适应市场，当供不应求时企业就抬高售价，供大于求时就实行降价，这种经营理念太过被动，终会被市场拖垮。

（3）利润主义追求利润，企业会为了保证其利润而努力改进生产中所存在的问题，因此使企业立于不败之地。

在自由竞争的市场环境下，商品的售价受到市场的供需影响，当需求大于供应时，可以依靠提高售价或增加销售量来获得更高的利润，也就是卖方市场。但现今市场竞争日益激烈，供应大于需求，也就是买方市场，企业要想获得更大的利润，就必须努力降低成本。对企业而言，材料、消耗品和设备的价格是由市场决定的，要想通过降低成本来获取利润，就必须把企业内部如人工、设备使用等管理成本作为改善的对象，彻底消除其存在的各种浪费，达到提高盈利空间的目的。

因此，精益生产采用利润主义经营思想，通过彻底消除浪费，追求精益求精和不断改善，以精简为核心，去掉产品开发设计、生产、管理环节中一切无用的东西，撤除一切不增值的岗位，以实现降低成本的基本目标，从而实现利润最大化的最终目标。

詹姆斯·沃麦克、丹尼尔·琼斯在出版的《精益思想》一书中，从普遍意义上总结了精益管理思想的五项原则，要求企业将从接单到发货的一切过程纳入价值流中，始终站在客户的立场上，追求有价值的工作，并使所有有价值的工作像河流一样流动起来，按需求生产，通过拉动取代推动，整个过程追求尽善尽美，持续改进。

（一）定义价值

精益管理思想认为企业产品的价值只能由用户来确定，只有满足特定用户需求才有存在的意义。站在用户的价值立场上审视企业的产品设计过程、制造过程、服务过程，进而发现其中的浪费，从不满足用户需求到过多功能和多余的非增值消耗。通过尽善尽美的价值创造过程（包括设计、制造和对产品或服务整个生命周期的支持），为用户提供尽善尽美的价值，造就一个永远充满活力、不断进步的制造体系。

（二）识别价值流

价值流是指原材料转变为成品并给它赋予价值的全部活动。识别价值流是精益管理思想的起点，在价值流中找到哪些是真正增值的活动，哪些是可以立即去掉的不增值的活动，发现浪费和消灭浪费。识别出产品的价值流，使价值不间断地流动，让用户拉动价值流的流动，永远追求尽善尽美。

（三）流动

精益管理思想要求创造价值的各个活动（步骤）流动起来，强调不间断地“流动”。但由于根深蒂固的传统观念和做法，如部门的分工（部门间交接和转移时的等待）、大批量生产（机床旁边等待的在制品）等，阻断了本应流动起来的价值，因此要消除所有的停滞活动。

（四）拉动

拉动是指按用户的需求设计投入和产出，使用户精确地在其需要的时间得到所需要的物品或服务。拉动减少了大量库存和现场在制品，大大地压缩提前期，实现拉动的方法是实行准时生产和单件流。

（五）尽善尽美

由于上述四个原则——定义价值、识别价值流、流动和拉动的相互作用，使价值流的流动速度显著加快，因此必须不断地用价值流管理找出更隐藏的浪费，做进一步的改进。这样的良性循环成为趋于尽善尽美的过程，精益制造的目标是“通过尽善尽美的价值创造过程（包括设计、制造和对产品或服务整个生命周期的支持）为用户提供尽善尽美的价值”。

精益制造的“尽善尽美”有三方面含义：用户满意、无差错生产和企业自身的持续改进。因为外在市场环境处于不断变化之中，企业内部也要不断进行转变，所以“尽善尽美”永远是一个目标，但持续地追求尽善尽美，将造就一个永远充满活力、不断进步的企业。

任务小结

通过本任务的学习，掌握成本主义、售价主义和利润主义三种企业经营思想的定义，并能正确分辨企业采用的经营思想；理解三种经营思想不同的立足点，以及企业采用不同经营思想的做法和经营结果；理解在当今自由竞争的市场环境下，精益生产选用利润主义的原因和必要；掌握精益管理思想及五大原则，并能识别企业实际生产中所运用的精益管理思想及原则。

任务三　精益生产体系

知识目标

◎掌握精益生产三个层次的目标；
◎了解精益生产管理体系的定义及作用；
◎理解精益生产管理体系的核心技术。

技能目标

◎能识别企业精益生产管理体系运用的先进制造和管理技术；
◎能识别企业采用的制造和管理技术所要实现的精益生产子目标类型。

知识解读

工业企业作为以盈利为目的的社会经济组织，最大限度地获取利润是企业的基本目标。精益生产方式作为一种先进的生产管理技术，在当今快速变化的市场中，采用灵活的生产组织形式，根据市场需求的不断变化及时调整生产，依靠严谨细致的管理，通过“彻底消除浪费”，防止过量生产，以达成企业的利润目标。为了实现这一基本目标，精益生产必须能够很好地实现三个子目标：零缺陷、零库存、高柔性（见图 1–1）。

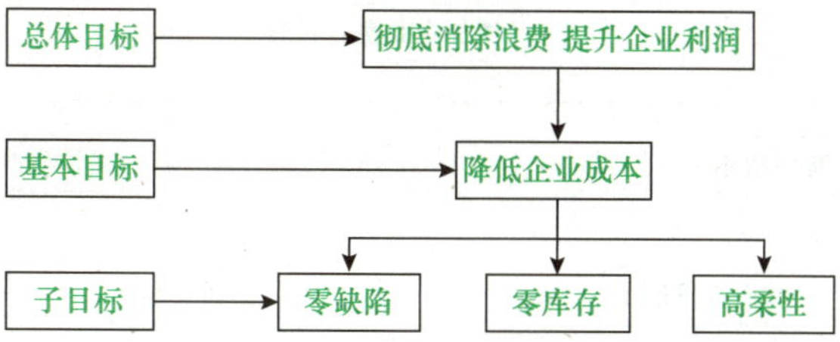

图 1–1　精益生产目标

（一）零库存

充满库存的生产系统将掩盖系统中的各种问题。例如，设备故障导致停机、产品质量低导致废品或维修、计划不周导致生产脱节等，都可以使用各种库存使矛盾钝化，问题被淹没，从表面上看生产仍然是平衡的，事实上，整个生产系统可能已充满了漏洞。而且，如果对生产系统中存在的各种问题视而不见，从长远来看，企业将失去紧迫感和进取精神，日本人称库存是“万恶之源”，是生产系统设计不合理、生产过程不协调、生产操作不良的证明。因此，“零库存”成为追求精益生产的主要目标之一。

（二）高柔性

高柔性是指企业面对当今瞬息万变的市场，必须建立灵活多变的生产组织形式，以适应市场需求多样化的要求，并及时组织多品种、小批量生产，以此提高企业的竞争力。精益生产方式以高灵活性为目标，通过在组织、人员、设备三个方面的高柔性设置，以实现高灵活性和高生产率的统一。

1．组织高柔性

在精益生产方式中，决策权是分散的，而不是集中在指挥链上。它不采用基于职能部门的静态结构，而是采用基于项目组的动态组织结构。

2．人员高柔性

精益生产模式的人员是具有多种技能的“多能工”，当市场需求波动时，可以通过适当调整操作人员以适应短期的变化。

3．设备高柔性

精益生产采用适度的柔性自动化技术，工序相对集中、无固定节拍、材料非顺序输送的生产组织方式，实现接近大量生产方式所能达到的高效率和低成本。

（三）零缺陷

传统的生产管理很少提出零缺陷的目标，一般企业只提出可接受的不合格百分比和可接受的质量水平。他们的基本假设是达到一定数量的不合格产品是不可避免的。精益生产的目标是消除不合格产品的各种原因，在加工过程中的每一道工序都需要达到水平，追求产品的零缺陷，“错了再改”要花更多的金钱、时间和精力，强调“一次做对”非常重要。如果每个人在自己的工作中养成了这个习惯，他们就会提前做好准备和预防，认真对待，采取预防措施，在很多情况下就不会出现质量问题。

精益生产在总结丰田生产模式的基础上，综合多种先进制造技术和管理技术，形成了更加系统的生产管理体系，使生产系统能够迅速适应用户需求，简化生产过程中所有无用且多余的东西，最终达到包括市场销售在内的生产各方面的最佳结果。该体系核心技术包括品质管理、拉动式准时生产和充分发挥员工智慧及创造力等（见图 1-2）。

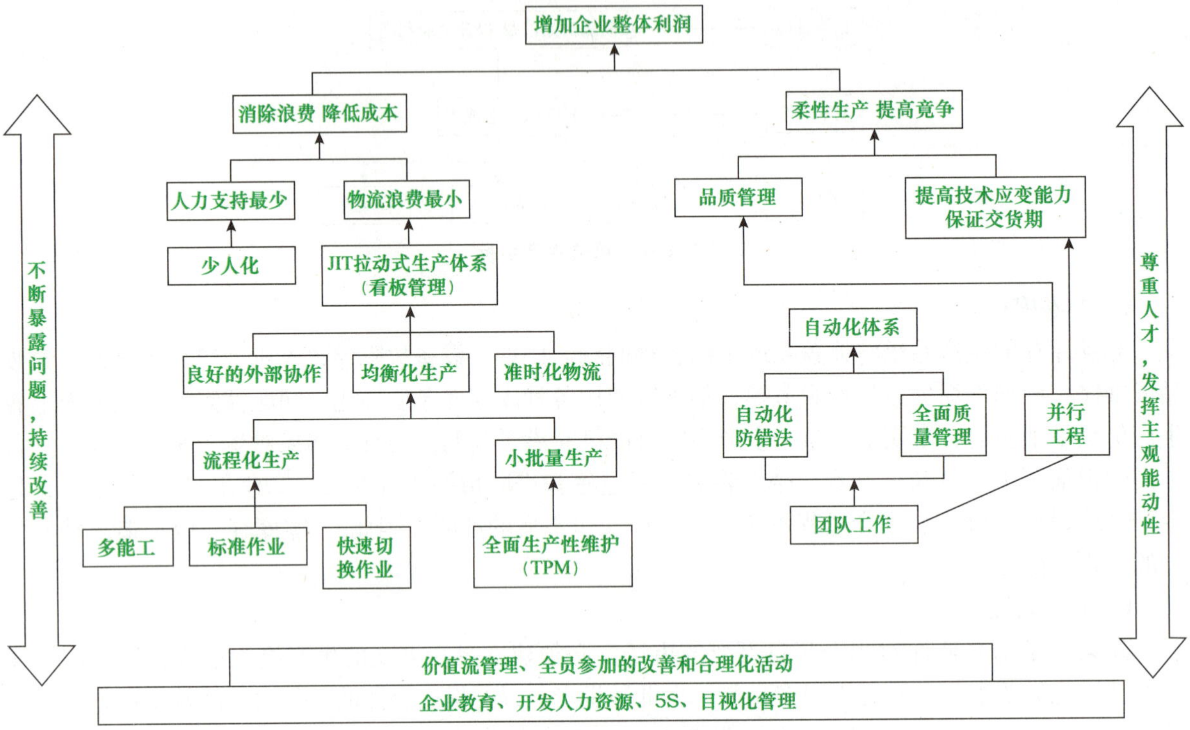

图 1-2　精益生产管理体系

（一）品质管理

1. 全面质量管理

全面质量管理是以质量为中心、以全员参与为基础，使用户和所有相关方受益而达到长期成功的一种管理途径。精益生产以“零不良”为目标，强调质量是生产出来的而不是检验出来的，因此在生产过程中对每一道工序进行质量的检验与控制。同时，重点培养每位员工的质量意识，保证及时发现质量问题，对于出现的质量问题，通常组织相关技术与生产人员作为一个小组，一起尽快协作解决，可根据情况立即停止生产，直至问题解决。

2. 自动化

让设备能自律地控制异常情况，是具有人的判断能力的自动化，主要理念是在作业流程中及时进行源头质量管理，必须用有效的方法在发生异常或质量缺陷时第一时间探测到，并立即暂停生产，使员工可以及时解决问题，避免异常扩大或质量缺陷进入到下游流程，这种品质管理比事后检验出问题再设法纠正问题更具成效且成本更低。自动化在很多时候含有“自动化”的含义，但绝不仅仅限于用机械化设备代替手工作业。

（二）拉动式生产

拉动式生产是精益生产的核心方法，通过拉动式生产可以实现在需要的时候，按需要的量生产需要的产品这种精益理念。将传统生产过程中前道工序向后道工序送货，改为后道工序向前道工序取货，以快速反应市场为核心，适时响应客户实际需求来执行，是一种由下游向上游提出实际生产需求的生产控制方式，使得库存降低到最小限度，进而降低制造成本。

在精益生产方式中，需要哪种零部件、需要多少数量，都写在被称为看板的卡片上。看板由后工序送到前工序的作业人员，这就将一个工厂内各工序互相联系起来。看板管理由以下前提条件支撑：生产流程化、生产均衡化、快速作业切换、作业标准化等。

生产流程化。其主要目的是减少库存或在制品，是实现生产均衡化的前提。该生产方式在工序间不设置仓库，前一工序的加工结束后，立即地转到下一工序去，实现一个流生产。对于铸造、锻造、冲压等需要进行成批生产的工序，则通过缩短作业更换时间减小生产批量。

生产流程化通过后工序领取的方法来实现，即后工序只在需要的时间到前工序领取所需的加工品，前工序按照被领取的数量和品种进行生产，而前工序提供该加工品后，为了补充生产被领走的量，必须向更前一道工序领取物料，这样把各个工序都连接起来，实现流程化生产。

生产均衡化，指企业采购、制造以及配送的整个过程都与市场需求相符合。采用均衡化意味着最终供货与需求相适应，同时从需求开始进行拉动，总装配线在向前工序领取零部件时应均衡地使用各种零部件生产各种产品。如果后工序以参差不齐的数量领取零部件，前工序就必须预先准备好能够应对变化的需求数量峰值的库存、设备和劳动力，这样需要配置的资源很多，会产生大量的浪费。生产均衡化是实现看板管理的前提条件。

看板管理在精益生产中具有极为重要的意义，是拉动式生产赖以实现的最重要手段之一，作为一种生产控制与调节方式，传递生产和运送的指令，实现在必要的时刻生产必要数量的必要产品或零件。在精益生产中，生产的月度计划是集中制订的，同时传达到各个工厂以及协作企业。而与此相应的日生产指令只下达到最后一道工序或总装配线，对其他工序的生产指令则通过看板来传递信息。由于生产是不可能100%地完全照计划进行，月生产量的不均衡以及日生产计划的修改都要通过看板来进行微调。看板就相当于工序之间、部门之间以及物流之间的联络“神经”，发挥着信息传递的作用。同时，通过看板可以暴露生产中存在的问题，从而采取改善对策。

（三）充分发挥员工智慧和创造力

精益生产强调人力资源的重要性，以员工为中心，企业把员工的智慧和创造力视为宝贵财富和未来发展的原动力。通过发挥员工及其团队的创造力，达到持续改善，消除一切浪费的目的。

1. 充分尊重员工

企业把每位员工放在平等的地位，并将员工看作企业的合伙人，而不是可以随意替换的零件；鼓励员工参加管理和决策，并尊重员工的建议和意见。例如，合理化建议制度，注重上下级的交流和沟通，领导人员和操作人员彼此尊重、信任。员工在这样的企业中能充分发挥自己的智慧和能力，并能以主人翁的态度完成和改善工作。

2. 重视培训

企业的经营能力依赖于组织体的活力，而这种活力来自员工的努力。只有不断提高员工的素质，并为他们提供良好的工作环境和富于挑战性的工作，才能充分发挥他们各自的能力。精益生产的成功同样依赖于高素质的技术人才和管理人才。它要求员工不仅掌握操作技能，而且具备分析问题和解决问题的能力，从而使生产过程中的问题得到及时的发现和解决。因此，精益生产重视对职工的培训，以挖掘他们的潜力，如多能工的培养、在岗培训和人才育成等活动。

3. 团队工作

精益生产认为要在企业生产经营活动所有环节中杜绝浪费，仅仅依靠少数的管理人员和技术人员是不可能的，关键还要依靠全体人员的努力。因此它特别重视团队工作法，最大限度地把权力和责任下放到组织结构的各个层级，采用小组工作法，充分调动全体职工的积极性和聪明才智，并通过基层不断改善来解决企业中存在的各种问题。

任务小结

通过本任务的学习，能深入理解精益生产的总体目标、基本目标和子目标三个层次目标；了解精益生产管理体系的形成过程和定义；全面地理解精益生产管理体系的品质管理、拉动式准时生产和充分发挥员工智慧及创造力等核心技术；正确识别企业精益生产管理体系中运用的系列先进制造和管理技术及其要实现的精益生产具体子目标，有助于在后续章节中更系统地学习精益生产的相关知识。

任务四　精益生产之智能制造

知识目标

◎了解智能制造的发展历程；
◎理解智能制造和精益生产的联系；
◎理解智能制造和精益生产的差异。

技能目标

◎能识别企业实际运用的智能制造技术方法及工具；
◎能识别企业实际运用的精益生产技术方法及工具。

知识解读

日本工业界在 1989 年提出智能制造系统时，首次提出了“智能制造”的概念；美国 1992 年实施旨在促进传统工业升级和培育新兴产业的新技术政策，其中涉及信息技术和新制造工艺、智能制造技术等。

2013 年，德国在汉诺威工业博览会上正式推出旨在提高德国工业竞争力的“工业 4.0”，自此，智能制造作为国家战略已经开始受到全球各国的广泛关注。其战略核心是智能制造技术和智能生产模式，旨在通过“物联网”和“务（服务）联网”两类网络，把产品、机器、资源、人有机联系在一起，构建信息物理融合系统，实现产品全生命周期和全制造流程的数字化以及基于信息通信技术的端对端集成，从而形成一个高度灵活（柔性、可重构）、个性化、数字化、网络化的产品与服务的生产模式。

对于智能制造，目前不同国家在表述上有一些差异。我国对智能制造的定义是，基于新一代信息通信技术与先进制造技术深度融合，贯穿于设计、生产、管理、服务等制造活动各个环节，具有自感知、自学习、自决策、自执行、自适应等功能的新型生产方式。

近年来，受到国家政策支持以及数字化的不断推行，中国智能制造业产值规模一直保持快速增长趋势。数据显示，2022 年我国智能制造产值规模破 3 万亿元，同比增长 14.9%。据研究机构预测，2023 年我国智能制造产值规模将进一步增长至 3.92 万亿元。2022 年我国智能制造成熟度指数为 106，同比增长 6%，制造业企业实施智能制造的成效凸显，全国智能制造成熟度水平稳步提升（见图 1-3）。

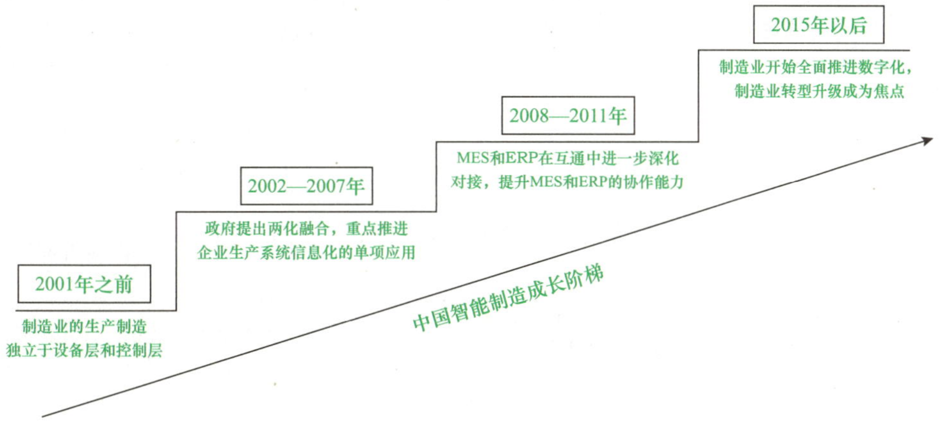

图 1-3　中国智能制造发展历程

精益生产是精益管理在生产过程中的具体应用，包括准时制生产方式、约束理论、安灯（ANDON）、看板等工具。在传统生产过程中，精益生产理论及工具是独立的一套系统，但是在智能制造环境中，精益生产会融入智能制造系统中，甚至成为智能制造的部分理论基础。

首先，从两者的本质来看，精益生产的本质是消除生产过程中非增值的活动，而智能制造是使增值活动柔性化、智能化，因此两者的关系首先是相互融合。其次，智能制造为精益生产提供了前所未有的便利性，传统的精益生产工具，ANDON、看板、PTL 等都可以在智能制造的 IT 基础上完美实现，甚至一些精益生产的工具本身就是智能制造的一部分。例如：灯光指示拣选系统或称电子标签拣货系统（Pick to light，PTL）可以由立体仓库替代，ANDON 系统可以由自动导引运输车实现，因此精益生产与智能制造之间也是相互补充关系。最后，在精益生产与智能制造的融合系统中，智能制造的实现除了应用信息与通信技术之外，能够承载精益管理的理念是决定智能制造质量的重要依据，因此精益生产与智能制造也是上层建筑与物质基础的关系。

作为制造业的转型方向，精益生产和智能制造的侧重点不同。精益生产侧重于企业运营效益的提升，即通过成本降低（节流）等措施来帮助企业提升其效益，是做减法。智能制造侧重于企业柔性制造能力的提升，即通过柔性化生产能力来承接和满足个性化，乃至个体化客户订单，是通过开拓需求（开源）等措施来帮助企业提升其效益，是做加法。但在具体细节和技术支撑上，精益生产和智能制造有很多共通之处。比如，作业标准化、智能化设备、防错、集成物流、质量管理等。以设备智能化为例，精益生产中的自动化不只是简单的自动化，而是要求设备具有人的智能，要能够自我判断、自我控制、自我纠错，与智能制造所提倡的智能互联设备的理念类似。表 1-1 从多个角度将精益生产与智能制造做了简单对比。

表 1-1　精益生产与智能制造对比分析

对比内容	精益生产	智能制造
目的	准时化和速度	高度柔性

续表

对比内容	精益生产	智能制造
产品特点	带明确配置的标准化产品	个性化或完全可配置的个体化产品
需求的变化	有限的变化或将变量最小化	随机的、高度的变化
适用生产过程	以重复式装配为主	以离散式加工为主
管控逻辑	与节拍或看板对齐	通过复杂算法来计划
控制理念	分散式自控制制造单元并通过物料超市来关联	中央式计划与分散式智能互联设备相结合
生产排程	面向消耗的分散式和均衡化	综合考虑交期、效率、优先级等因素的算法优化
工艺路线	已定义	可变和基于设备负荷的动态调整
生产触发	超市的看板补货	客户订单触发排程和工艺路线
制造原则	带“起搏器”的拉式	带有交互和动态优化的推拉结合
需求管理	以按库存生产为主	以按订单生产为主
设备特点	混合式生产单元和产线	独立、高度柔性的工作站
场地需求	通常较小	通常较大
装配	异步	同步
瓶颈	已知	变化，取决于产品
排队管理	单件流，尽量避免排队	通过算法将之最优化
供需匹配	通过超市来解耦	通过物联网和最优路径集成
场内运输	最小化（消除浪费）	基于自动导引运输车的高度柔性
协作	可视化看板	互联网系统或电子信息
沟通方式	看板、5S	互联网系统或抬头显示
错误监测	防错 Poka-Yoke	基于人工智能
交货提前期	较短	平均来看较长
产能利用率	高	低

因此，严格来说，精益生产与智能制造并不是企业升级的两个阶段，而是不同层面的两件事

情。精益生产是生产管理方法，而智能制造是制造过程实现的技术方法，如网络化、数字化都是服务于精益的技术手段。在这重定义上理解两者的关系，可以说精益生产是智能制造的基础，没有精益生产，智能制造难以更好实施；而智能制造也可以让精益生产更好、更规范地实现。走向智能化建设之路，精益生产不是可选项，而是实实在在的必选项。

任务小结

通过本任务的学习，可以了解智能制造的起源及主要发展阶段，我国智能制造的主要发展历程及最新发展态势；并对精益生产和智能制造之间的差异及联系有较深入、全面地理解，有助于更好走向智能化建设之路，加快实现制造强国。

思考练习

一、单选题

1. 精益生产方式起源于日本，其生产原型是（　　）。

A. 单件小批生产方式　　B. 大批量生产方式

C. 丰田生产方式　　D. 智能制造生产方式

2. 精益管理思想认为产品价值是由（　　）来确定的。

A. 用户　　B. 生产企业

C. 零售企业　　D. 市场

3. 精益生产追求的最终目标是（　　）。

A. 零浪费　　B. 零库存

C. 高柔性　　D. 零缺陷

4. 在三种企业经营思想中，（　　）的成本 = 售价 – 利润

A. 成本主义　　B. 售价主义

C. 利润主义　　D. 以上皆无

5. 大批量生产方式的缺点是（　　）。

A. 单件生产成本高

B. 只适用于单品种、稳定的市场需求

C. 生产周期长

D. 对工人技术要求高

二、填空题

1. 精益生产具有________、________、________、________、________五大原则。

2. 工业制造生产方式的发展主要经历了________、________、________三个阶段。

3. 企业的经营思想可分为________、________、________，精益生产采用的是________。

4. 精益生产的总体目标是________，三个子目标分别是________、________、________。

5. 精益生产方式以高灵活性为目标，通过在________、________、________三个方面的高柔性设置，以实现高灵活性和高生产率的统一。

三、简答题

1. 精益生产的含义是什么?
2. 精益生产管理体系的含义及其主要核心技术有哪些?
3. 采用三种不同经营思想的企业各自的做法和经营结果是怎样的?
4. 精益生产和智能制造的联系及主要不同有哪些?
5. 拉动式生产作为精益生产的核心方法，其含义是什么?

项目二

消除浪费

项目导读

精益生产追求的最终目标是零浪费。企业现场林林总总，包括有附加价值的活动和没有附加价值的活动，只有不断发现没有附加价值的浪费，全面分析产生这些浪费的背后原因，并采取相应的策略“彻底消除浪费”，持续改善提升，企业才能保持良性运转，竞争力才会提升。通过本项目的学习，使学生认识到要善于发现企业现场各种生产活动的浪费表象，学会透过现象看本质，从各种浪费的表现形态中系统、全面地剖析内在的深层次原因，对症下药，精准调整，形成一个动态闭环反馈机制，持续不断改善，践行精益求精、追求卓越的工匠精神。

案例导入

在某餐厅18点高峰期，服务人员不足，客人吃完饭要买单，服务员先拿单结账，结账后拿单给客人，消费总金额为183元，客人核定后给了服务员200元，服务员拿到钱后再去结账，返回时给客人找零17元钱，客人提出要发票，服务员再去拿发票。

分析可知，上述的一连串活动存在严重的浪费，可以进一步优化工作流，通过按桌台编号，顾客点完菜后收银台就把桌台消费小票（含消费明细单）给当值服务生，服务生听到客人喊“买单的时候，直接上前告知客人消费金额同时出示小票，客人确认给予付账金额后，回问客人是否需要发票，确认后快速回收银台找零或打出发票交回客人，这样可以减少多余动作浪费和等待浪费等各种浪费。

任务一　认识浪费

知识目标

◎理解浪费的概念与表现形态；

◎掌握浪费的具体类型；

◎了解消除浪费的应对策略。

技能目标

◎能识别企业现场的各种常见浪费；

◎能识别为消除各种浪费采用的典型策略。

知识解读

浪费是指不增加附加价值，但使成本增加的包括动作、方法、行为和计划等一系列活动。在一个企业里，所有的工作及组织的所有层次上都可能存在浪费。

（1）一切不增加价值的活动都是浪费，如常见的清点数量、检验、库存和搬运等对最终产品及用户没有意义的行为。图 2–1 所示为转运的价值。

（2）尽管是增加价值的活动，但所用的资源超过了“绝对最少”的界限，即超出增加产品价值所绝对必需的最少量的物料、设备、人力、场地和时间等资源，如过量使用设备或使用的设备精度过高等。

图 2–1　转动的价值

企业现场活动包括有附加价值活动和没有附加价值活动，其中没有附加价值的活动应坚决予以消除。某国外管理专家曾经说过一句话：“在我的眼里，中国企业地上铺的都是黄金。如果能发明一种眼镜，戴上一看就能发现工厂里的浪费，那我们就能发现很多工厂里处处都有浪费，处处是黄金。”因此，如何消除浪费是每个企业要认真研究的问题，在企业中，浪费往往以三种形态存在。

（一）“勉强”形态

“勉强”形态指超过能力界限的超负荷状态。相对于设备及人员的能力来说，存在着过度负荷的行为，长此以往会导致机器设备的故障、生产品质的降低及人员的疲劳与不安全。

（二）“浪费”形态

“浪费”形态指有能力但未给予充足工作量的未饱和状态。使设备、人力等资源处于不饱和或闲置、半闲置状态，人员工作量不饱满，设备稼动率低。

（三）“不均衡”形态

“不均衡”形态指有时超负荷有时又不饱和的不均衡状态，即工作负荷或工作量起伏较大、忙闲不均、差异明显的状态。造成这一状态的主要原因是计划安排散乱，工作负荷量及设备效能不稳定所造成生产力的浪费。

企业现场浪费的类型主要有以下八种（见图 2–2）。

（一）过量生产浪费

过量生产浪费指因生产过多或过早而超出客户或下游工序所需要的量造成的浪费。

（二）过度加工浪费

过度加工浪费指与工程进度及加工精度无关的不必要加工造成的浪费。

（三）库存浪费

库存浪费指由于前后工序产能不均衡，或由于原材料、在制品、成品等超过了制造过程中所需的最合适的量造成的浪费。

（四）多余动作浪费

多余动作浪费指生产现场工位、物品、设备等布置不合理，或使用工具和操作方法不合适而造成作业动作不合理产生的浪费。

（五）制造不良浪费

制造不良浪费指由于工厂内出现不良品，需要进行处置的时间、人力、物力上的浪费以及由此造成的相关损失。

（六）管理浪费

管理浪费指问题发生以后，管理人员采取相应的对策来进行补救而产生的额外浪费。

（七）等待浪费

等待浪费指由于生产原料供应中断、作业不平衡和生产计划安排不当等造成的无事可做的等待浪费。

（八）搬运浪费

搬运浪费指流程中的物品（成品 / 半成品 / 辅料 / 包材等）需要在相距较远的两点间搬运，造成资源（人、机、场地、能源、时间等）在物品搬运、放置、堆积、移动、整列等方面的浪费。

图 2-2　八种浪费类型

著名的丰田生产方式创始人大野耐一曾说过，"减少一成的浪费，就等于增加一倍的销售额"。所以，改善八大浪费对于企业具有重要的意义，精益管理的核心思想是消除一切浪费，提高效率。消除浪费的主要应对策略是全员现场5S活动、观念革新、全员改善活动，具体包括TQM精益质量保证、生产与物流规划、TPM全面设备维护、产品开发设计系统、现代IE运用、均衡化同步化等（见图2–3）。

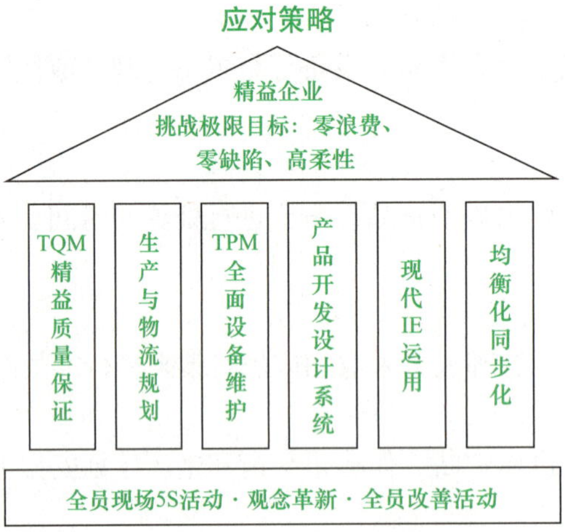

图2–3　消除浪费的应对策略

（一）TQM精益质量保证

全面质量管理（Total Quality Management，TQM）是指一个组织以质量为中心，以全员参与为基础，目的在于通过顾客满意和本组织所有成员及社会受益而达到长期成功的管理途径。

（二）生产与物流规划

精益生产物流规划是以服务企业精益生产为目标，实现准时化供应的物流系统，并不断向上下游延伸形成精益生产供应链。企业首先在内部供应、生产、销售、回收环节实现精益准时化物流系统，在此基础上通过上下游协作实现精益化供应链。

（三）TPM全面设备维护

全员生产性维护（Total Productive Maintenance，TPM）是指全员参与的设备保养和维修管理体系，致力于设备综合效率最大化，建立彻底的预防维修体制，减少设备故障损失，延长设备使用寿命，减少生产转换时间，提高生产柔性。

（四）产品开发设计系统

体现一种系统思考问题的方法，包含流程、人员、工具技术三个子系统，分别对应着事、人、物。以客户定义价值为导向开发，关注前端方案的多样性，更多使用简单的、可视化工具，通过信息顺畅流动驱动组织进行自发高效运作，追求不断改善的宗旨。

（五）现代IE运用

现代工业工程（Industrial Engineering，IE），是对由人员、物料、信息、装备和能源组成的集成系统的设计、改进和设置相关的学科，能充分利用各种生产资源，排除工作中的不经济、不平衡和不合理现象，使企业能更加顺畅、快捷、低成本地生产高质量的产品，更好地为客户提供服务。

（六）均衡化同步化

均衡化同步化指企业采购、制造以及配送的整个过程都与市场需求相符合，同时从需求开始进行拉动，总装配线在向前工序领取零部件时均衡地使用各种零部件，生产各种产品，具有很强的柔性，增强企业的竞争力。

任务小结

通过本任务的学习，深入理解浪费的概念及三种存在形态，掌握浪费的八种常见类型，深刻理解消除浪费的必要性和重要性，能识别企业现场的各种常见浪费以及为消除各种浪费采用的典型策略，为后续章节中更系统全面地学习精益生产的相关方法及工具奠定基础。

任务二 消除过量生产和过度加工浪费

知识目标

◎了解过量生产浪费与过度加工浪费的概念和常见表现形式；
◎理解过量生产浪费和过度加工浪费的产生原因；
◎掌握消除过量生产浪费和过度加工浪费的应对策略。

技能目标

◎能识别企业现场存在的过量生产浪费和过度加工浪费；
◎能找出企业现场存在的过量生产浪费和过度加工浪费的产生原因；
◎能根据产生原因和实际条件合理制定消除过量生产浪费和过度加工浪费的方法策略。

知识解读

过量生产浪费是指生产过多或过早而超出客户或下游工序所需要的量而产生的浪费。生产过多是指生产量超过需求量，生产过早是指比预定的需求时间提前完成生产。

过量生产浪费被列为八大浪费之首，直接导致其他七大浪费，很多时候这种浪费不被现场管理及监督者所重视，甚至被当成“超产能手”受到赞扬。在精益生产中，过量生产浪费被视为最大的浪费，精益生产强调准时生产，就是在必要的时间生产必要数量的必要产品，所谓必要产品和必要时间是指顾客已经决定要购买的产品与时间。过量生产会造成以下几方面的浪费。

（一）直接财务问题

库存、在制品增加，占用企业资金及利息，资金周转率低，从而造成库存空间的浪费。

（二）产生次生问题

产生搬运、堆积的浪费；使先进先出的工作产生困难；产品积压造成不良发生，物流阻塞制程时间变长，现场工作空间变小，有滞留在库、不良品的风险等，并会带来安全隐患。

（三）掩盖生产管理中各种问题

生产过剩使信息传递不畅，导致管理者无法判断生产线正常或异常状态；隐藏由于等待所带来的各类资源浪费，没有改善的动力，失去了持续改善的时机。

过量生产浪费的常见表现形式有：①物流阻塞；②库存、在制品增加；③产品积压造成不良发生；④资金周转率低；⑤材料、零件过早取得，提前占用资金；⑥影响计划弹性及生产系统的适应能力。

（一）生产计划方面

1．信息准确度问题

信息传递不准确，导致生产计划作业盲目进行，最终导致制造过早（多）浪费的产生。

2．生产计划管控机制方面

让一些制程、生产线、工站甚至作业员有生产伸缩的充分空间和提高产出的利益驱动。比如，有的企业不排班生产计划，也不排日生产计划，而是排周生产计划，一天内的生产排配权利下放到制程、生产线、工站甚至作业员，这时候如果有多余的产能、人力、设备稼动过剩，就会很自然地提前安排生产，从而造成制造过早（多）。特别是在一些企业中，安排计件生产体现多劳多得的原则，进一步激发了员工过量过早生产的积极性。

（二）内部制造能力弱的补偿方面

企业制造过早（多）产品，多数时候是出于补偿内部制造能力弱的考虑。企业内部制造能力弱，特别是制造中的品质差，换型时间长，为了弥补自身能力不足，因而提前过量生产以满足客户需求。

（三）产能不平衡及流程不顺方面

（1）制造过程中由于各功能制造单位、制程产能不平衡，不可避免地造成加工能力低的前段制程在制品堆积，同时给后段制程的作业带来了极大的不便。

（2）由于规划不经济、不理想，制程路程非流线化，无法实现产品流动，而存在迂回、曲折、往复、停滞现象，使得生产不得已提前或有制程，进而造成制造过多过早。

（四）其他方面

当设备比较昂贵时，管理及财务人员有倾向提高设备稼动率，生产过多的产品。

（1）建立以客户需求为中心的弹性生产系统，保证客户需求信息准确传递，从而确保生产计划的准确性。

（2）实施“一个流”生产。合理配置作业场地、人员、设备，按照一定的作业顺序群，各个零件依次经过各工序设备进行加工、移动，使产品在从投入到成品产出的整个制造加工过程中，始终处于不停滞、不堆积、不超越状态，逐个依次流动生产。

（3）贯彻看板管理。利用看板（类似通知单卡片）在各工序、各车间、各厂以及协作厂之间传送取货、生产、运输等作业命令，使各工序都按照看板所传递的信息执行，使整个生产环节和流程协调配合，以此保证在需要时间制造必需数量的必需产品，最终达到准时化生产的目的。

（4）采用少人化作业方式。根据客户需求的变化，安排所需要的人力组织生产的模式，以最少的人力资源，灵活应对客户的需求波动。

（5）推进均衡化生产。生产车间、总装生产线在向前工序、车间领取零部件时，均衡地使用各种产品系列的零部件，均衡配置生产资源，按照客户需求的顺序和数量，均匀、混合生产各种产品，以最低的产品库存和灵活的生产组织能力应对不断变化的市场挑战。

过度加工浪费也叫加工浪费，指原本不必要的工程或作业被当成必要而造成的浪费，具体有两层含义：

（1）多余的加工和过分精确的加工，例如实际加工质量或精度超过客户要求而造成的资源浪费。

（2）需要多余的作业时间和辅助设备，同时增加生产用电、油等能源的浪费，还增加了管理工时。

加工浪费一般分为以下四种情况：

（1）过分精确品质带来的浪费，即超过客户需求，甚至超过规格要求带来的浪费。

（2）过分加工带来的浪费，即多余的加工，是为了达到最终的产品规格而进行的加工中存在超过最经济加工的浪费。例如，一个模具加工要经历下料—粗铣—精铣—热处理—研磨—EDM—装配—检测工序，在下料工序选用的毛坯要比精铣时的尺寸大，但可以大 3 mm，也可以大 10 mm，然而选用后者浪费的材料远远大于前者，这部分就是过分加工的浪费。

（3）过分检验带来的浪费，即在企业内部自行添加的客户不付费的检验造成的浪费。通常是由于企业自身制造系统稳定性低，对制造系统的稳定性没有把握，而又要满足客户需求，所以只能增加检验。

（4）冗余设计带来的浪费，是指在产品、技术规格、组织等方面的设计上给予充分的安全系数造成的浪费。如工厂里关键产线及工位采用双电源网、备用发电机设计以应对临时断电或线路故障，有时候过剩设计是必要的，可以提升安全系数，但无谓地提升安全系数则会产生加工过剩，提升制造成本。

加工浪费的常见表现形式有：①负荷不足、经常空转的流水线；②机床运转中过长、过高的行程；③超过设计要求的加工精度；④用大型精密设备加工普通零件；⑤用高效率设备加工一般数量零件；⑥超过产品本身价值的包装。

（一）工艺安排不合理

各工序的加工流程安排设计不合理，没有平衡各工艺的要求。

（二）作业内容偏离工艺文件

没有清晰的技术标准；作业标准执行不彻底或工艺要求不准确、过精过细过深；员工对于工艺标准不了解，不清楚工艺步骤中的重点和非重点，不需要加工的部位也进行了加工。

（三）作业没有标准化

非标准化的作业使不同的班次和不同的人员在工作方法上会有差异，但因没有统一的标准而无法区分正常和异常，也很难发现包含在作业中的无效劳动、不均衡等各种浪费现象。

（一）优化工序设计

了解各种工件的工艺特点和加工过程，平衡工艺要求，合理安排和设计工序的加工流程。

（二）修正作业内容

根据客户实际需求对产品价值进行分析，对作业内容进行修正，制定清晰的产品和技术标准、标准作业指导书和作业要领书等。

（三）实施标准作业

标准作业是为了实现作业人员、作业顺序、工序设备布置、物流过程等的最优化组合而设立的作业方法，实施标准作业能提高作业精度、时间精度及检验水平。

任务小结

通过本任务的学习，了解过量生产浪费和过度加工浪费的概念、常见表现形式；全面理解过量生产浪费和过度加工浪费产生的原因，能识别出生产现场产生浪费的常见原因，并根据产生原因和实际条件合理制定消除浪费的方法策略。理解本任务知识点需要注意以下几点：①生产速度快并不代表效率高；②设备余力并非一定是埋没成本；③生产能力过剩时，应尽量先考虑减少作业人员，但并非辞退人员，而是更合理、更有效率地使用人员。

任务三　消除库存和多余动作浪费

知识目标

◎了解库存和多余动作浪费的概念及常见表现形式；
◎理解库存和多余动作浪费的产生原因；
◎掌握消除库存和多余动作浪费的应对策略。

技能目标

◎能识别企业现场存在的库存和多余动作浪费；
◎能找出企业现场存在的库存和多余动作浪费的产生原因；
◎能根据产生原因和实际条件合理制定消除库存和多余动作浪费的方法策略。

知识解读

库存浪费是指因前后工序产能不均衡，或因原材料、成品的库存超过必需的量而造成的浪费。其具体包括：①不良品造成的库存；②半成品造成的库存；③制造过多造成的库存。

库存造成的浪费主要有以下几方面：

（1）表面损失，即产生不必要的搬运、堆积、放置、找寻、防护处理等动作浪费，占用过多仓库场地及场地建设的浪费、保管费用。

（2）潜在损失，即占用流动资金，降低资金周转率，额外承担资金利息，市场变动时有滞销风险以及在库物品劣化变质风险。

（3）意识方面的损失，即掩盖问题，造成假象。比如当库存的水位高涨时，管理者察觉不到问题的严重性而失去了改善的机会。

正因为有这么多损失，所以精益管理才强调降低库存，以零库存为目标。

库存浪费的常见表现形式有：①不良品存在库房内待修；②设备能力不足造成的安全库存；③换线时间太长造成大批量生产浪费；④采购过多的物料变为库存。库存危害如图 2-4 所示。

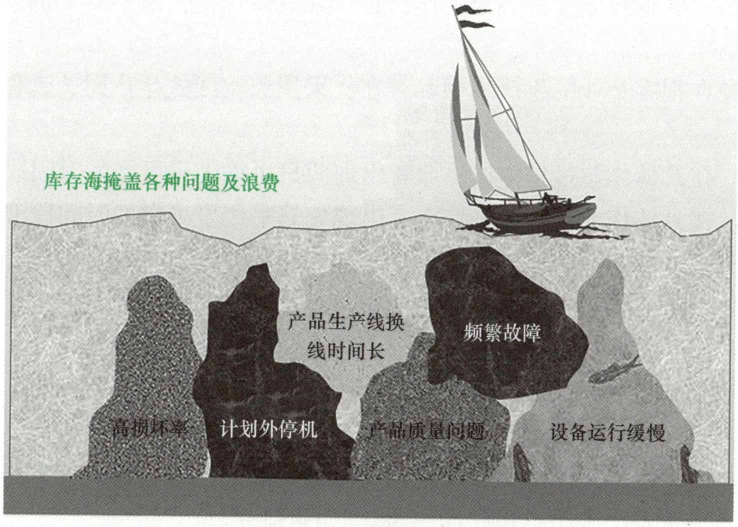

图 2-4　库存危害

（1）企业管理及监督者缺乏库存管理意识，视库存为当然，对库存视而不见。

（2）设备配置不当或设备能力不足，生产能力不稳定，对产能缺乏信心，导致提前生产，过量备货。

（3）因设备换产时间长、重视稼动时间，只考虑本工序生产方便，而不考虑后面工序尤其是装配的实际需要，盲目采用大批量生产方式。

（4）物流混乱，呆滞物品未及时处理。

（5）生产计划性差，提前生产。

（6）客户需求信息未了解清楚，未按照客户需求生产。

（1）库存意识改革。当有操作等待时间的时候，为明确此种情况，先不要让作业员进行其他多余操作，等待时间明显化后再有针对性地进行改善。

（2）U 形设备配置。按照零件加工工艺要求，将所需机器设备串联在一起，布置成 U 形生产单元。

（3）产线优化设计。明确各工序生产能力和生产节拍，不追求部分效率，调整生产流程，采用“一个流”连续生产方式，每道工序加工完一个制件后立即流到下一工序，实现均衡化生产。

（4）实施看板管理。实现小批量、多品种，以客户需求为导向的拉动生产方式。合理配置资源，提高生产计划合理性。

（5）加强设备管理，实现快速换线换模。

（6）合理制订生产计划，考虑库存消化。

多余动作浪费是指因生产现场的作业动作不合理而导致时间、效率、场地、人员、设备等方面的浪费，是对生产或服务不产生任何附加价值的动作。工序流程中的每个动作都必须带有明确的目的性，没有意义或不合理的动作除了会无谓地延长工时外，还会降低工作的产出和效率，增加场地及人员的占用及配置，导致身体疲劳甚至工作伤害。其具体包括：①不必要的动作；②无附加价值的动作；③较慢的动作。

动作的浪费现象在很多企业的生产线中都存在，采用流水线式生产时，动作浪费的常见表现形式（见图 2-5）有：

（1）两手空闲。在具体作业过程中，作业者出现两只手均无事可做的时间段浪费。

（2）单手空闲。在具体作业过程中，作业者出现一只手无事可做的时间段浪费。

（3）动作不连贯、停顿。在具体操作作业中，因操作顺序不合理等导致动作出现不连贯、停顿的浪费。

（4）动作幅度过大。作业动作幅度超出“经济动作”范围。

（5）左右手交换。因物料、工具等放置位置不合理，需要左右手交换进行拿取所造成的动作浪费。

（6）走动频繁。空手等无价值的步行浪费。

（7）不明技巧。不了解、不熟悉作业技巧而导致的时间浪费。

（8）移动中变换状态。因零件、工具等放置位置不合适，导致拿取、使用过程中补虚进行方向等变换动作的浪费。

（9）过度伸展、弯腰、转身动作。作业动作幅度超出“经济动作”范围。

（10）重复动作和不必要的动作等。因操作顺序或工艺流程不合理，导致产生重复或不必要的动作浪费，如多次翻转、多次检验等。

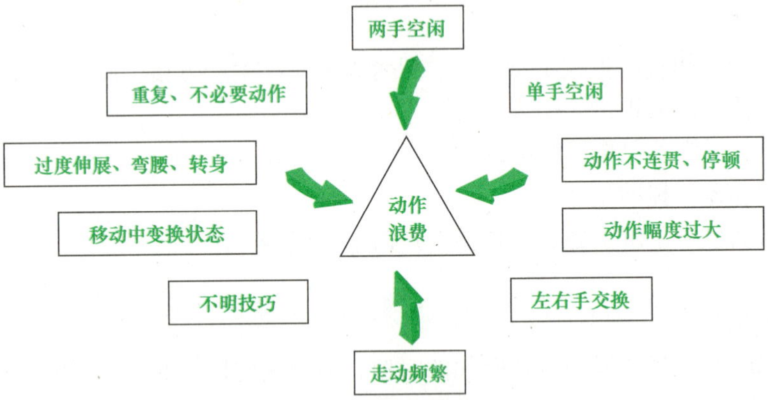

图 2-5　动作浪费的常见表现形式

（1）工艺和作业流程设计不合理，没有实施标准作业或设定的作业标准不合理，工作方法不统一。

（2）物料摆放和设备的布局规划不合理，工作场地缺乏组织，导致人们被迫做出多余动作，如远距离行走动作、方向不对的转身动作、有的需绕道走、有的操作过高要抬手、过低需低头弯腰等。

（3）工具摆放和设计不合理，摆放离作业台太远，不容易拿到；工具不是专用，不完全匹配，操作困难；量具刻度不清晰、不准确，需要反复测量。

（4）人员作业培训不足，操作方式不规范，做出习惯性的、不需要的或是重复的动作，从而形成多余的动作。

1）贯彻落实标准化作业。编制标准作业指导书、作业要领书，改进工艺技术设计，在能够满足产品使用要求的基础上，减少多余动作，便于作业。

2）优化设备和物料的摆放布局，进行U形布局，缩短运送距离，减少绕远和行走；持续推进5S管理，根据使用频次合理摆放物品，整理整顿，避免各种物料堆积，额外增加寻找的时间和动作。

3）配置专用的、适合作业的工具和量具，并摆放在最易于拿取、便于作业的位置上；设计适合方便取放物料的存放柜，减少抬头伸手、低头弯腰的动作。

4）加强员工的教育培训与动作训练。

5）贯彻动作经济原则。动作经济原则又叫省工原则，是使作业（动作的组成）能以最少的“工”的投入，产生最有效率的效果，达成作业目的的原则。它是由吉尔布雷斯在20世纪20年代首创，其后经许多工业工程的专家学者研究整理而成的，分为以下三方面：

（1）人体动作方面。

①双手并用原则：两手同时使用，双手除休息外不能闲着，双手的动作最好同时开始同时结束，这样会更加协调；②对称反向原则：双手或双臂运动的动作如能保持反向对称，双手的运动就会取得平衡，动作也会变得更有节奏；③排除合并原则：取消不必要的动作，组合两个以上的动作；④降低动作等级原则：动作等级越低越不容易疲劳；⑤减少动作限制原则：如摆放零件的容器容易倾倒，那么拿取零件的动作效率必然大受影响；⑥避免动作突变原则：安排动作时应使动作路线尽量保持为直线或圆滑曲线；⑦保持轻松节奏原则：动作必须保持轻松的节奏，动辄必须停下来进行判断的作业会影响作业速度；⑧利用惯性原则：如果能利用惯性、重力、弹力等进行动作，就会提高动作效率；⑨手脚并用原则：把脚的力量和手的灵巧结合起来。

（2）工具设备方面。

①利用工具原则：工具可以帮助作业者完成人手无法完成的动作，或者使动作难度大幅度降低，要在作业中尽量考虑工具的使用；②工具万能化原则：进行复杂作业时就需要用到很多工具，组合工具可以减少工具寻找、取放的动作；③易于操纵原则：应注意工具与人的结合方便程度，工具的把手或操纵部位应做成易于把握或控制的形状；④适当位置原则：避免在工作台或机器上将工具一线排开放置使用，因为工作人员在工作台上的动作范围及路径是呈圆弧的状态而非直线的状态，要使动作距离最短，容易取放，伸手可及。

（3）工作场地布置方面。

①安全可靠原则：应确保作业现场的设施、材料、布置、作业方法不会存在安全隐患，如果作业者在作业过程中总担心会受到伤害，心理疲惫会导致生理疲惫；②照明通风原则：作业场所的灯光应保持适当的亮度和光照角度，让作业者的眼睛不容易感到疲倦，作业的准确度也能有所保证；③高度适当原则：作业场所的工作台面、桌椅的高度应处于适当的高度，让作业者处于舒适安稳的状态下进行作业。

任务小结

通过本任务的学习，了解库存浪费和多余动作浪费的概念、常见表现形式；全面理解库存浪费和多余动作浪费产生的原因，能识别出生产现场产生浪费的常见原因，并根据产生原因和实际条件合理制定消除浪费的方法策略。理解本任务知识点需要注意以下几点：①库存是浪费之首，尤其是在意识方面的损失，库存掩盖问题，造成假象，使管理者察觉不到问题的严重性而失去了改善的机会；②要加强管理，消除生产风险，以降低安全库存；③消除库存浪费要尽量不大批量生产、搬运、采购；④通过合理设定并持续改善作业标准，贯彻动作经济原则，加强教育培训与动作训练，落实标准作业，降低多余动作浪费。

任务四　消除制造不良和管理浪费

知识目标

◎了解制造不良和管理浪费的概念及常见表现形式；
◎理解制造不良和管理浪费的产生原因；
◎掌握制造不良和管理浪费的应对策略。

技能目标

◎能识别企业现场存在的制造不良和管理浪费；
◎能找出企业现场存在的制造不良和管理浪费的产生原因；
◎能根据产生原因和实际条件合理制定消除制造不良和管理浪费的方法策略。

知识解读

制造不良浪费是指由于工厂内出现不良品，需要进行处置的时间、人力、物力上的浪费以及由此造成的相关损失。不良品是工厂中不可容忍的重大浪费现象，客户需要的是合乎规范要求的产品，而不会负担不良品，而且因为不良品可能引起的下游延伸制品不良，检查、返工、报废等损失都由企业承担，不良品率的高低是企业制程稳定性的最重要标志。

制造不良浪费的常见表现形式有以下几种：

（1）产品报废，报废的产品不仅浪费了材料，还包含了生产过程中付出的原材料、人工、制造费用以及管理、财务费用等，这些产品价值本可以计入销售额，但因为制造不良报废，降低企业利润。

（2）挑选、检查、维修带来的损失，产品制造不良，在宣布报废之前，可能要进行挑选、检查、维修处理，把部分不良品转成合格产品，因为客户不会为这些作业承担费用，该过程中的时间、人力、设备、场地、辅材等付出都是浪费。

（3）企业的信誉受到影响，不良品出现会引起交货延迟，还会引起客户换货，所有这些都会引起客户的不便，进而产生抱怨，再进一步就是订单减少、取消或流失。

（1）工序生产缺乏作业标准或标准含糊不清，未严格对照标准实现标准化作业。

（2）人员岗位流动率大，新员工多且缺乏培训，导致人员技能欠缺，作业不熟练。

（3）设备、工装、夹具及模具的故障问题造成制造不良。

（4）设计不良，可制造性差。

（5）工艺设计不合理、设计缺陷，工艺文件不够完善、未按要求存放。

（6）检验手段局限，过多依靠人来发现错误，过分地强调最终检查，过程检查不足，质量控制点和标准设置不准确，检验方法、基准等不完备。

（7）物料包括原材料、零部件、外协件等本身就有质量问题，使用不合格的物料产生质量问题。

（8）对已发生的不良处理不当，原因追查不彻底，制度不严密，质量管理松懈。

（1）实施标准化作业，严格制定各工序在制品及返修品的作业标准、动作要领书和工艺要求等相关文件。

（2）加强员工培训教育，明确员工在生产和质量管理中的职责，讲解作业要点、质量要求及作业技巧，使其熟悉产品工艺标准和作业标准。

（3）合理使用设备，定期对设备、工装、工具进行检查、保养和改善，及时更换配件，有问题及时处理；设备和工具及时更新，设备生产的精度不能低于质量标准。

（4）增加防错设计，应用自动防错装置，重视产品过程检验，保证产品质量。

（5）合理采购和储存，保证原材料及零部件的品质，从而提高成品的质量。

（6）建立并执行保证质量管理的相关制度，对产品关键特性（性能、精度、寿命、可靠性、安全性等）或对下道工序质量有重要影响或是质量经常波动的关键特殊工序、工位，进行定期检查监控，采取纠正和预防措施，设置质量控制点；建立异常信息反馈机制。

（7）进行5S和目视化管理，实施看板（异常）管理，优化车间生产环境。

管理浪费是指因事先没有预见性与合理规划，事中未遵照合理规定执行及管理不到位而发生问题，之后管理人员采取相应对策进行补救所产生的浪费。管理的目的是使人、机、料处于最佳的受控状态，对于问题的处理和解决做到快速有效，能够有效地提高效率，维持高的质量水平、低的成本水平、快的物流速度以及恰到好处的交货期，从而提高企业的市场竞争力。

管理浪费的常见表现形式有：①管理工作靠“等”；②缺乏明确的规章制度及流程；③协调不力，企业丧失凝聚力；④人员闲置，人浮于事；⑤应付现象常见；⑥低效反复发生。

（1）管理能力：管理人员素质不高，执行力不强。

（2）技术层次：认知高度不足，把握度有所欠缺。

（3）标准化：可行度及推广度有待进一步完善。

（4）企业素质：整体素质不高。

（1）加强培训：强化理论与案例培训、考核。
（2）提高认知：制定实施标准化，获利压力，可改善性。
（3）检知：执行绩效，进行量化分析。
（4）推行奖惩：制定全面的奖惩规则，严格执行奖惩制度。

任务小结

通过本任务的学习，了解制造不良浪费和管理浪费的概念、常见表现形式；全面理解制造不良浪费和管理浪费产生的原因，并掌握主要的消除应对策略，能识别出生产现场产生浪费的常见原因，并根据产生原因和实际条件合理制定消除浪费的方法策略。理解本任务知识点需要注意以下几点：①品质是制造出来的，不是检查出来的；②出现不良品不应单纯责备作业者，要多从企业管理及制度上想办法；③在智能自动化产线中，不合格品主要是由机器、设备的突发故障或精度的劣化造成，有时不合格品又会损坏机器，产生连续故障；④针对不良品的处置要有明确的作业标准，并正确分辨能回收重做的不良品、能修理的不良品及误判的不良品，及时、规范、彻底处理不良品以降低损失，否则可能导致更大的事故和损失。

任务五　消除等待和搬运浪费

知识目标

◎了解等待和搬运浪费的概念及常见表现形式；
◎理解等待和搬运浪费的产生原因；
◎掌握消除等待和搬运浪费的应对策略。

技能目标

◎能识别企业现场存在的等待和搬运浪费；
◎能找出企业现场存在的等待和搬运浪费的产生原因；
◎能根据产生原因和实际条件合理制定消除等待和搬运浪费的方法策略。

知识解读

等待浪费是指由于生产原料供应中断、作业不平衡和生产计划安排不当等造成无事可做的等待。在生产现场，等待是最常见又易被忽略的成本倍增器。“丰田人”对它深恶痛绝，强调一个流，创造无间断物流，精益生产中的价值流也紧紧盯着等待的浪费，将它看作非增值时间的主要原因，必须予以消除。等待对生产周期有直接的影响，等待的累计时间越长，产品的生产周期自然就越长。等待也会造成成本压力增加，机器及人力闲置直接导致成本中固定成本部分的平均分摊变大，增加了成本压力。

等待浪费的常见表现形式有：①生产线换线频繁；②时常缺料使人员、机器闲置；③生产线未能取得平衡，工序间经常发生等待；④机器设备时常发生故障；⑤开会等非生产时间占用过多；⑥共同作业时劳逸不均衡。

（1）生产线布置不当，物流混乱。

（2）设备配置、保养不当。设备本身产能及换型时间差异，自动加工和传送带运送过程中的时间间隔有长有短，如果设备间隔时间过长会导致人员“闲视”的等待现象；突发的设备故障维修也会造成生产停滞。

（3）生产计划安排不当，各工序生产能力不平衡，部分工序等待上道工序产品交付。

（4）安全库存量或采购计划不合理，盘库时得到的库存量不准确导致零部件及原材料等物料短缺，供应不及时，人员或机器设备需停工待料。

（5）管理控制点数过多。

（6）所需的加工物料质量不合格、不稳定，导致成品的品质不良，检查、挑选、修复或报废处理的过程影响后道工序生产时间。

（1）采用均衡化生产。

（2）导入快速换线（Single Minute Exchange of Die，SMED）方法，缩短切换时间，减少换线损失。

（3）实施全员生产性维护（TPM），加强生产线自动化水平及设备保养维护。

（4）实施目视化管理，避免因沟通不畅、信息不对称造成停工等待。

（5）提升人与机的利用率，实现人机最优平衡。

（6）加强物料管理能力，按需、按时供料。

搬运浪费是指流程中的物品（成品 / 半成品 / 辅料 / 包材等）需要在相距较远的两点间搬运，造成资源（人、机、场地、能源、时间等）在物品搬运、放置、堆积、移动、整列等方面的浪费（见图 2-6）。产品生产过程中，不可能所有工序都在同一地点和时间内完成，其间的搬运是不可避免的，但是搬运是无价值的，客户是不付费的，应努力减少搬运带来的浪费。

搬运浪费的主要影响体现在以下两个方面：

（1）直接影响：搬运需要人力，搬运导致的运输 / 堆叠 / 整列都需要工具设备及额外的设施空间，这些额外投入都增加了企业的成本。同时，搬运使得物品存在损坏、碰伤及丢失的可能。

（2）潜在影响：搬运导致生产效率下降，物流进度减慢，甚至可能推迟给客户的交货时间，容易引起客户抱怨。而增加的库存也增加了企业自身营运压力，所有这些都降低了企业的竞争力。

搬运浪费的常见表现形式有：①搬运距离很远，小批量的运输；②主副线中的搬运；③出入库次数多的搬运。

生产流水化、同步化是减少搬运的根本之道

图 2-6　搬运浪费

（1）生产线布局不当，规划不科学，材料放置不当，零部件在加工过程中需反复转运。

（2）集中的生产方式，未均衡化生产。

（3）坐姿作业。

（4）设立了固定的半成品放置区。

（5）生产计划安排不当。

（1）合理规划调整生产现场的布局，U 形设备布局，优化搬运路线，考虑人机结合。

（2）实施一个流生产方式，零件逐个依次经过各工序设备进行加工、移动，制造加工过程中，始终处于不停滞、不堆积、不超越状态，实现均衡化生产。

（3）站立作业。

（4）避免重新堆积、重新包装。

（5）合理配置资源、安排计划，提高生产计划合理性。

任务小结

通过本任务的学习，了解等待浪费和搬运浪费的概念、常见表现形式；全面理解等待浪费和搬运浪费产生的原因，能识别出生产现场产生浪费的常见原因，并根据产生原因和实际条件合理制定消除浪费的方法策略。理解本任务知识点需要注意以下几点：①废除工作预置，观念上不能有半成品放置区；②实际生产中搬运是不可避免的，但搬运是无价值的，应努力减少搬运带来的浪费；③人性考虑并非一定要坐姿作业。

思考练习

一、单选题

1. 下列哪项不是产生等待浪费的常见原因？（　　）

A. 生产线布置不当，物流混乱

B. 生产计划安排不当，各工序生产能力不平衡

C. 安全库存量或采购计划不合理

D. 人员的作业培训不足，操作方式不规范

2. 下列哪项不是制造不良浪费的常见表现形式？（　　）

A. 产品报废　　B. 挑选、检查、维修

C. 不良品引起交货延迟，名誉受损　　D. 机器设备时常发生故障

3. 下列哪项不是消除库存浪费的常见应对策略？（　　）

A. 进行库存意识改革

B. U 形设备配置，布置成 U 形生产单元

C. 优化产线设计，实现均衡生产

D. 实施标准化作业

4. 在多余动作浪费应对策略中的贯彻动作经济原则里，有关工具设备方面的原则不包含哪一个？（　　）

A. 工具万能化原则　　B. 利用工具原则

C. 适当位置原则　　D. 安全可靠原则

5. 下列哪项不是消除制造不良浪费的常见应对策略？（　　）

A. 实施标准化作业

B. 合理采购和储存，保证原材料及零部件的品质

C. 提升人与机的利用率，实现人机最优平衡

D. 增加防错设计，应用自动防错装置

6. 被列为八大浪费之首，直接导致其他七大浪费的是下列哪种浪费类型？（　　）

A. 多余动作浪费　　B. 过量生产浪费　　C. 库存浪费　　D. 过度加工浪费

二、填空题

1. 库存浪费具体包括________造成的库存、________造成的库存、________造成的库存三种常见情况。

2. 加工浪费一般分为________、________、________、________四种情况。

3. 过量生产浪费主要有________、________、________等三个方面的产生原因。

4. 过量生产会造成________、________、________等几方面的问题。

5. 多余动作浪费是指因生产的作业动作不合理而导致的时间、效率、场地、人员、设备等方面的浪费，具体包括________、________、________。

三、简答题

1. 在精益生产中是怎么定义浪费的？工厂里的浪费通常以何种形态存在？

2. 浪费的常见类型有哪几种？

3. 产生过度加工浪费的主要原因有哪些？

4. 搬运浪费的产生原因及常见表现形式有哪些？

5. 什么是库存浪费？库存浪费的常见表现形式有哪些？

项目三

5S 管理

项目导读

5S 管理针对企业中每位员工的日常行为提出要求，倡导从小事做起，力求每位员工都养成事事“讲究”的习惯，从而达到提高整体工作质量的目的。它是一种日式企业独特的管理方法。通过本项目的学习，使学生认识到作为企业，实行优质管理，创造最大的利润和社会效益是一个永恒的目标。而优质管理具体说来，就是在质量、成本、交货期、服务、技术、管理方面有独到之处。通过推进 5S 管理，可以有效达成这六大要素的最佳状态，实现企业的经营方针和目标。

案例导入

某印刷公司准备与外资公司洽谈成立一家合资公司，通过合资引进新型印刷设备和工艺，并改造公司的印刷信息系统，然而合资谈判并不顺利，主要是因为对方总是提出很多在该印刷公司总裁看来吹毛求疵的意见。比如：车间里维修工具放置不定位、不整齐；设备漏油，造成地面和机身很多油污；仓库里纸张物资堆放混杂；工人装运材料和成品费时费力；等等。在合资合同中，外资公司执意将引入现代企业的 5S 现场管理写入，并作为重要条款。刚开始的时候，该印刷公司的领导层根本没将其当回事儿，他们想的是，先按照外资公司的要求做卫生，把环境搞好，等技术引进消化吸收了，该怎么办还怎么办，而公司员工更是没将此当回事儿。几天之后，外资公司按照合同约定派来指导 5S 实施的管理人员，他用实地拍摄的照片和调查的数据，让整个公司的领导和员工深深地感受到了震撼。印刷车间的地面上油污很多，各种不同类型的纸张成品到处堆放，不知道是哪个部门拿来的，车间以为是采购科送的，采购科以为是车间试生产的；用完的油墨和用了一半的油墨、印刷机换下来的印刷棍、丝网堆在一个角落，显然很久都没有使用过了，上面的标识早就已经看不清楚了；工人和维修工使用的工具没有标记，翻找需要用的工具要花费很长时间；在仓库里到处堆放着纸张、油墨和印刷设备的备品备件，还有很多成品，货架之间只有一条需要侧身才能通过的狭窄过道，剩余的纸张和没有使用过的纸张都混放在一起，这种情况下想要账、卡、物一致是不可能的；电脑系统中的文件也是非常混乱，很多标识着计划和工作的文件与当前实际工作并不吻合，还有很多过时的文件和错误的文件，同样一个文件在不同科室之间的记录和数据完全不同。在外资公司管理人员的启发下，大家逐渐梳理出许多原来习以为常的现象，想要的东西找不着，明显不要的东西却总是在眼前。事实放在眼前，该印刷公司只能支持推进五 5S 的工作。

任务一 认识 5S 管理

知识目标

◎了解 5S 管理的起源；
◎掌握 5S 管理的效果与作用。

技能目标

◎能进行现场 5S 管理现状分析；
◎能进行现场 5S 管理活动的实施。

知识解读

所谓 5S 管理，就是整理（Seiri）、整顿（Seiton）、清扫（Seiso）、清洁（Seiketsu）、素养（Shitsuke），这五项管理内容在日语的发音中都以“S”开头，故称为 5S 管理。5S 起源于日本，是指在生产现场中对人员、机器、材料、方法等生产要素进行有效的管理，这是日本企业独特的一种管理办法。日本 5S 的宣传口号为“安全始于整理整顿，终于整理整顿”，当时只推行了前 2S，其目的仅是确保作业空间和安全，后因生产控制和品质控制的需要，而逐步提出后续 3S，即“清扫、清洁、素养”，从而使其应用空间及适用范围得到进一步拓展。1986 年，首部关于 5S 的专著问世，对整个日本现场管理模式起到了灯塔式的指引作用，并由此掀起 5S 热潮。

日式企业将 5S 管理作为工厂管理基础中的基础，作为推行各种质量管理方法的基础平台，在第二次世界大战后，日本的产品质量得以迅猛提升，从而一举奠定了其经济强国的地位，尤其在丰田汽车公司的倡导与推行下，5S 对于塑造企业形象、降低成本、准时交货、安全生产、高度标准化、创造令人心怡的工作场所等现场改善方面的巨大作用逐渐被各国管理界所肯定。随着世界经济的发展，5S 管理现已成为企业管理的一股新潮流，成为管理过程中不可或缺的一个基本环节。

随着企业的进一步发展，有的企业在原来 5S 的基础上又增加了安全（Safety），即形成了“6S”；有的企业再增加了节约（Save），形成了“7S”；也有的企业加上习惯化（Shiukanka）、服务（Service）及坚持（Shikoku），形成了“10S”，但是万变不离其宗，它们都是从“5S”里衍生出来的。

作为企业，实行优质管理，创造最大的利润和社会效益是一个永恒的目标。而优质管理具体说来，就是在 Q（Quality，质量）、C（Cost，成本）、D（Delivery，交货期）、S（Service，服务）、T（Technology，技术）、M（Management，管理）方面有独到之处。通过推进 5S 管理，可以有效达成 Q、C、D、S、T、M 六大要素的最佳状态，实现企业的经营方针和目标，所以说，5S 是现代企业管理的基础。

1）企业实施5S在现场管理的效果。

（1）改善和提高企业形象。整齐、整洁的工作环境，容易吸引客户，让客户心情舒畅；同时，通过改善企业形象，成为其他企业学习的榜样，从而大大提高企业的威望。

（2）提高工作效率。良好的工作环境和工作氛围，再加上有修养的合作伙伴，员工可以集中精神，认认真真地干好本职工作，必然能提高工作效率。如果员工始终处于杂乱无序的工作环境中，情绪必然会受到影响，甚至影响企业的经济效益。所以，实施5S管理，是提高工作效率的有效途径之一。

（3）改善零件在库周转率。需要时能立即取出有用的物品，供需间物流通畅，可以极大地减少寻找所需物品时的滞留时间。因此，能有效地改善零件在库房中的周转率。

（4）减少直至消除故障，保障品质。优良的品质来自优良的工作环境。只有通过经常性的清扫、点检和检查，不断地净化工作环境，才能有效地避免污损或损坏机械，维持设备的高效率运转，提高生产品质。

（5）保障企业安全生产。整理、整顿、清扫，必须做到储存明确，物归原位，工作场所内都应保持宽敞、明亮，通道随时都是畅通的，地上不能摆设不该放置的物品。工厂秩序有条不紊，意外事件的发生自然就会相应地减少，安全就有了保障。

（6）降低生产成本。一个企业通过实行或推行5S管理，能极大地减少人员、设备、场所、时间等方面的浪费，从而降低生产成本。

（7）改善员工的精神面貌，使组织活力化。实施5S管理可以明显地改善员工的精神面貌，使组织焕发强大的活力。员工都有尊严和成就感，对自己的工作尽心尽力，并带动改善意识形态。

（8）缩短作业周期，确保交货。推动5S管理，通过整理、整顿、清扫、清洁来实现标准的管理，使异常的现象明显化，就不会造成人员、设备、时间的浪费。企业生产会变得顺畅，作业效率必然会提高，作业周期必然相应地缩短，保证交货日期。

实施5S管理，让企业的每个成员都能由内而外地散发出团队合作精神。员工精神面貌的改善能使企业的形象得到提升，从而形成一种自主改善的机制。

2）企业实施5S管理，可以在品种、质量、成本、交货期以及安全等方面发挥作用。

（1）多品种。实施5S管理可以减少寻找模具、夹具、工具和刃具的时间，从而可以缩短作业转换的时间，有利于实现多品种生产的要求。

（2）高品质。品质是指产品性价比的高低，是产品本身所固有的特性。好的品质是赢得客户信赖的基础。实施5S管理能确保生产过程的迅速化、规范化，能十分有效地为好的品质打下坚实的基础。

（3）低成本。实施5S管理能减少库存量和各种浪费，避免不均衡，大幅度地提高效率，从而达到成本的最优化。

（4）短交货期。交货期体现了公司响应市场需求的能力。为了适应社会发展需要，越来越多的企业从大批量生产转向多品种、小批量生产。品种增加管理难度加大，各种错误率增大。5S管理是一种有效的预防方法，能及时地发现异常，减少问题的发生，保证快速、准时交货。

（5）高安全。通过实施5S管理，可使工作场所干净整洁，物品摆放井然有序，通道顺畅，能很好地避免意外事故的发生。

通过实施5S管理，企业能够健康、稳定、快速地成长，逐渐发展成对地区有贡献和影响力的世界级企业，并且达到投资者满意、客户满意、雇员满意和社会满意的目的。

任务小结

5S 管理就是指对生产现场各生产要素所处的状态，不断地进行整理、整顿、清扫、清洁，以提高素养的活动。企业推行 5S 管理可以达到提高工作和生产效率，改善产品的品质，保障企业安全生产，降低生产成本，提高企业经济效益，缩短生产周期以确保交货期，改善员工的精神面貌和提高企业的形象等目的。

任务二　整理认知与推行

知识目标

◎熟悉整理的概念和作用；
◎掌握整理活动的推行方法和步骤。

技能目标

◎能进行整理活动分析；
◎能开展现场整理活动。

知识解读

（一）整理的概念

整理就是把工作环境中必要和非必要的物品区分开来，并且必要品只保存合适的数量，节约有效空间的一种方法。

（二）整理的作用

（1）使现场无杂物，过道通畅，增大作业空间，提高工作效率。
（2）能减少碰撞，保障生产安全，提高产品质量。
（3）消除混杂材料的差错。
（4）有利于减少库存，节约资金。
（5）能使员工心情舒畅，工作热情高涨。

（一）整理活动的推行方法

活动对象：划分需要与不需要物品、决定需要物品的数量、处理不需要物品。

1. 设备

（1）现有的生产设备是否在用。

（2）完全闲置的设备是否不需要用。

（3）闲置的设备经过整修后是否能使用，现有的设备是否需要折价出售或丢弃处理。

2．产品

（1）返修品在检查合格并经批准后给予回用。

（2）不能返修的提议申请批准后给予报废处理。

3．模具、夹具

（1）批量产品和保证质量需要的全部需要。

（2）模具、夹具的数量视生产决定。

（3）模具、夹具登录在资产账上。

4．作业台、工作桌椅

（1）有没有使用者。

（2）是否是有用的工作台。

（3）不要的物品应从现场予以搬离。

5．工具

（1）生产经常所使用的工具为必要。

（2）其他工具如半个月以上不使用的则不应放置。

（3）作业场所共同使用的工具应放置于容易取用的地方。

6．空容器

（1）暂不用的空箱搬到指定场所。

（2）不要的空箱应考虑再利用。

（3）按需确定出必要使用的容器数。

（4）将空箱清洗干净。

7．材料

（1）将材料明确划分、标识并搬到指定场所。

（2）将材料明确划分、标识并定期予以处理。

8．清扫用具

是否随时可使用，以尽可能共同使用为原则，不要的处理，能用的集中管理。

9．包装材料

能使用的按分类置于指定场所集中保管，不能使用的予以废弃处理。

（二）整理活动的推行步骤

1）现场位置检查，对工作现场进行全面检查，包括看得见和看不见的地方，如设备的内部、文件柜的顶部、桌子底部等位置。

2）区分必需品和非必需品，管理必需品和清除非必需品同样重要。首先要判断物品的重要性，然后根据其使用频率决定管理方法，清除非必需品，用恰当的方法保管必需品，以便于寻找和使用。（区分和处理方法见【例 3-1】）

3）清理非必需品时，把握的原则是看物品现在有没有“使用价值”，而不是原来的“购买价值”，同时注意以下几个着眼点：

（1）货架、工具箱、抽屉、橱柜中的杂物、过期的报纸杂志、空罐、已损坏的工具、器皿。

（2）仓库、墙角、窗台上、货架后、柜顶上摆放的样品、零件等杂物。

（3）长时间不用或已经不能使用的设备、工具、原材料、半成品、成品。

（4）办公场所桌椅下面、揭示板上的废旧文具、过期文件及表格、数据记录等。

整理是一个永无止境的过程。现场每天都在变化，整理贵在日日做，时时做，如果仅是偶尔突击一下，做做样子，就完全失去了整理的意义。

【例 3-1】 必需品和非必需品的区分和处理方法。

必需品和非必需品的区分和处理方法见表 3-1。

表 3-1 必需品和非必需品的区分和处理方法

<table>
<tr><th>类别</th><th colspan="2">使用频度</th><th>处理方法</th><th>备注</th></tr>
<tr><td rowspan="3">必需品</td><td colspan="2">每小时</td><td>放在工作台上或随身携带</td><td></td></tr>
<tr><td colspan="2">每天</td><td>现场存放（工作台附近）</td><td></td></tr>
<tr><td colspan="2">每周</td><td>现场存放</td><td></td></tr>
<tr><td rowspan="8">非必需品</td><td colspan="2">每月</td><td>仓库存储</td><td></td></tr>
<tr><td colspan="2">三个月</td><td>仓库存储</td><td></td></tr>
<tr><td colspan="2">半年</td><td>仓库存储</td><td>定期检查</td></tr>
<tr><td colspan="2">一年</td><td>仓库存储（封存）</td><td>定期检查</td></tr>
<tr><td colspan="2">两年</td><td>仓库存储（封存）</td><td>定期检查</td></tr>
<tr><td rowspan="2">未定</td><td>有用</td><td>仓库存储</td><td>定期检查</td></tr>
<tr><td>无用</td><td>变卖或废弃</td><td>定期清理</td></tr>
<tr><td colspan="2">不能用</td><td>废弃或变卖</td><td>立刻废弃</td></tr>
</table>

【例 3-2】“整理”活动的具体检查内容。

“整理”活动的具体检查内容见表 3-2。

表 3-2 “整理”活动的具体检查内容

检查内容	不良现象	推行注意事项
作业台、椅子	（1）不用的作业台、椅子也放在现场。 （2）杂物、私人物品藏在抽屉里或台垫下面。 （3）当天不用的材料、设备、夹具堆放在台面上。 （4）材料的包装袋 / 盒用完后仍放在台面上	多注意被锁住的柜子内、桌底、桌顶一些平常不注意、容易隐藏的地方
货架	（1）现场到处都有货架，几乎变成临时仓库。 （2）货架大小与摆放场所的大小不相适应，或与所摆放之物不相适应。 （3）不用的货物、设备、材料都堆放在上面	将该区域进行三次整理工作后分类
通道	（1）弯道过多，机械搬运车辆通行不便。 （2）行人通道和货物通道混用。 （3）作业区与通道混在一块	确认区域规划的合理性
设备	（1）现场有不使用的设备。 （2）残旧、破损的设备有人使用，无人维护。 （3）过时老化的设备仍在点点停停，勉强运作	确认设备是否需要专业部门鉴定，防止万一要使用的设备被丢弃

续表

检查内容	不良现象	推行注意事项
办公台	（1）办公台多过作业台，几乎所有管理人员都配有独立办公台。 （2）每张办公台都有一套相同的办公文具，未能共用。 （3）办公台台面干净，抽屉里面杂乱无章。 （4）不能用的文具也放在台上。 （5）私人物品随意放置。 （6）茶杯、烟灰缸放在上面。 （7）堆放了许多文件、报表	能少不用多
文件资料	（1）各种新旧版本并存，分不清孰是孰非。 （2）过期的仍在使用。 （3）需要的人员没有，无关人员反倒持有。 （4）保密文件未做管理，任人阅读。 （5）个人随意复印留底	（1）注意文件夹内文件的整理。 （2）注意电子文档类文件的管理
公共场所	（1）空间用来堆放杂物； （2）洗涤物品与食品混放； （3）消防通道堵塞； （4）排水、换气、调温、照明设施存在问题	（1）注意垃圾场堆放整齐。 （2）注意公共场所各个角落的空箱、来货区的区域规划

任务小结

整理是把工作环境中必要和非必要的物品区分开来，并将非必要的物品清理出现场，以节约空间的一种方法。通过整理，可以使现场无杂物，过道通畅，增大作业空间，能使员工心情舒畅，工作热情高涨，提高工作效率，保障生产安全，提高产品质量。

任务三　整顿认知与推行

知识目标

◎熟悉整顿的概念和作用；
◎掌握整顿活动的推行方法和步骤。

技能目标

◎能进行整顿活动分析；
◎能开展现场整顿活动。

知识解读

（一）整顿的概念

整顿就是把必要的物品进行分类，根据使用频率确定其放置的方法及位置，是节约时间的技术。

（二）整顿的作用

（1）提高工作效率；缩短工序转换时间、作业准备时间。

（2）异常情况（如丢失、损坏）能马上发现。

（3）非担当者的其他人员也能明白要求和做法。

（4）不同的人去做，结果应是一样的（已经标准化）。

（一）整顿活动的推行方法

1）确定放置场所。

2）规定放置方法。

3）标识场所物品，采用目视化管理。

（1）整顿要形成任何人都能立即取出所需要物品的状态。

（2）要站在其他人的立场来看。

（3）对于放置处与被放置物，都要想办法使其能立即取出使用。

（4）生产场地附近只能放置真正需要的物品。

（5）危险品放置到特定的位置。

（6）无法按规定位置放置的物品，应挂标识牌。

（7）车间安全通道用斑马线或黄色油漆标识。

（8）车间内、中转库内的半成品、在制品的名称、型号、图号、数量、加工状态等予以明示。

（9）成品库的成品名称、型号、图号、数量状态等予以明示。

（10）综合管理库的刀具、工具及其他物品按用途区分，予以明示。

（11）原材料库的材料等标识予以明示。

（12）设备等标识予以明示，并确定责任人。

（13）危险处标识“危险”字样。

（14）不移动的设备不划线，移动的设备要划线。

（15）模具、夹具应注明名称，放置场所应明示，并按其必要在货架上予以标识。

（16）机床附件等在货架或工具柜上予以标识。

（17）工具箱、工具车、移动小车按单位予以划线定置管理。

（18）存放不合格品的托盘、架子应用红色标识；存放合格品的托盘、架子应用绿色标识；存放待检验或试验产品的托盘、架子应用黄色标识。

（二）整顿活动的推行步骤

1）分析现状。分析为什么人们取放物品的时间长，这主要有以下原因：①不知道物品存放在哪里；②不知道要取的物品叫什么；③存放地点太远；④存放地点太分散；⑤物品太多，难以找到；

⑥不知道是否已用完或别人正在使用（没找到）。解决这些问题需从日常工作中必需品的管理状况入手，必须从物品的名称、分类、放置等方面的规范化情况进行调查分析，找出问题所在，对症下药。

2）物品分类。根据物品各自的特征，把具有相同特点、性质的物品划为一个类别，并制定标准和规范，正确命名、确定、标识物品的名称。

3）决定储存方法的三要素。第一要素是场所，整顿后，空间重新布局，明确物品放置场所；第二要素是放置方法，依据物品用途、功能、形状、大小、使用频度，决定竖放、横放、直角、斜置、吊放、在挂钩上放置等，以及放在第几层，放上、放下、放中间等；第三要素是标识，通过标识使任何人都能十分清楚任何一堆物品的名称、规格等参数。

4）规定摆放三定方法。

（1）定点。确定摆放方法，如架式、箱式、工具柜式、悬吊式，在规定区域放置；尽量立体放置，充分利用空间。

（2）定类。产品按机能或按种类区分放置，以便于拿取和先进先出。

（3）定量。确定使用数量，确定所用容器的颜色和识别方法，做好防潮、防尘、防锈、防撞等保护措施。

【例 3-3】“整顿”活动的具体检查内容见表 3-3。

表 3-3 “整顿”活动的具体检查内容

检查内容	不良现象	推行注意事项
作业台、椅子	（1）物料凌乱搁置在台面上。 （2）台面上下的各种电源线、信号线、压缩空气管道乱拉乱接，盘根错节。 （3）作业台、椅子尺寸形状大小不一、高低不平、五颜六色，有碍观瞻。 （4）作业台、椅子无标识，不知道属于哪个部门，由谁管理	在确定物品定量方法时是否已做好了保护措施
货架	（1）摆放的物品没有识别管理，除了当事人之外，其他人一时难以找到。 （2）货架太高或物品堆积太大，不易拿取。 （3）不同的物品层层叠放，难以取放。 （4）没有按“重低轻高”的原则摆放	（1）针对布局是否合理提出改善提案。 （2）强调分类的重要性。 （3）注意重要物品和易损件的放置容器
通道	（1）未将通道位置画出。 （2）被占为他用，如作为材料摆放区。 （3）部分物品摆放超出通道。 （4）坑坑洼洼，凹凸不平，人员、车辆不易通行	（1）确认区域规划，结合空间利用，设计合理 的布局。 （2）人车分流，预留设备通道
设备	（1）使用暴力，野蛮操作设备。 （2）设备放置不合理，使用不便。 （3）运作能力不能满足生产要求。 （4）没有定期保养和校正，精度有偏差。 （5）缺乏必要的人身安全保护装置	（1）确认有无操作标准。 （2）确认操作人员是否受过正规的培训。 （3）设备的管理责任是否明确并细化
办公台	（1）现场办公台设置位置主次不分。 （2）办公台作他用。 （3）台面办公文具、通信文具没有定位。 （4）公共物品放在个人抽屉。 （5）抽屉上锁，其他人拿不到物品	除人员办公用的办公桌外，其他的一律按物品性质定做书架、文件篮等

续表

检查内容	不良现象	推行注意事项
文件资料	（1）未能分门别类，也没有用文件柜、文件夹存放。 （2）没有定点摆放，四处都有，真正要用的又不能及时找出。 （3）文件种类繁多，难于管理。 （4）接收、发送未记录或留底稿。 （5）即使遗失不见了，也没有人知道	（1）注意文件框内的分类是否一目了然。 （2）注意文件平时是否都有人保管。 （3）电子文档的整理是否及时、合理
公共场所	（1）区域、场所无标识。 （2）无整体规划图。 （3）物品无定位、定置。 （4）逃生路线不明确。 （5）布局不合理，工作效率低	（1）各车间使用路牌标识。 （2）各公共用品上设有爱护提示牌。 （3）区域标识及门牌标识要统一，能有效宣传公司形象

任务小结

整顿是把必要的物品进行分类，根据使用频率确定放置的方法及位置，是节约时间的技术。通过整顿，可以缩短寻找时间和作业准备时间，而且能提高工作效率，异常情况能马上发现。

任务四　清扫认知与推行

知识目标

◎熟悉清扫的概念和作用；

◎掌握清扫活动的推行方法和步骤。

技能目标

◎能进行清扫活动分析；

◎能开展现场清扫活动。

知识解读

（一）清扫的概念

清扫就是通过对环境、设备、工具、设施的维护、点检和保养，使之保持良好的状态。清扫是保证品质和效率的一种技术。

（二）清扫的作用

①使质量保持稳定。②维持仪器及设备的精度。③维持机器设备的稳定性，减少故障发生。④创造清洁的工作场所。

（一）清扫活动的推行方法

1）建立清扫责任区（室内外）。在本部门的范围内，标识各责任区与责任人。

2）规定例行清扫的内容，每日、每周的清扫时间和内容。

3）清扫过程中发现不良之处应加以改善。

（1）墙壁、天花板脱落。

（2）死角、擦拭不到的地方。

（3）地板破损的地方。

4）清扫应细心，具备不容许污秽存在的意识。

（1）配线、配管上部的清擦。

（2）机器设备周围的清扫。

（3）转角处的清扫。

（4）日光灯内壁和灯罩擦净。

（5）洗手间、茶水间地板擦净。

（6）工作台、桌椅底部的清扫。

（7）橱柜上下部位的清扫。

5）清扫用品、工具本身保持干净与归位。

6）文件资料的清扫。

（1）定期整理个人资料：①保留经常使用和绝对必要的资料；②保留必须移交的档案资料；③废弃过时和没有必要的资料。

（2）废除不用的资料：①机密资料销毁必须进行管制；②一般废弃的文件、资料背面再利用；③无法利用的用碎纸机处理；④无用的名片、卡片；⑤修正完毕的原稿；⑥过期的报纸、杂志；⑦无保留价值的传真、会议通知、资料等。

（二）清扫活动的推行步骤

1）前期准备。

（1）分配清扫区域。把清扫区域编号、担任清扫工作的人员、清扫时间之类的事项制作成一个小型看板，在区域内张贴，让每个责任人清楚自己负责的地区与时段。

（2）决定清扫方法。清扫程序明确化，培养人员建立清扫习惯，促进清扫工作的标准化。例如，要安排清扫日程，一定要用轮值表的方式，否则无法进行持续的活动。

（3）准备清扫用具，并做好工具定位。

2）确定物品放置场所；对设备的清扫应着眼于对设备的维护保养、润滑；清扫空间包括通道、会议室、卫生间等不同的空间，还包括窗户、天花板、地面、墙壁等。

3）执行清扫阶段的重点在于清扫活动，即扫除工作岗位中的一切垃圾、灰尘；寻找污染源，制定解决方案，以杜绝污染发生或使发生量减少。例如，如果有溢漏现象，应通过密封方式将溢漏处封起来；如果有粉尘四处飞散，可采用遮蔽或覆盖方式，以缩小污染面积；如果是设备有松脱、破损、故障等问题，造成污染，一定要立即进行修理。

4）确认对清扫活动进行检查，其检查内容见表 3-4。在检查和执行清扫时，对发现的问题要提出改善措施，并进行落实，直到问题解决为止。

表 3-4 “清扫”活动的具体检查内容

检查内容	不良现象	推行注意事项
作业台、椅子	（1）设备和工具破损、掉漆，甚至残缺。 （2）到处布满灰尘、脏污。 （3）材料余磕、碎屑残留。 （4）垫布发黑，许久未清洗。 （5）表面干净，里边和后边脏污不堪	这一阶段多注意设备的完好状态和点检实施的真实性、有效性
货架	（1）物品包括外包装在内，一起放在货架上，清扫困难。 （2）只清扫货物不清扫货架。 （3）布满灰尘、脏污。 （4）物品放了很久也没有再确认，有可能变质	（1）对包装箱内物品应标识有效期。 （2）清扫货架等物，保证干净、整洁。 （3）对容易失效的物品用明显的标识进行标注（目视化管理）
通道	（1）灰尘多，行走过后有鞋印。 （2）有积水、油污、纸屑、铁屑等。 （3）很久未打蜡或刷油漆，表面斑斑驳驳，非常难看	确认清扫责任表，找出不能执行、维持的背后原因
设备	（1）有灰尘、脏污之处。 （2）有生锈、褪色之处。 （3）渗油、滴水、漏气。 （4）导线、导管破损、老化。 （5）滤脏、滤气、滤水装置未及时更换。 （6）标识掉落，无法清晰分辨	（1）有无点检标准。 （2）有无点检记录。 （3）记录是否有效
办公台	（1）台面脏污，物品摆放杂乱无章，并且有积尘。 （2）办公文具、通信文具污迹明显。 （3）台下办公垃圾多日未倾倒	确认是否有办公设施责任人、区域负责人，以及值日要求、周期
文件资料	（1）复印不清晰，难以辨认。 （2）随意涂改，没有理由和负责人。 （3）文件破损、脏污。 （4）文件柜、文件夹污迹明显。 （5）未有防潮、防虫、防火措施	（1）文件的清晰度。 （2）文件的完整性。 （3）文件的保存状态
公共场所	（1）玻璃破烂，不能挡风遮雨。 （2）门、窗、墙被乱涂乱画。 （3）墙壁发黑，地面污水横流。 （4）采光不好，视线不佳。 （5）到处污迹明显，无人擦洗。 （6）无人定期进行必要的清洁、消毒	（1）基础设施管理责任化。 （2）管理维护日常化。 （3）专业维护定期化

【例 3-4】 某公司清扫区域与责任人示例。

清扫区域与责任人如图 3-1 和表 3-5 所示。

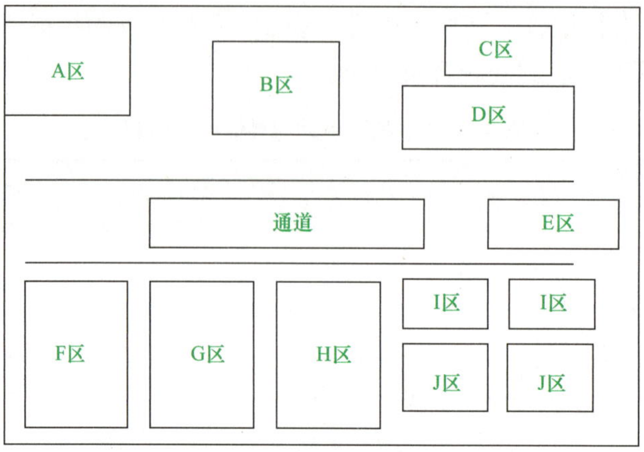

图 3-1　清扫区域分布图

表 3-5　清扫区域与责任人

序号	责任人	责任区域	色别
1	张 ×× 、王 ××	A 区	红色
2	石 ×× 、黄 ××	B 区	黄色
3	张 ××	C 区	蓝色
4	葛 ××	D 区	青色
5	徐 ×× 、梁 ×× 、李 ××	E 区	紫色
6	沈 ×× 、查 ××	F 区	黑色
7	张 ×× 、谭 ××	G 区	白色
8	杨 × 、潘 ××	H 区	绿色
9	严 ××	I 区	棕色
10	龚 ××	J 区	银色

设备维护示意图如图 3-2 所示，具体操作见表 3-6。

图 3-2　设备维护示意图

表 3-6　设备维护具体操作

序号	部 位	清扫基准	点检方法	工 具	责任人	需要时间/min	周期		
							日	周	月
1	主轴系统	无积尘、无油污、无杂音、无超温	耳听手触	毛扫、抹布、气枪	严 × ×	2	√		
2	滑座	无积尘、无油污、无漏油、无振动	目视手触	毛扫、抹布、气枪、扳手	沈 × ×	5	√		
3	油管道	无积尘、无油污、无摩擦、无弯折、无破损	目视手触	毛扫、抹布	张 × ×	2	√		
4	供气系统	无积尘、气管无破损、压力保持 3.0 × 105 Pa	目视手触	抹布、气枪	王 × ×	2	√		
5	立柱	无积尘、无油污	目视	毛扫、抹布、气枪	张 × ×、王 × ×	2	√		

任务小结

清扫是通过对环境、设备、工具、设施的维护、点检和保养，使之保持良好的状态。清扫是保证品质和效率的一种技术。清扫能使质量保持稳定，维持仪器及设备的精度，维持机器设备的稳定性，减少故障发生，创造清洁的工作场所。

任务五　清洁认知与推行

知识目标

◎熟悉清洁的概念和作用；

◎掌握清洁的推行步骤。

技能目标

◎能进行清洁活动分析；

◎能开展现场清洁活动。

知识解读

（一）清洁的概念

清洁就是通过建立起规范化和制度化的标准，确保 5S 管理的成果，其含义见表 3–7。

表 3–7 清洁的含义

生产管理	整理	整顿	清扫
没有进行清扫	必需品和非必需品混放	找不到必需品	工场到处都是脏污、灰垢
将清扫习惯化	清除非必需品	用完的物品放回原处	清扫脏污、灰垢
将清扫制度化（清洁）	不产生非必需品的机制	取放方便的机制	不会脏污的机制

（二）清洁的作用

保持现场、设备等清洁，使异常现象显现化（易发现），并做到异常时的对策、办法可视创造舒适的工作条件。

（一）制定专门的手册

整理、整顿、清扫的最终结果是形成“清洁”的作业环境。要做到这一点，动员全体员工参加整理、整顿是非常重要的，所有的人都要清楚应该干些什么。在此基础上，将大家都认可的各项应做工作和应保持的状态汇集成文，形成专门的手册，从而达到确认的目的。

清洁手册要明确以下内容：

（1）作业场所地面的清洁程序、方法和清扫后的状态。

（2）确立区域和界线，规定完成后的状态。

（3）设备的清扫、检查的进程和完成后的状态。

（4）设备的动力部分、传动部分、润滑油、油压、气压等部位的清扫、检查进程及完成后的状态。

（5）工厂的清扫计划和责任者，规定清扫实施后及日常的检查方法。

（二）明确“清洁”的状态

所谓清洁的状态，它包含三个要素：第一是“干净”，第二是“高效”，第三是“安全”。在开始时，要对“清洁度”进行检查，制定明细的检查表以明确“清洁的状态”，主要包括以下几点：

（1）地面的清洁状态应该是怎样的状态。

（2）窗户和墙壁的清洁状态应该是怎样的状态。

（3）操作台上的清洁状态应该是怎样的状态。

（4）工具和工装的清洁状态应该是怎样的状态。

（5）设备的清洁状态应该是怎样的状态。

（6）货架和放置物资场所的清洁状态应该是怎样的状态。

只有明确了这些清洁的状态之后，才可以进行清洁检查。

（三）定期检查

同清洁的状态相适应的，比保持清洁更重要的要素是保持场地高效率作业。为此，不仅要在日常的工作中检查，还要定期地进行检查。检查对象虽然和检查表相同，但是这些不仅仅是单指“清洁度”，而且是要检查“高效的程度”，效率是定期检查的要点，这同样需要制定检查表。

检查要求现场的图标和指示牌设置位置合适；提示的内容合适；安置的位置和方法有利于现场高效率运作；现场的物品数量合适，没有不需要的。

（四）环境色彩化

色彩化是指厂房、车间、设备、工作服都采用明亮的色彩，一旦产生污渍，可以很容易被发现。同时，职工工作的环境也变得生动活泼，工作的情绪也会受到良好的影响。

另外，个人着装要朴实洁净，保持个人卫生，对作业现场的区域、设备的安置场所、部件和过道等要制定相关的清洁规定；要形成“将用过的物品放回原处”的好习惯。

【例 3-4】 现场 5S 管理改善实例

现场 5S 改善实例如图 3-3 所示。

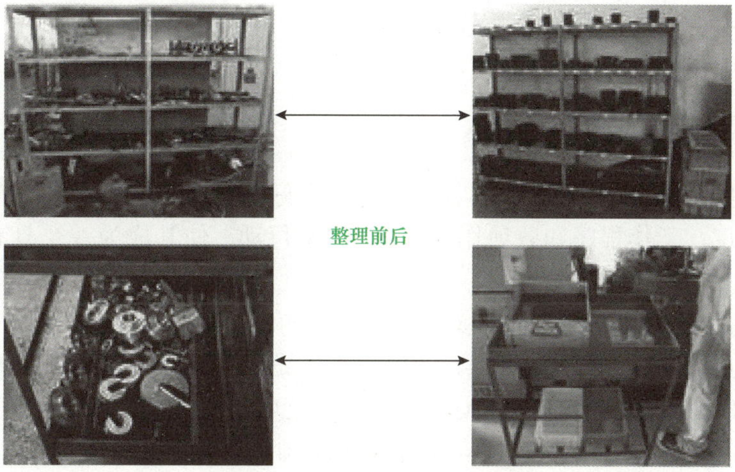

图 3-3　仓库实施 5S 管理前后

任务小结

清洁就是通过建立起规范化和制度化的标准，确保 5S 的成果。清洁的作用是保持现场、设备等清洁，使异常现象显现化，并做到异常时的对策、办法可视，创造舒适的工作条件。

任务六　素养认知与推行

知识目标

◎熟悉素养的概念和作用；

◎掌握素养的推行步骤。

技能目标

◎能进行素养活动分析；
◎能开展现场素养活动。

知识解读

（一）素养的概念

素养就是全面提高员工的品质，彻底改变每个工作人员的精神面貌，这是 5S 管理追求的最高境界。

（二）素养的作用

（1）营造团队精神。

（2）强化人与人（内外）之间相互信赖的关系。

（3）提高客户及员工满意度。

（1）通过规范行为来改进员工的工作态度，养成良好的习惯，进而能依照规定的事项（厂纪、厂规、各种规章制度、工作程序和各项作业标准等）来行动，使其成为一个具有高尚情操的优秀员工。

（2）通过多种活动和手段，形成一种文化氛围。例如，通过宣传活动，把气氛调动起来；通过比赛，如摄影、漫画、标语、演讲比赛等，将好的典范提列出来，让每位员工都知道 5S 管理活动在进行中；通过检查、评比，列出名次，让每位员工都能明了 5S 管理活动评价的标准。

（3）培养各种良好的礼节，养成遵守集体决定事项的习惯，创造纪律良好、有活力的工作环境。

【例 3-5】 素养活动的现场检查表。

素养活动的现场检查表见表 3-8。

表 3-8　素养活动的现场检查表

部门：　　　　检查者：　　　　日期：

项目	检查内容	现场现象	检查结果 是：○　否：×	对策、改善方案 （完成时间）
素养5S管理	待人接物	（1）对领导、同事是否保持基本礼仪。 （2）举止是否粗暴，是否口出脏言。 （3）上下班见面时是否相互问候。 （4）是否及时归还借用公物。 （5）是否遵守公共场所相关规定。 （6）是否有主动精神和团队精神		
	仪容仪表	（1）是否感觉精神有活力。 （2）是否不修边幅。 （3）是否头发、胡须过长。 （4）是否依规定穿着厂服，佩戴识别证。 （5）是否穿着整洁好。 （6）是否注意良好的个人卫生		

续表

项目	检查内容	现场现象	检查结果 是：○ 否：×	对策、改善方案 （完成时间）
素养5S管理	作业素养	（1）上班时间不准进食。 （2）吸烟是否到规定场所。 （3）是否按要求将手套戴好。 （4）是否随地吐痰、随便乱扔垃圾。 （5）工作前、用餐前是否洗手。 （6）是否按规定穿工鞋、工作服。 （7）是否大部分人有时间观念。 （8）是否积极参与提高改善活动		

【例 3-6】“每天 10 min 5S”管理。

“每天 10 min 5S ”管理是极有效、极简便的工具。可以利用自己的日记或工作日志，也可以专门打印一张简单的表格，每天提醒，每天检查，让 5S 的推行形成计划。“每天 10 min 5S”活动检查表见表 3-9。

表 3-9 “每天 10 min 5S”活动检查表

项目	序号	活动内容	检查结果 是：√ 否：×	改善意见及对策
每天10 min 5S 活动	1	检查自己的着装状况和清洁度		
	2	检查是否有零件、产品、废料等物品掉在地上，并都捡起来了		
	3	重新放置那些放错位置的物品		
	4	固定可能脱落的标签		
	5	擦干净溅落或渗漏的水、油和其他脏污		
	6	将标示牌、标签等擦干净，保持字迹清晰		
	7	用抹布擦干净关键仪表、设备及机器上的所有位置		
	8	处理所有非必需品		
	9	扔掉废料箱内的废料		
	10	清洁地面		
	11	对个人工具柜或文件资料进行记录、整理		

任务小结

素养就是全面提高员工的品质，彻底改变每个工作人员的精神面貌，是5S管理追求的最高境界，通过素养的不断提高，可以营造团队精神，强化人与人之间相互信赖的关系，提高客户及员工满意度。

任务七　5S管理常用的工具

知识目标

◎熟悉5S管理常用的工具有哪些；
◎掌握5S红牌作战、定点摄影、引线作战等工具。

技能目标

◎能掌握5S管理常用的工具；
◎能使用工具开展现场5S管理活动。

知识解读

红牌作战贯穿于5S管理活动的整个实施过程中，对预先发现和彻底解决现场的问题具有十分重要的意义。

（一）什么是红牌作战

红牌作战是对作业现场的“问题点”进行发掘，并用张贴彩色标签的方式，使员工明确问题所在，制定整理改善方法，达成积极迅速改善的目的。

红牌作战侧重于寻找工作场所中存在的问题，一旦发现问题，便会用相应的红牌进行醒目的标记，防止由于时间的拖延而导致问题被遗漏，并且要时时提醒和督促现场的工作人员去解决问题，直至摘掉红牌。

（二）红牌作战的实施

1. 实施对象

红牌作战的实施对象是任何违反5S管理活动的问题，具体包括空间、设备、原材料、工夹具、桌椅、资料、产品、工序、卫生死角等。

2. 实施方法

红牌作战策略贯穿于整个5S管理活动，在整理、整顿、清扫、清洁、素养这五个部分中都得到很好的应用。在5S管理活动的不同阶段，红牌作战的具体内容是有所区别的。

（1）整理过程，红牌作战的主要目的就是寻找作业场所中的可改善之处。

（2）整顿过程，企业按照“定点、定容、定量”的基本原则，针对需要改善的事情、地点和物品，分别用红牌标示，这样就能很直观地看到工作场所中不合理的状况，提醒工作人员加以改善。

（3）清扫过程，就是针对红牌问题提出有效、合理的改善措施，从而减少红牌的数量。清扫时要特别注意对以下场所和物品重点给予红牌标识：有油污的、不清洁的设备，藏污纳垢的死角，以及办公室、生产现场中不该出现的物品。

（4）清洁过程，就是具体分析红牌问题，寻找问题根源的过程，进而提出根本的解决方法，进一步减少工作场所中的红牌数量。

（5）素养过程，红牌作战依然是很有效的方法和手段，可以帮助员工养成良好的工作习惯，提高自身的素质，在工作中能够时时刻刻注意寻找需要增加红牌的事物和场所，同时也想尽一切办法来减少红牌的数量。

3. 实施步骤

（1）活动准备。红牌可以由推行 5S 管理活动的组织印制，大小相当于一张纸牌。红牌上的项目应该包括区域或设备名、日期、管理编号、发行人、问题描述等内容。为了使红牌具有更加醒目和更强的提示作用，一般会采用红色的纸张来印制红牌。

（2）教育和动员。教育的主要目的是让员工认识红牌的主要内容和意义，教育员工用开放的心态去接受，红牌代表着问题，但只要按期整改就不再是问题。

（3）贴红牌。5S 管理 活动推行组织召集各部门的负责人或主要活动成员，深入各个部门和生产现场，找出问题点，发现存在问题、需要改善的地方，马上填写一张红牌并贴在问题发生处。

（4）问题点的登录。在贴牌的同时做好记录工作，并做成部门的红牌发行清单，以便各部门经理进行跟踪确认，督促相关人员及时进行改善。

（5）解决问题后揭红牌。区域或设备管理的责任人发现红牌后，就要在规定的时间内完成对红牌所描述问题的整改，对已解决的问题，由推行人员经过确认后从现场揭下“红牌”，并在问题清单上进行记录。及时统计出问题的整改完成情况，有效督促各部门的改善工作。

红牌作战的一部分问题是可以迅速得到解决的，比如剔除了不整齐的摆放、清除了设备的油污、修复了损坏的办公桌椅等，企业应及时将工作现场的红牌摘掉，防止出现新旧红牌混杂的局面。红牌作战也会遇到不能立刻解决的问题，因此它是一个持续的过程。

（一）什么是定点摄影

定点摄影是指在同一地点、同一方向，进行持续性的摄影，将各种死角、不安全之处、不符合 5S 管理原则之处使用同一部相机（或摄像机）拍摄下来，其目的就是把不合理的现象，包括作业、设备、流程与工作方法予以定点拍摄，并且进行连续性改善的一种方法。

（二）定点摄影的实施

1. 实施对象

定点摄影对象指的是在实施 5S 现场管理的过程中，针对工作区域中某些重要设备、设施或生产线等场景，以相机等录影设备为依托，定期进行摄影或录影记录，以便在后续的管理过程中进行对比和评判。

2. 实施目的

定点摄影目的是将工作场所内（包括工作情况、工作岗位、设备、方法）存在的问题揭露出来。

在定点摄影的运用过程中，只需要贴出一些有代表性的照片，并在照片上详细标明以下信息：部门经理（车间主任）的姓名、现场责任者的姓名、违反了 5S 管理的什么规定、照相日期，就可以将问题揭露得清清楚楚。

3. 实施要点

（1）拍摄人员最好相对固定。

（2）拍摄最好使用同一相机。

（3）拍摄时的方向和角度要一致。

（4）改善前后两次拍摄要站在同一位置。

（5）拍摄时焦距要相同。

（6）拍摄时高度要相同。

（7）公示时采用彩色照片。

（8）公示时照片上要标明日期、责任者、存在的问题等信息，并将其放置在醒目位置上。

进行定点摄影所拍摄的改善前后的两张照片应该只在照片所反映的改善前后的状况和拍摄的日期上有所不同。每次实施对策取得一定的改善效果后，应再次摄影，按时间顺序贴上新照片。如果感觉每次改善后都进行摄影相当麻烦，那么可以采取定时摄影的方式，即决定下次摄影的日期。定点摄影前后对比照如图 3-5 所示。

图 3-5　定点摄影前后对比

（一）什么是引线作战

引线作战是用不同形式的引线区分不同的区域，或定位可移动物品的放置区域，达到物品准确定位、方便取用的目的，是定置管理的常用方法，引线包括通道线、定位线和区域线。

（二）引线的标注要求

1. 通道线

（1）主通道，120 cm 以上。

（2）区域通道，80 cm 以上。

（3）辅助通道，50 cm 以上。

2. 定位线

（1）定位线用于地面物品的定位，视实际情况可以采用实线、虚线或四角定位线等形式，线宽 3 ～ 6 cm。

（2）定位线通常采用黄色或白色线条。

（3）对消防器材、危险物品以及配电设施的定位，为达到警示效果，其前方禁止摆放的区域（如消防栓前、配电柜前）使用红白相间的胶带警示。

（4）位置变动类物品定位时，常采用虚线定位法。

（5）形状规则的小物品定位时，可采用四角定位法，其中物品角和定位角线间距应为

2 ～ 4 cm。

（6）位置已经固定的办公桌及相应设施设备，不使用专门的定位线。

（7）货架常用四角定位，有时演化为从通道线或区划线上延伸的定位形式。

3. 区域线

（1）生产场地标识，采用不同色的油漆、胶带、地板砖或栅栏划分区域。

（2）通道最低宽度：人行道，1.0 m 以上；单向车道，最大车宽 +0.8 m；双向车道，最大车宽 ×2+1.0 m。

（3）绿色：通行道 / 合格品；绿线：固定永久设置；黄线：临时 / 移动设置；白线：作业区；红线：不合格区 / 不合格品。

（4）在摆置场所标明摆放的物品；在摆放物体上进行标识；某些产品要注明储存、搬运注意事项和保养时间及方法；暂放产品应挂暂放牌，指明管理员、时间跨度。

【例 3-7】 常见引线的标识方法及使用范围。

常见引线的标识方法及使用范围见表 3-10。

表 3-10 常见引线的标识方法及使用范围

类别	颜色	线形	线宽 /cm	使用范围
网状线	黄、红	实线	10	厂区门口、货柜台前（红色用于消防栓、灭火器处）
出入口线、门开闭线	黄	虚线	10	工作区出入口位置的标识、门开闭位置的标识
通行线	黄	箭头	—	通道、楼梯的转弯处和起点处的标识
区域线	黄	实线	10	通道、生产作业区的标识
虎纹线	黄、黑	黄黑相间	10	防撞部位，如墙角、低空防撞等
斑马线	红	实线	10	配电箱等的区域标识
定置线	黄、白	实线	5	在制品等的区域标识
	黄、白	虚线	5	垃圾桶等的区域标识
	黄、白	直角线、虚线	5	工作台、机械设备等的区域标识
红白线	红、白	实线	5	危险区域，如防护栏杆、立柱等

任务小结

5S 管理就是指对生产现场各生产要素所处的状态，不断地进行整理、整顿、清扫、清洁，以提高素养的活动。企业推行 5S 管理可以达到提高工作和生产效率，改善产品的品质，保障企业安全生产，降低生产成本，提高企业经济效益，缩短生产周期以确保交货期，改善员工的精神面貌和提高企业形象等目的。

思考练习

1. 简述5S管理的起源和作用。
2. 简述5S现场管理在企业管理中的位置。
3. 实施5S管理有哪些工具与方法?

项目四
目视化管理

项目导读

在日常活动中，人们是通过“五感”（视觉、嗅觉、听觉、触觉、味觉）来感知事物的。其中最常用的是“视觉”。据统计，人的行动的62%是从“视觉”的感知开始的。因此，在企业管理中，强调各种管理状态、管理方法清楚明了，一目了然，从而易于明白，易于遵守，让员工能够完全自主地理解、接受、执行各项工作，这将给管理者带来极大的好处。

目视化管理是通过视觉导致人的意识发生变化的一种管理方法。目视化管理有3个要点：①无论是谁，都能判明是好是坏（异常）；②能迅速做出判断，精度高；③判断结果不会因人而异。通过本项目的学习，使学生认识到目视化管理能够使现场问题显性化，以便于问题的尽早改善，促进管理水平的提升。它直接给企业经营活动提供支持，能够提升生产效率并降低成本，简化管理者、监督者的管理业务并提高其效率，提高现场管理者、监督者的管理能力。

案例导入

一家生产复印机的工厂，他们生产的复印机里面有一个小风扇，这个小风扇非常重要，一旦装反，就会导致机械损坏。但由于是流水线作业，操作工在装配时由于疲劳、遗忘等，可能会出错。

主管就要求操作工装好后要进行检查，用手摸一下，试一下风向。但是每天生产数千台复印机，操作工人可能就会产生错觉，从而产生装反小风扇的现象。

后来，主管通过发掘员工潜能，在复印机旁边装了一个小风车，如果装配正确就会有风，风车会转。因此，只要风车转动，装配就是完好的，否则就是错误的。这样该工厂生产的复印机的合格率就大大提高了。

任务一　认识目视化管理

知识目标

◎了解目视化管理的概念和作用；
◎掌握目视化管理的内容；
◎掌握目视化管理的原则。

技能目标

◎能进行目视化管理的分析；

◎能进行目视化管理的实施。

知识解读

（一）目视化管理的概念

目视化管理就是利用形象直观、色彩适宜的各种视觉感知信息来组织现场生产活动，以提高生产效率、实施质量过程控制为目的的一种管理方式。

目视化管理以视觉信号显示为基本手段，以公开化为基本原则，尽可能地将管理者的要求和意图让大家看得见，以此来推动自主管理、自我控制。目视化管理是一种以公开化和视觉显示为特征的管理方式，也可称为“看得见的管理”。

（二）目视化管理的作用

使用目视化管理，能使企业全体人员减少差错、轻松地进行各项管理工作，是现场管理的一种有效方法。目视化管理的作用有以下几点：

（1）仪器、电视、信号灯、标识牌、图表等都可以发出可视信号。其特点是形象直观，容易认读和识别，简单方便。在有条件的岗位，充分利用视觉信号显示手段，可以迅速而准确地传递信息，无须管理人员现场指挥即可有效地组织生产。

（2）透明度高，发挥激励和协调作用，有利于提高自主管理、自我控制的能力。实行目视化管理，对生产作业的各种要求可以做到公开化。干什么、怎样干、干多少、什么时间干、在何处干等问题一目了然，这就有利于人们默契配合、互相监督，使违反劳动纪律的现象不容易隐藏。

例如，根据不同车间和工种的特点，规定穿戴不同的工作服和工作帽，很容易使那些擅离职守、串岗聊天的人处于众目睽睽之下，促使其自我约束，逐渐养成良好习惯。又如，车间将对员工的考核数据记录在管理看板上，这样目视化管理就能起到鼓励先进、鞭策后进的激励作用。

（3）目视化管理有利于产生良好的生理和心理效应。对于改善生产条件和环境，人们往往比较注意从物质技术方面着手，而忽视现场人员生理、心理和社会特点。例如，控制机器设备和生产流程的仪器、仪表必须配齐，这是加强现场管理不可缺少的物质条件。比如，哪种形状的刻度表容易认读，数字和字母的线条粗细的比例为多少才最好，白底黑字是否优于黑底白字等问题，人们对此一般考虑不多。然而这些却是降低误读率、减少事故必须予以认真考虑的生理和心理需要。

（4）目视化管理十分重视综合运用管理学、生理学、心理学和社会学等多学科的研究成果，能够比较科学地改善同现场人员视觉感知有关的各种环境因素，使之既符合现代技术要求，又适应人们的生理和心理特点。这样就会产生良好的生理和心理效应，调动并保护员工的生产积极性。

（5）形象直观地将潜在的问题和浪费现象都显现出来。目视化管理依据人类的生理特征，充分利用信号灯、标识牌、符号颜色等方式来发出视觉信号，鲜明准确地刺激人的神经末梢，快速地传递信息，形象直观地将潜在的问题和浪费现象都显现出来。不管是新进的员工，还是新的操作手，都可以与其他员工一样，一看就明白问题出在哪里。

（6）促进企业文化的建立和形成。目视化管理通过展示员工的合理化建议、优秀事迹和先进的表彰、公开讨论栏、关怀温情专栏、企业宗旨、远景规划等各种健康向上的内容，能使所有员工形成一种非常强烈的凝聚力和向心力，这些都是建立优秀企业文化的重要组成部分。

（7）有利于实现自动化和准时生产。在目视化管理手段中，有指示灯、牌、警报器灯等各种各样的警示工具，在实施自动化的时候，可以采用各种各样的目视化管理手段来监控生产线的状态和生产的流动情况。当生产出现异常情况时，就可以通过这些工具及时显现出来，以达到自律控制的目的，并能预防其再发生。此外，在精益生产中采用看板和各种数字标识板作为组织生产的工具，可以有效地保证及时完成生产计划，实现准时化生产。

目视化管理是管理上最为简单而又非常有效的一种方法。在生产的现场管理中实施目视化管理，往往达到事半功倍的效果，如通道线、部门标识牌、生产线看板等。现场管理中目视化管理的主要内容如下。

（一）生产计划及其完成情况图表化

计划指标通过层层分解落实到分厂、车间、班组、个人，列表公布，同时定期以图或表的方式公布完成情况，使职工了解生产进程、存在的问题和趋势。

（二）工作标准和规章制度公开化

将各种工作标准公布于众，让职工掌握各种规章制度以便贯彻执行。

（三）信息显示符号标准化

按定置设计的要求，采用清晰的、标准化的显示符号，将各种区域、通道、物品摆放位置鲜明地标示出来。例如，将各种设备、器具采用标准颜色涂染等。

（四）生产设置控制直观化

直观、简便地设置生产控制符号，如在设备和流水线上安装事故显示灯，在质量管理点上设置质量管理图，在车间设立废品展示台，在组织生产上应用看板管理等。

（五）物品放置标准化

物品放置和运送标准化后，可过目知数，以便实行定额装车、装箱等。

（六）统一着装，实行挂牌

统一而又有区别的着装可显示企业内部不同单位、工种、职务间的区别，使人产生归属感、荣誉感和责任感。实行挂牌制度，即通过单位挂牌和个人佩戴标志，如胸章、胸标、臂章等，给人以压力和动力，达到催人进取、提高效率的目的。

（七）现场色彩标准化

现场各种色彩标准化管理通常要考虑以下三个因素：

（1）技术因素。例如，强光照射的设备涂成蓝灰色，因为蓝灰色反射系数小，可减少对眼睛的刺激；危险信号多用红色，因为红色穿透力强，颜色鲜明。

（2）生理、心理因素 。不同色彩给人以不同的重量、空间、冷暖、软硬、清污等感觉效果。例如，高温车间涂浅蓝、蓝绿、白等冷色，使人感觉清爽；低温车间涂红、橙、黄等暖色，使人感觉温暖。

（3）社会因素 。不同的民族、国家和地区对颜色爱好不同。

目视化管理的第一个原则——要曝光问题。现场一旦有事故苗头，就能让人立即发现，生产线能立即停止生产。当生产线停止时，每一个人都能意识到发生了问题，通过追究原因，以确保此生产线不会再因相同的原因停止，这是现场目视化管理最好的例子之一。

目视化管理的第二个原则——要使作业人员及督导人员能当场直接地接触到现场的事实。目视化管理是一种很可行的方法，可以判定每件事是否处于受控状态，在发生异常时能马上发送警告的信息。当目视化管理发挥功能时，现场每个人就能做好流程管理及现场改善，实现“自主管理”的目的，从而实现管理的目标。

目视化管理的第三个原则——要使改善的目标清晰化。改善的终极目标，就是要实现最高管理部门的方针。最高管理部门的职责之一，就是设定公司的长期和中期方针以及年度方针，并且要通过目视化陈列让员工知晓。通常这些方针都是用文字或图表等绘制成展板陈列在工厂的大门口处、餐厅以及现场，让这些方针逐层地向下一个管理阶层贯彻，最后可使作业人员发掘许多的改善机会，提高其工作绩效。

任务小结

目视化管理就是利用人的视觉感知信息来组织现场生产活动，以提高生产效率的一种管理方法或手段。它具有迅速快捷地传递信息，形象直观地将潜在问题和异常现场显现出来，促进企业文化形成和建立的作用。生产现场目视化管理的工具有红牌、看板、信号灯、操作流 程图、错误示范板、生产管理板、警示线、区域线等。

任务二　目视化管理工具与方法

知识目标

◎掌握目视化管理工具；

◎掌握目视化管理方法。

技能目标

◎能进行目视化管理的分析；

◎能进行目视化管理的实施。

知识解读

目视化管理作为一种简单有效的管理手段，可以贯穿于各种管理领域当中，如生产管理、品质管理、安全管理、成本管理、人员管理等各方面。其所用工具和方法也灵活多变，多种多样。以下列举几种常用的工具和方法。

（一）看板

这里讲的看板不同于看板管理中的“看板”，而是指广义的看板，即那些凡是能够用眼睛看并且能显示管理活动信息的板状物都是看板，并把看板作为目视化管理的要素及持续提高的工具。概括地说，看板就是显示某种信息的可视板状物，如各种板材、卡片、表单、贴纸、条幅、匾等，只要是能显示信息的一切可视物体，都可以称之为看板。看板的具体含义：“看”即目视、观看，获得信息。“板”即平面、板状物，显示信息。

看板常从形状、材料、状态、责任范围、用途等五个方面进行分类。

（1）按形状分类。通常有方形、圆形、三角形、菱形、多边形和其他不规则形状等。

（2）按材料分类。通常有板材（包括木制、白板、铝塑、金属等各种板块物）、电子显示设备、布料、纸等。

（3）按状态分类。通常有动态、静态、发光和不发光等。

（4）按责任分类。一般可以分为公司管理看板、部门车间管理看板、班组管理看板三类。

（5）按用途分类，即按照看板在工厂的使用途径和目的划分，可分为管理类看板、信息类看板、标识类看板、专用类看板等，如表 4-1 所示。

表 4-1　看板按用途分类

区分	管理类看板	信息类看板	标识类看板	专用类看板
作用	展示管理运作状态	公布管理措施信息	指明状态、要求	赋予特定意义
常用形式	看板、卡片、图表、电子屏、活动板等	标语、镜框、匾、横幅、彩纸	卡片、看板、标示、提醒板	视具体情况而定
项目内容	（1）设备日常检查表、部门日程表、部门生产计划、工艺条件确认表、作业指导书或基准、品质改进对比看板、班组管理现况、报表TPM 诊断现况板。 （2）生产销售计划、小组活动现况板	企业远景或口号、部门车间口号、质量和环境方针、企业成长历史、企业名人榜、区域分担图、清扫责任表、迎宾看板、宣传栏	（1）设备运转状况标识产品良否标识、物料品种标识 加工进度。 （2）生产线名称标识各工位标识、仓库位置标识、产量现状指示屏、堆高线指示牌	（1）领取看板。 （2）生产看板。 （3）外协看板。 （4）其他

（二）信号灯

在生产现场，第一线的管理人员必须随时知道作业员或机器是否在正常地开动，是否在正常作业。信号灯是工序内发生异常时，用于通知管理人员的工具。一般信号灯有发音信号灯、异常信号灯、运转指示灯、生产进度灯等类型。

1. 发音信号灯

发音信号灯适用于物料请求通知。当工序内物料用完时，或者该工序的信号灯亮时，扩音器马上会通知搬送人员及时地供应。信号灯也是看板管理中一个重要的项目。

2. 异常信号灯

异常信号灯用于产品质量不良及作业异常等场合，通常安装在较长的生产线、装配流水线。

一般设置红和黄两种信号灯，由员工来控制。当发生零部件用完、出现不良产品及机器的故障等异常时，往往影响到生产指标的完成，这时员工马上按下红灯的按钮，等红灯一亮，生产管理人员和厂长都要停下手中的工作，马上前往现场，予以调查处理，异常被排除以后，管理人员就可以把这个信号灯关掉，然后继续维持作业和生产。

3. 运转指示灯

显示设备运转、转换或停止等状态。停止时还显示它的停止原因。

4. 生产进度灯

生产进度灯是比较常见的，安装在组装生产线上。在手动或半自动生产线，它的每一道工序间隔大概是 1 ～ 2 min，用于组装节拍的控制，作业员可以把握作业进度，防止迟缓。

（三）操作流程图

操作流程图，它本身是描述工序重点和作业顺序的简明指示书，也称为步骤图，用于指导生产作业。在一般的车间内，特别是工序比较复杂的车间，在看板管理上一定要有个操作流程图。原材料进来后，第一个流程可能是签收，第二个工序可能是点料，第三个工序可能是转换或者转制，这就叫操作流程图。

（四）识别管理

识别管理是指用各种不同的颜色、标识、符号等视觉手段来标识出不同的物品、人员、设备、作业等，达到识别的目的。识别管理是目视化管理中最基本的手段，一般可分为 8 个种类：人员识别、工种识别、职务识别、熟练程度识别、机器设备识别、产品识别、作业识别、环境识别。

（五）其他

此外，还可以采用样本、标贴、工作服、标示牌、彩色纸、彩色涂装等目视化管理工具。

在日常工作中，目视化管理的应用实例非常多。表 4-2 列举了区域画线，物品的形迹管理，安全库存量与最大库存量，仪表正、异常标识等目视化管理实例的实现办法及其产生的作用。

表 4-2　目视化管理方法

实例	实现的方法	产生的作用
区域画线	（1）用油漆在地面上画线。 （2）用彩色胶带贴于地面上形成线条	（1）划分通道和工作场所，保持通道畅通。 （2）对工作区域画线，确定各区域功能。 （3）防止物品随意移动或搬动后不能归位
物品的形迹管理	（1）在物品放置处画上该物品的现状。 （2）标出物品名称。 （3）标出使用者或借出者。 （4）必要时进行台账管理	（1）明示物品放置的位置和数量。 （2）物品取走后的状况一目了然。 （3）防止需要时找不到工具的现象发生
安全库存量与最大 库存量	（1）明示应该放置何种物品。 （2）明示最大库存量和安全库存量。 （3）明示物品数量不足时如何应对	（1）防止过量采购。 （2）防止断货，影响生产
仪表正、异常标识	在仪表指针的正常范围上标示为绿色，异常范围上标示为红色	使工作人员对于仪表的指针是否处于正常范围一目了然
5S 管理实施情况确认表	（1）设置现场 5S 管理责任区。 （2）设计表格内容：责任人姓名、5S 管理实施内容、实施方法、达到的要求、实施周期、实施情况记录	（1）明确职责，明示该区域的 5S 管理责任人。 （2）明确日常实施内容和要求。 （3）监督日常 5S 工作的实施情况管理

任务小结

目视化管理作为一种简单有效的管理手段，可以贯穿于各种管理领域当中，如生产管理、品质管理、安全管理、成本管理、人员管理等各方面。目视化管理的工具包括看板、信号灯、操作流程图等，此外，还可以采用样本、标贴、工作服、标示牌、彩色纸、彩色涂装等目视化管理工具。

任务三 目视化管理推进

知识目标

◎了解目视化管理应用；
◎掌握目视化管理的推进。

技能目标

◎能进行目视化管理的分析；
◎能进行目视化管理的推进。

知识解读

目视化管理可用于生产、品质、成本、人员、安全等五项管理，是提高工作效率，加强组织、协调、沟通能力，提高自主管理水平，使生产现场管理更科学化、规范化、效率化。因此，要把目视化管理视为推行现代化生产管理的重要手段。表 4-3 为中国第一汽车集团有限公司五项管理的具体内容。

表 4-3 中国第一汽车集团有限公司目视化五项管理

类型	目标	管理项目
生产	准时化生产，确保产量	（1）生产管理板。 （2）生产可动率曲线。 （3）问题点及对策。 （4）计划及完成情况跟踪表。 （5）标准作业执行率。 （6）停线时间统计曲线
品质	不接受不良品、不生产不良品、不流出不良品	（1）班组质量目标。 （2）质保部反馈质量缺陷统计表、班组质量信息反馈目视板、直通率。 （3）品质点检记录表。 （4）防止再发生处置书。 （5）品质问题解析报告
成本	控制成本、减少浪费	（1）材料消耗费用一览表。 （2）材料消耗定额。 （3）能源管理点检。 （4）改善项目成果表提案完成。 （5）改善积分。 （6）废品零件控制分析

续表

类型	目标	管理项目
人员	人才的培养及人员管理	（1）组织机构图。 （2）各工位操作者及人员配置状况。 （3）出勤情况。 （4）员工培训计划。 （5）员工多技能情况。 （6）培训评价表。 （7）员工改善情况
安全	不受伤，不生病	（1）着装标准图例。 （2）安全日历。 （3）安全事故通报。 （4）安全隐患及解决情况登记表。 （5）每日安全点检表。 （6）属地化管理分担区。 （7）安全知识学习计划

（一）设定工作目标

目视化管理导入首先要明确管理目的、期望目标、活动期限、推动方法等，并形成文件.

（二）建立推行组织

目视化管理的实施不能由公司各个部门各做各样，而应成立全公司的推行委员会，协调各部门有组织、有计划，步伐一致地展开。

（三）制订活动计划

推行委员会组织人力制订目视化管理活动计划、办法、奖惩条例及宣导事宜等，并通过各种渠道进行宣导，让全体员工了解目视化管理实施的作用、目的。

（四）设定管理项目

目视化管理实施之际，要让生产现场的管理者、作业员明确哪些项目必须管理，并依管理的重要性与紧迫性，具体大项目可区分为生产管理及交期管理、品质管理、作业管理、现品管理。

（五）把握问题点与改善点

设定目视化管理的活动项目后，必须设计制作检查表，检查有关设定项目是否已实现及实施效果如何，能否做到一目了然，并标明问题点与改善点。

（六）确定目视化管理展开方法

1. 彻底推动 5S 管理

实施目视化管理，首先要彻底推动 5S 管理，5S 管理是实施目视化管理最基本的工具。通过 5S 管理的实施彻底做好整理、整顿，使物流顺畅，目视化管理才可以实施，同时改善材料、产品等存放位置的布置及保管方法。

2. 准备目视化管理用具

要实施目视化管理，最重要的是准备好目视化管理的用具。例如：检查现有的日程计划与进度管理体系，设置标示生产计划实绩的生产管理板，对物料、产品放置场所编号及品名标示。

3. 建立目视化管理体系

针对全部工作场所，按工作场所的工作别、个人别，建立一目了然的目视化管理体系，清楚明白个人的工作内容、作业量及作业计划极度超前或落后及其对策等，以切实把握现状、发现问题，迅速采取有效对策，建立预防管理体系。

（七）目视化管理活动展开

当目视化管理进入实施阶段时，为了保证实施的实际效果及不流于形式，必须在推行委员会的统一指导下，有计划、有步骤地展开。

（八）实施效果追踪

除非目视化管理已完全实施，而且实施成果已得到巩固，否则推行委员会及高阶管理层都要定期稽查、追踪。

任务小结

目视化管理就是利用人的视觉感知信息来组织现场生产活动，以提高生产效率的一种管理 方法或手段。它具有迅速快捷地传递信息，形象直观地将潜在问题和异常现场显现出来，促 进企业文化的形成和建立的作用。生产现场目视化管理的工具有红牌、看板、信号灯、操作流 程图、错误示范板、生产管理板、警示线、区域线等。

思考练习

1. 简述目视化管理的概念和作用。
2. 举例说明目视化管理的实现办法以及产生的作用。
3. 目视化管理的常用工具有哪些?

项目五

TPM 全员生产性维护

项目导读

TPM 是“Total Productive Maintenance”的缩写，中文译为“全员生产性维护”就是以最大限度地提高设备综合效率为目标，建立贯穿于设备的一生（寿命周期），从设备使用部门到设备设计、制造、计划、设备保养等所有部门，从最高领导到第一线作业者全员参与，经团队活动推动设备维护的体制。TPM 的目标：通过对设备的设计、制作、使用、保养方法的改善，减少设备故障、安装和调试、空转与暂停、低速运转、品质不良、初期未生产等 6 大原因造成的损失，追求故障为零。

案例导入

齐大山铁矿需要一个新型的、有效的、统一的贯穿于各项管理工作的先进管理模式，以达到规范员工行为、激发员工潜能、全员参与过程控制的管理目的，进而实现在现有的装备条件下企业经济效益最大化的目的。为此，齐大山铁矿在生产经营管理工作中寻找管理工作在达到较高层次后应具有的共性，在这些共性中提炼出一种管理理念并形成完整的管理体系，使之能有效地覆盖、渗透、作用于全矿各项管理工作，通过实践，他们挖掘出各项管理工作的目标共性——零缺陷管理，即通过实施零缺陷管理，实现全矿各项管理工作零缺陷目标。

齐大山铁矿通过零缺陷管理实践认为：零缺陷管理理念是能够贯穿于企业管理的各方面，并有系统性、规范性、受控性与目标性的一种管理理念；是全矿生产经营的导向和指标，集中地体现了管理工作的追求、方向、期望和要求；他们从各项管理共性中提炼出个性化管理理念，确定零缺陷管理理念，即“事事追求零缺陷，时时塑造新形象”和“创新才能发展，停滞必遭淘汰”的零缺陷理念。

于是齐大山铁矿全面推行 TPM，制定现场无泄漏的零缺陷管理目标和相应管理措施、技术措施和思想保证管理措施，开展以“5S”为基础的设备点检活动，他们采用铸石阀门代替普通阀门、磁性密封代替橡胶密封、可塞新修补漏点、应用湿式除尘系统等多项新技术措施，开展创建无泄漏机台、无泄漏区域、无泄漏车间活动，全矿油脂消耗比上年同期降低费用 100 万元。同时，深化 TPM 和点检定修管理，设备技术运营状况进一步改善，设备 TPM 示范机台效应进一步体现。齐大山铁矿根据 TPM 管理标准，确立了 7# — 295B 电铲、3-2# 球磨机等 4 台设备为 TPM 典型示范机台，实现典型示范机台由主体设备向辅助设备延伸，带动了全矿星级机台达标评比活动的开展。全年星级机台的数量由 2001 年的 86 个提高到 2002 年的 96 个。

任务一 认识 TPM 全员生产性维护

知识目标

◎掌握 TPM 的概念；
◎掌握 TPM 的基本内容；
◎了解 TPM 的一些主要做法。

技能目标

◎掌握 TPM 的精髓“三全”；
◎能进行 TPM 的实施。

知识解读

日本设备工程协会为全员参加的生产维护（TPM）定义如下：

（1）把设备综合效率提高到最高为目标。

（2）建立以设备一生为对象的设备管理系统。

（3）涉及设备设计（采购）、使用和维修所有部门。

（4）从企业最高领导到第一线员工的全体成员参加。

（5）加强生产维修保养思想教育，开展小团体（即质量管理小组）自主活动，推广 TPM。

TPM 的狭义定义：全体人员包括上至高层领导、各有关部门成员，下至生产现场员工参加的生产维修、保养体制。

TPM 的目的是达到设备的最高效益，当时又称之为“赚钱的维修”；维修的目的是提高生产效率，因而得名“生产维修”。

TPM 的精髓——“三全”：企业实行全员生产维修（TPM），可以改善设备的技术状况，降低设备故障率，提高设备利用率，增加产品产量，提升产品质量，减少设备维修费用。TPM 主要精髓包括三个方面，即全员、全系统、全效率，统称为“三全”，如图 5-1 所示。

（1）所谓“全员”，即从企业最高领导到生产一线员工全体成员参加。

（2）所谓“全系统”，有两层含义：

一是对设备要实行全过程管理。传统的设备管理一般都集中在设备使用过程中的维护修理工作上，采用“事后维修”管理办法；现代化的设备管理是把设备的整个寿命周期全过程的各个阶段作为管理的对象。设备发生故障后一定要找出原因，采取措施及时排除，使同类故障不再发生。如果该类故障重复发生，就要进一步诊断原因，对设备进行改造、改善，采取“改善维修”措施，坚决杜绝同类故障再次发生。

二是把设备一生有关各业务工作和所涉及的部门组成一个管理系统，加强统一领导，使有关工作和部门有机地联系起来。

图 5-1　TPM 的精髓（“三全”）

（3）所谓“全效率”，就是设备综合工程学提出的综合效率。全员参加的生产维修以综合效率为工作目标。在开展全员生产维修的过程中，要求自始至终努力做到产量（Production）高，质量（Quality）好，成本（Cost）低，按期交货（Delivery），无公害及安全生产（Safety），操作人员劳动精神饱满、士气高昂（Morale）。也就是说，要完成六个方面的任务，以上六个方面的任务简称为 P、Q、C、D、S、M，即设备的输出。

设备综合效率是指设备的输出与设备的输入之比，其表达公式是设备综合效率 = 设备的输出 / 设备的输入，设备的输入主要是指设备的购置费用和维持费用（包括维修工人工资、维修费用和动力消耗等）。

设备的输入主要是指设备的购置费用和维持费用（包括维修工人工资、维修费用和动力消耗等）。

（一）TPM 三大管理思想

1. 预防哲学

对设备如何进行修理大体可分为两大类，即事后修理和预防修理。实践证明，预防修理优于事后修理。但是，并不是对所有设备都要进行预防修理，对影响生产较小的一般设备仍然采取事后修理的办法。

2. 零目标（零缺陷）

追求设备故障（事故）为零、质量事故为零、安全事故为零的目标。

3. 全员参与和小团体活动

鼓励全体员工参与开展安全无事故（ZD）小组和质量管理（QC）小组活动。设备管理与 ZD、QC 活动的关系尤为密切，相互结合，彼此促进。日本企业的管理实践证明，TPM 活动开展比较好的企业，往往也是 QC 小组活动历时较长、成就显著的企业。

（二）TPM 活动内容

TPM 是把设备的综合效率提到最高为目标，在设备维修管理上采取各种有效措施，以求故障最少，维修占用生产时间少，提高维修效率和设备开动率，更好地为生产服务。其主要内容如图 5-2 所示。

1. 两大基石

（1）彻底的“5S”管理活动：“5S”管理活动是企业现场管理的基础，也是开展各项改善活动的前提条件，一个企业如果连“5S”管理活动都做不好，就谈不上高层次的业务改善。

（2）重复的 TPM 小组活动：TPM 小组是不同层级组建并由上一级指导下一级实施全员参与改

善活动，是以解决企业的课题，达成企业的目标为宗旨，是从业人员充分发挥能力，并得到个人成长的小集团。小组活动的要点是，小组中每个人都是活动的主角，组员不断地变化思想和学习新技能，并且不断地行动和实践。

图 5-2　TPM 活动的内容

2. 八项活动释义

（1）个别改善：为了提高企业效益和管理水平所需要进行的一些重大课题的改善活动。

（2）自主维护：生产员工自己动手对场所、设备、工厂进行维修、维护的活动。

（3）专业保全：专业设备维修人员或外部专业设备维修部门对设备实施的某些专业性较强的或特殊的维修业务。

（4）初期管理：在产品的设计阶段就要考虑制造产品时的方便性需求。

（5）品质保全：通过对生产过程的诸环节进行有效的控制，实现提高产品质量和达成质量目标的活动。

（6）事务改善：间接部门的效率改善活动。活动的内容主要包括生产管理、销售管理、行政后勤管理以及其他间接管理业务的改善。

（7）环境改善：以消除任何可能危害人或设备的隐患，减少废弃物、杜绝污染和资源再利用为目标，创造一个舒适、清爽的工作环境。

（8）教育培训：要求企业持续开展对员工的思想意识、业务技能以及其他各方面能力的培训活动，这项活动要贯穿于推进 TPM 的全过程，最终达到员工整体素养水平的全面提升，从而提高企业综合素质。

（三）TPM 的手段和方法

TPM 包含着一系列维修手段和方法，比较完整，有针对性，适合于各种不同的情况。这些手段和方法都以降低设备整个寿命周期的费用为目的，如表 5-1 所示。

表 5-1　TPM 的手段和方法

序号	维修手段、方法	适应范围	目的
1	预防维修	对生产影响较大的重点设备	追求设备寿命周期费用最经济、合算
2	改善维修	对现行设备进行革新、改造，改善设备的性能	
3	维修预防	对新设备在规划、设计、制造、采购时考虑到设备的可靠性、维修性	
4	事后维修	对生产影响不大的一般设备	

1. 预防维修

预防维修包括日常维护、预防性检查、定期的预防性计划修理（根据日常点检、巡检所取得的有关信息，在设备发生故障前，进行有计划的预防性修理）。

2. 改善维修

如果设备中某个机构或者某个零部件多次发生重复性故障，就要认真分析原因，判断是属于操作问题还是机器本身的设计缺陷。如果属于设计缺陷，如材料选材问题、结构设计问题、零件强度问题等，要针对问题进行改造、改善维修，消除问题产生的原因。

3. 维修预防

这是设备的设计和安装所固有的特性，它涉及设备运行的经济性、安全性和精确度。在设备设计、选型、购置时要考虑到可靠性、维修性及其经济运行费用。

4. 事后修理

事后修理是在设备发生故障后再进行修理的方式。一般是对利用率较低，有代用设备、出了故障不影响生产计划完成，以及容易修理、价格便宜的非关键设备实行事后修理。采用事后修理，也是从全面经济效果出发，实践证明，这类设备采用事后修理比预防修理费用低。因此，应当改变全盘否定事后修理的观点。

（一）实行重点设备管理

企业设备管理部门为了更好地为生产服务，针对本企业的生产特点，突出重点设备的维修管理工作。对重点设备主要是做好日常点检、巡检和定期检查，优先安排预防维修和改善维修，以提高重点设备的开动率。

实行重点设备管理的意义，主要是保证重点设备经常处于良好的运行状态，确保企业的正常生产秩序。其作用如下：

（1）实行重点设备管理后，各类设备的重要性程度一目了然，便于抓住设备管理工作重点。对生产中的重要设备和关键设备，设备管理部门和使用部门都应加强管理和维护保养，即对重点设备实行重点管理、重点维护，维修资源首先保证重点设备的需要，从而确保生产的安全运行。

（2）实行重点设备管理，有助于解决使用与修理之间的矛盾。从使用部门的角度上，总是要求设备质量越高越好；而从修理角度上来看，有些老旧设备要修理到像新设备那样，既不经济又不可能，对一般设备来说，也没有这个必要；因为维修力量与维修资源的有限性，如果“眉毛胡子一把抓”，容易造成主次不分，影响生产。设备分类划级，实行重点设备管理，可以集中力量解决主要矛盾。

（3）克服过剩修理，提高设备修理的经济性。现在大家都认识到严重的过剩修理会造成人力、物力的极大浪费。设备分类管理，可以对不同类别的设备确定不同的维修方式，加大重点设备的预防维修，一般设备实行事后维修，以提高设备维修的经济性。

（4）实行重点设备管理后，生产能力易于核定，为制订生产计划和检修计划提供了可靠的依据，有利于提高计划工作的质量。

（二）划分重点设备考虑的影响因素

划分重点设备考虑的影响因素如下：

（1）对生产的影响。

（2）对产品质量的影响。

（3）对维修保养工作的影响。

（4）对交货期的影响。

（5）对安全及环境污染的影响。

（6）对成本及维修费用的影响。

划分重点设备的影响因素及权重并无统一的规定，各企业可按实际情况和生产需要自行确定。划分重点设备后也不是一成不变的，生产产品的调整或设备的更新改造等，也会影响重点设备划级的改变。因此，一般每年要对重点设备进行一次审定工作，以便及时调整。重点设备一般占设备总数的 20% 左右。

（三）设备管理内容区分

TPM 把设备划分为 A（重点设备）、B（重要设备）、C（一般设备）三类，目的是便于分别进行管理。其着眼点主要是考虑“维修为生产服务”的目的。这三类设备的管理内容如表 5-2 所示。

表 5-2　设备管理内容划分表（供参考）

序号	管理内容	重点设备	重要设备	一般设备
1	重点设备标志	有	有	无
2	点检标准和日常点检	全部	全部	无
3	巡检标准及巡检表	全部	全部	无
4	定期精度检修	部分	部分	无
5	维修手段	重点检修保证使用	计划预修	事后维修
6	故障记录及分析	有	有	无
7	维修记录	详细	有	部分有
8	操作规程	齐全	齐全	一般要求
9	说明书	齐全	90% 以上	部分有
10	“五定”润滑管理	齐全	90% 以上	部分有
11	备件技术资料	保证维修需要	基本保证	不要求
12	备件供应	保证维修需要	关键备件保证维修	不要求

（四）设备的点检与巡检

设备的点检是维修的基础，它是 TPM 一种较好的方法。通过点检，能在早期发现设备隐患并及时采取有效措施，避免突发故障，保证生产正常进行。根据日本企业的经验，有 60% ～ 80% 的故障可以通过点检在早期发现。同时，通过点检可以取得第一手资料，作为制订预修计划、改善维修计划及维修作业的依据。点检分为日常点检、巡检和定期检查。

1. 日常点检的定义

在设备运行中或开机前、停机后，由生产操作人员负责，利用人的感官（视觉、听觉、嗅觉、触觉）或借助简单工器具对设备的关键控制点进行检查，并采用日常维护保养和生产操作相结合的方法，加强对设备的清扫、紧固等基础保养工作，及时发现设备小隐患、小缺陷并快速处理。设备卫生清扫是点检的前提条件。

2．巡回检查（巡检）的定义

为了维持设备规定的机能，维修人员、专业技术人员、管理干部对所属区域设备，利用感官及简单仪器仪表对设备进行检查，并对小的故障进行处理。

3．定期检查（定检）的定义

为了维持设备的机能，确保设备运行安全，利用人的五感和专业测量仪器定期对设备进行检查和测定，检查和判断设备有无劣化和异常现象。

4．设备的点检周期分工

设备的点检周期与分工如表 5-3 所示。

表 5-3　设备的点检周期与分工

项目	周期	分工	备注
日常点检	每日	由操作人员负责	
巡回检查（巡检）	每周 1～2 次	由维修人员、专业技术人员、管理干部负责	
定期检查（定检）	半年或者 1 年 1 次	专业检测人员负责	

5．设备使用部门的主要职责

（1）执行日常点检和加油润滑工作。

（2）按时清洁和擦拭设备。

（3）正确操作设备，不因操作错误和日常润滑不良而引起故障。

（4）配合维修部门做好修理工作。

（5）确保安全生产。

（6）设备发生故障要及时报告，并填写设备修理委托书。

（7）参加验收维修部门验收维修设备工作，并在验收单上签字确认。

6．设备维修管理部门的主要职责

（1）编制各种检修计划和各项定期检查计划，并组织实施。

（2）在维修费用预算内完成维修任务。

（3）对设备使用部门给予日常点检和维护保养的指导。

（4）排除突发故障，对故障进行统计分析，采取防止故障对策。

（5）遵守设备维修保养标准。

（6）拟定并实施防止设备公害的措施。

7．点检卡片的编制步骤

（1）由设备管理人员根据设备设计和使用说明书、技术文件、设备使用和运行经验等资料，编制出点检标准书。

（2）根据点检标准书编制出设备点检卡片。

（3）操作人员经过培训后执行点检任务。

8．编制点检卡片注意事项

（1）已经确定的点检项目不要任意变动。

（2）难度大、时间长的项目要划归为定检、专业检查项目。

（3）判断标准要简单易懂，一目了然。

（4）记录方式要简单明了。

（5）长期不出现问题的项目，可以排除在点检范围之外，以降低操作人员劳动强度，避免员工的懈怠情绪。

9．日常点检的方法

设备操作人员在每天生产以前，或者下班前清理设备卫生的同时，利用 5～10 min 时间，用听、看、摸等方法，根据点检卡片的内容逐项进行检查；以“√”（正常）、“×”（不正常）符号将检查结果填写在点检卡片上。对一些小问题，如螺栓松动、润滑补油等简单的工作，操作人员应自行解决；如问题较大，操作人员无法解决时，应立即通知维修人员进行处理。

任务小结

通过本任务的学习，可以对 TPM 的概念有初步的了解。TPM 是以达到设备的最高效益为目的，全体人员参与的生产维修、保养体制。TPM 活动的两大基石是彻底的“5S”管理活动和重复的 TPM 小组活动；八项活动是指个别改善、自主维护、专业保全、初期管理、品质保全、事务改善、环境改善和教育培训。TPM 的手段和方法主要包含预防维修、改善维修、维修预防和事后修理。TPM 对重点设备主要是做好日常点检、巡检和定期检查，优先安排预防维修和改善维修，以提高重点设备的开动率。

任务二　TPM 活动的八大支柱和两大基石

知识目标

◎了解 TPM 定义的发展过程；

◎掌握 TPM 八大支柱的内容；

◎了解 TPM 的两大基石。

技能目标

◎掌握新版 TPM 定义的内容；

◎会确定 TPM 八大支柱的活动内容；

◎能进行“5S”管理活动和 TPM 小组活动。

知识解读

TPM 活动的定义经历了一个不断进化和发展的过程。早期的 TPM 活动定义如表 5-4 所示。

表 5-4　早期 TPM 活动的定义

序号	定义
1	以追求最高的设备综合效率为目标
2	建立设备保全的保全系统
3	由设备计划、使用以及保全在内的所有部门人员的全面参与
4	以自主小集团活动的形式推进 TPM 活动

由表 5-4 中的定义可见，早期 TPM 活动的定义侧重于企业的生产部门，其全员参与的意义是有局限性的，设备的效率化是 TPM 活动的第一和最主要目标。

TPM 活动定义在 1989 年之后进行了改订，新版 TPM 活动定义如表 5-5 所示。新版 TPM 活动定义在旧版的基础上实现了由生产部门向企业所有部门的扩展，活动的目标也由对设备效率的追求发展为对企业整个生产系统效率的追求。

表 5-5　修订后的 TPM 活动定义

序号	定义
1	以建立健全生产系统效率化极限的企业体制为目标
2	从生产系统的整体出发，构筑能未然防止所有损耗（灾害、不良、故障等）发生的机制
3	包括生产、开发、设计、销售及管理部门在内的所有部门
4	从公司高层到第一线员工的全员参与
5	自主活动和职务活动相结合，最终达到零损耗的目的

比较表 5-4 和表 5-5 的区别，可以将它们之间的差异具体描述在表 5-6 中。

表 5-6　旧版和新版 TPM 定义的对照

比较项目	1971 年版 TPM	1989 年版 TPM
活动目标	设备的效率化	整个生产系统的效率化
活动对象	建立良好的设备维护体系	构筑零损耗的管理体制
参与部门	生产部门	企业的所有部门
参与人员	相关部门的所有人员	企业的全部人员
活动方式	自主的小集团活动	自主活动和职务活动相结合

下面以表 5-5 所示的新版 TPM 活动定义的具体含义进行简单的说明。

（1）建立能不断追求更高生产效率，并持续改进企业体制的机制，就是要通过持续有效地推进这项活动，不断提升生产效率，使 TPM 活动成为企业经营管理活动的一部分。

（2）构筑能未然防止所有损耗发生的机制本身既是改善活动追求的目标，也是达到改善企业体制的有效手段。为了达到这一目标，就要从现场着手，发现现存的问题，找出问题发生的原因，并实施修复、处置、改善等对策。同时，还要预测、预知可能发生的问题，采取有效措施加以事先防范，未然防止问题的发生。

（3）改善活动可以涉及企业的所有部门。

（4）自上而下的全员参与是指企业的高层到工厂第一线员工都积极参与改善活动。当然，企业全员参与也是 TPM 活动追求的目标之一，促进员工的积极参与是活动过程中需要认真研究的课题。特别需要强调的是，企业的高层应该率先垂范，理所当然地成为活动的倡导者和积极参与者。

（5）重复的小集团活动是指自主的和职务的小组活动，有时也叫作 PG（Project Group）活动。TPM 活动在提倡自主活动的同时，特别强调有组织的职务活动（即将改善活动视为岗位职责和日常工作的一部分），有组织的职务活动对活动的推动是有很大益处的。

个别改善、自主维护、专业保全、初期管理、品质保全、事务改善、环境改善、教育培训为 TPM 的八大支柱，即 TPM 八个方面的活动内容。

（一）个别改善

个别改善就是为了提高企业效益和管理水平所需要进行的一些重大课题的改善活动。开展个别改善活动要根据企业的生产经营目标，准确把握自己所在部门或岗位存在的问题来选择课题，然后以最短的时间完成课题，达到改善的目的。开展个别改善活动对于培养员工发现问题、分析问题和解决问题的能力，顺利实现企业生产经营目标，有着重要意义。

（二）自主维护

自主维护就是生产员工自己动手对场所、设备、工厂的维修、维护活动。自主参与是这项活动的主要特征，也就是说自己使用的设备自己维护。建立健全自主管理体制是这项活动的最终目的。

（三）专业保全

专业保全就是专业设备维修人员或外部专业设备维修部门对设备实施的某些专业性较强的或特殊的维修业务。专业维修人员要有能力指导和帮助自主维修活动的开展，专业维修与自主维修相结合，形成更加完善的设备维修体制。

（四）初期管理

初期管理是指在产品的设计阶段就要考虑制造产品时的方便性需求。设备及生产技术的初期管理指的是通过生产技术革新，达成新产品的垂直导入（即在极短的时间内完成新产品的试验，并快速开始批量生产的活动）以及设备的维修预防设计。

（五）品质保全

品质保全就是要通过对生产过程的诸环节进行有效的控制，来实现提高产品质量和达成质量目标的活动。品质保全活动可以结合 ISO9000 系列标准进行，其目的是建立健全一套有效的质量保证体系。

（六）事务改善

事务改善是指间接部门的效率改善活动。活动的内容主要包括生产管理、销售管理、行政后勤管理以及其他间接管理业务的改善。事务改善活动的目的主要是消除各类管理损耗、提高办事效率，更好地为生产服务。

（七）环境改善

环境改善以消除任何可能危害人或设备的隐患，减少废弃物、杜绝污染和资源再利用为目标，创造一个舒适、清爽的工作环境。可结合职业安全健康和 ISO14000 系列标准进行。

（八）教育培训

教育培训是指要求企业持续开展对员工的思想意识、业务技能以及其他各方面能力的培训活动，这项活动要贯穿于推进 TPM 的全过程，最终达到员工整体素养水平的全面提升，从而提高企业综合素质。

以上八大活动是相互联系和相互补充的，任何局部的活动都很难取得巨大成果。比如制造部门非常努力开展自主维护活动，但得不到设备部门的强力支持，就不可能取得大的效果；即使设备部门专心于专业保全和事务改善活动，但得不到管理部门的支持和协助，活动也难有结果，而且如果有些部门袖手旁观，努力的部门也会松懈下来，活动必然夭折，自然无法得到明显的成果。如上所述，TPM 活动对象可以涉及企业经营管理的所有方面、所有部门，每一个部门的业务改善都能在某一个活动支柱中得到体现。因此，部门在完成日常工作的基础上，通过积极参与各支柱的活动，才可以达到提高部门管理水平的目的。

TPM 不是单纯提高生产量或减少设备故障的局部利益的活动，它是追求整体利益的整体活动。既然决定推行 TPM，就要尝试彻底推进，应把生产线员工培养成操作能手，设备人员培养成维修“医生”，把技术人员培养成各方面的专家作为改善员工和企业“体质”的根本目标。21 世纪企业的真正竞争力是人才的竞争，而 TPM 是实现人才竞争力的具体策略。由于每个企业的产品、设备、组织、环境、历史、文化等都有其不同的特点，因此可以灵活选用和搭配 TPM 八大活动。

（一）彻底的“5S”管理活动

一般说来，彻底的 5S 管理是 TPM 活动推进的基础，脱离了 5S 管理是不可能实现 TPM 的。5S 管理的作用是基础性的，任何有 TPM 意图的企业都应先推行 5S 管理。但是，如果企业只推行 5S 管理而不推行 TPM，管理水平就无法获得更大的提高，即无法达到 TPM 的零化目标。因此，5S 管理和 TPM 都非常重要，两者相辅相成、缺一不可。

（二）重复的 TPM 小组活动

重复的 TPM 小组活动是 TPM 活动的另一个重要基石。小组活动是实施改善项目或革新项目的基本单位。企业应当在其组织内部构建起小组活动机制，创造全员改善的氛围，倡导员工参与到一个或多个改善团队中去。如果缺乏这种小组活动机制，企业的 TPM 活动也就失去了活动的群众基础，这是很难成功的。

任务小结

通过本任务的学习，可以对 TPM 活动的定义有进一步的了解和掌握。TPM 八个方面的活动内容分别是指个别改善、自主维护、专业保全、初期管理、品质保全、事务改善、环境改善、教育培训，它们是相互联系、相互补充的。彻底的 5S 管理是 TPM 活动推进的基础，重复的 TPM 小组活动是 TPM 活动的另一个重要基石。

任务三　零故障与自主维护

知识目标

◎掌握故障的基本概念；
◎了解故障的种类；
◎了解自主维护的意义。

技能目标

◎能区分故障的种类；

◎能进行设备点检与巡检；

◎能设计均衡生产系统。

知识解读

（一）故障的定义

故障是指设备或机器等原有功能丧失的情况。故障语源：故——人为的，故意的；障——障碍。“故”“障”这两个字连起来，就是“人故意使设备发生障碍”。

（二）故障的种类

设备故障种类如图 5-3 所示。

- 故障
  - 突发型
    - 原因易于查明
    - 原因和结果的因果关系十分明显
    - 易于制定措施
  - 慢性型
    - 原因多个，往往很难明确掌握其原因
    - 原因与结果的因果关系不明显
    - 不重视对策的制定

图 5-3 故障的种类

通过以上设备故障分类可以看出，对于突发型故障，生产部门、设备管理部门重视程度高，原因易于查明，为了快速恢复生产，问题处理就像“救火”一样迅速。对于慢性型故障，由于管理不善、设备老化等，致使设备小毛病比较多。这些小毛病到底属于什么原因引起的，判断起来比较困难，很难找到“病根”，处理起来也比较麻烦。即使设备存在这些小的问题，设备还能维持运转，导致设备管理部门、使用部门不重视、放松管理，放任问题长期存在。因此，“人故意使设备发生障碍”这句话进一步的解释是，由于人的不重视（故意），引起了“设备故障”。

（三）故障的原因分析

据统计，70% ～ 80% 的故障是人为因素造成的，这些人为因素包括设备操作不当、维护不当、管理不善等主客观原因。2018 年 4 月，笔者到日本丰田汽车公司参观学习时，了解到丰田下属很多供应协作单位使用的冲床设备，有很大部分属于 20 世纪 70 年代的设备，并经不断改善，自动化程度很高，技术状况一直保持良好。

（1）设备缺陷可以分为以下几类：

1）大缺陷：会造成设备停机，甚至产生损坏，危及人身安全（原因和结果关系明确），例如电机、减速箱损坏，或者齿轮、轴损坏等。

2）中缺陷：设备还能暂时维持运转，但是设备机能已经降低，小毛病时常会发生（原因很多，不具体、不明确），通常人们会将其描述为“设备老化”。

3）小缺陷：暂时不影响设备功能，如跑、冒、滴、漏、脏污等。

可以用图 5-4 来描述大缺陷、中缺陷、小缺陷之间的关系。大缺陷只是这些缺陷中浮出水面的冰山一角，大量的缺陷隐藏在水面以下，不被人们重视。

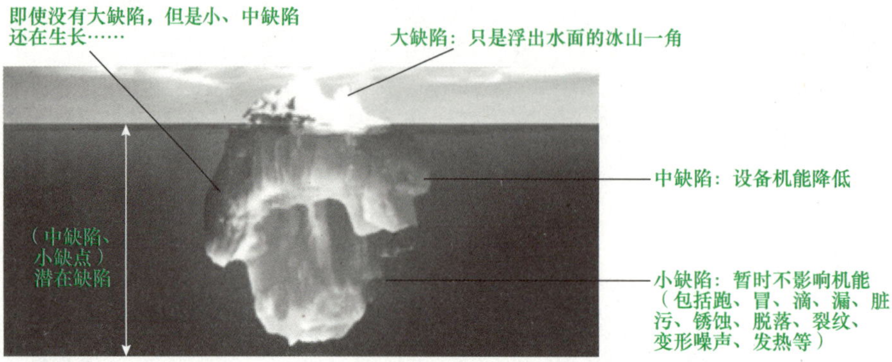

图 5-4 故障冰山

（2）设备故障的发展过程：通过上述分析可知，设备故障原因可能是单一因素，更多的原因是多因素或复合因素。设备故障的发生也是一个渐变的过程，是一个从微小到大，从量变到质变的过程，其发展过程如图 5-5 所示。

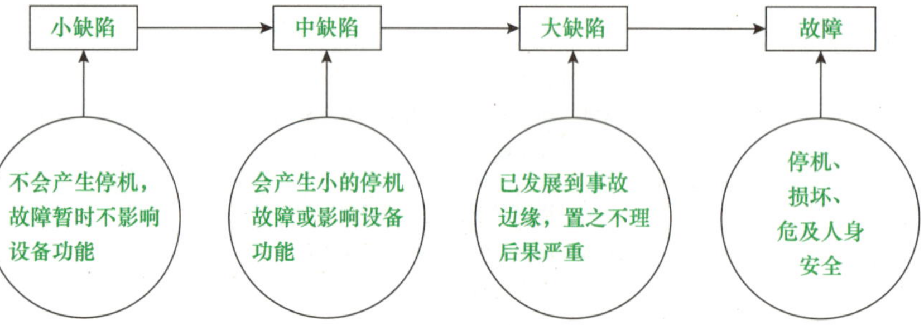

图 5-5 故障的发展过程

（3）加速设备损坏的主要原因：实践证明，加速设备损坏的主要原因有设备润滑不良、灰尘脏污、螺栓松弛、潮湿锈蚀、保温不良、受热、零件疲劳等。例如，小小尘土就可以导致故障的发生，其演变过程如下：

1）尘土→附着在设备表面划痕上→吸潮→锈蚀→设备损坏。

2）尘土→堵塞油孔（或污染油箱）→润滑不良→加速磨损→零件损坏。

（4）设备容易劣化的部位：机件滑动工作部位，机械传动工作部位，机件旋转工作部位，受力支撑及连接部位，与原料、灰尘接触的粒附部位。

（四）零故障的基本思考

企业设备的价值，动辄几十万元、上百万元，有的甚至上千万元，这些设备随着生产使用，会逐渐出现问题，且问题会越来越多，致使设备寿命达不到应有的年限。其原因也不言而喻，是“重视程度不够”引起的。有的企业花大价钱购买的数控机床、加工中心，长期使用，润滑油不更换、油箱不清理，那么，如何实现企业设备零故障呢？采取的办法就要改变人们“重视程度”这一思考问题的方式和行动方式，如图 5-6 所示。

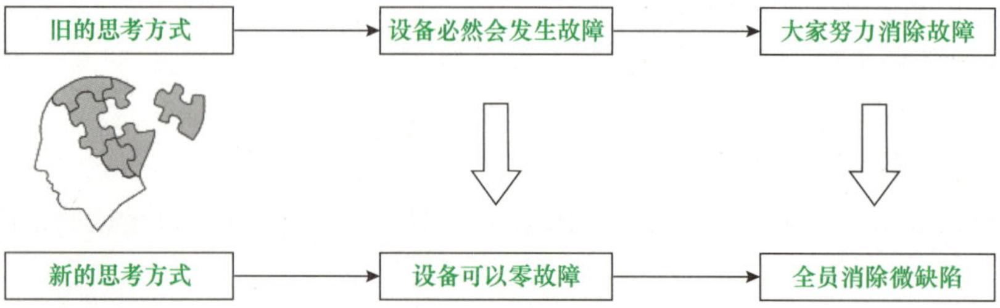

图 5-6 零故障思考方式的改变

（五）实现零故障的对策

（1）正确使用设备，严格执行操作规程；同时，严守设备使用条件，如电压、转速、压力及温度等，这些条件都是根据机器特点来决定的。

（2）精心维护，严格执行维护保养规程；必须做到工完场清，设备内外按时清洁；按照润滑“五定”（定点、定质、定量、定期、定人）规范加油润滑；做好设备的紧固调整，按照规定更换易损件；清洁设备本身就是检查的一种方式，并且是一种重要方式。

（3）预防维修，有病早治，严禁设备带病作业。

（4）加强设备操作人员培训力度，提高操作技能。

（一）定义

自主维护就是通过员工对自己的设备和现场自觉维持和改善，从而实现并维持现场和设备达到理想状态或最佳状态。

操作者直接接触设备，可以最早感知设备异常，如果进行必要的紧固和注油、清洁，就可以事先防止故障。

自主维护是一个长期的过程，但是操作者和企业由此获得的效果或利益也是相当大的。

（二）自主维护的意义

给设备加油、清洁卫生、发现漏油、发热及振动不良是设备操作者自主维护的内容（见图 5-7）。

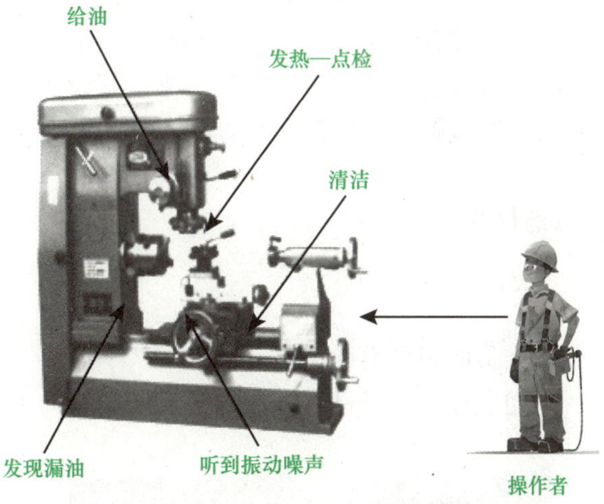

图 5-7 自主维护的意义

（1）操作者会第一时间发现设备问题。

（2）设备本身不会自主维护，但会振动、会停机，偶尔也会伤人。

（3）如果操作者能用心对待和呵护设备，设备状态将完全不同（重视程度）。

（4）操作者是设备最好的维护者、管理者。迅速处理复杂问题和预防“疾病”发生就是设备部门的管理范围。

（三）设备操作自主维护体系的建立。

建立设备操作自主维护体系，目的是培养专家级设备操作员工，使他们不仅会操作、会检查，还要具备设备故障的分析、判断能力，自行恢复能力（见图 5-8）。

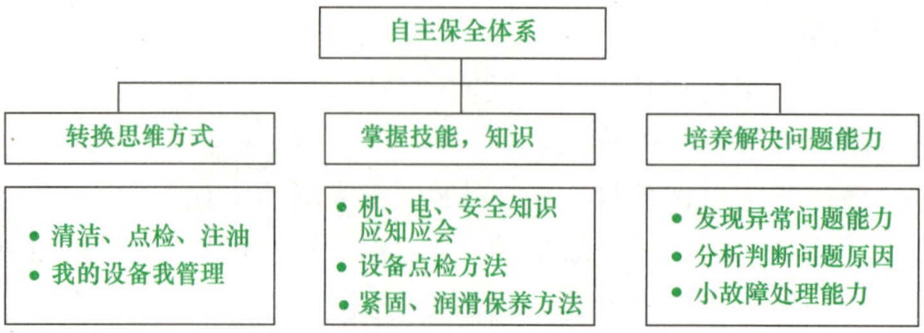

图 5-8　设备操作自主维护体系图

（一）设备点检制

设备点检制是指预防性检查，是利用人的感官（视觉、听觉、嗅觉、触觉）和简单的工具仪器，按照预先设定的方法标准，定点、定周期地对指定部位进行检查，找出设备的隐患和潜在缺陷，掌握故障的初期信息，及时采取对策，将故障消灭于萌芽状态的一种设备检查管理制度。

设备由操作人员负责日常点检，也需要维修、管理人员负责地巡回检查和定期检查。

所谓“点”，是指设备的关键部位点，容易出问题的点。俗话说：“牵牛要牵牛鼻子。”设备点检也要抓住关键点，关键点就是“牛鼻子”。

（二）操作者在点检实施中的核心作用

（1）设备的操作者又是设备管理者，是设备最好的“保姆”“保育员”，能够第一时间发现设备问题，也知道设备的“脾性”，也就是设备发生问题的规律性，甚至了解设备发生问题的原因。

（2）设备点检、操作、保养三者之间，点检处于核心地位。有好的设备，才能有好的产品；有问题及早发现，及早处理，才能确保设备完好，否则日积月累，好设备很快就会变成坏设备。

（3）设备操作者是设备点检的实施者，也是设备的管理者（清洁、维护、记录、反馈、问题追踪）。

（三）建立“三位一体”点巡检制

1. 什么叫“三位一体”

（1）岗位操作员的日常点检。

（2）专职巡检员、专业维修人员的定期巡检（定检）。

（3）管理者（公司领导、车间主任、设备部部长）的不定期巡检与大检查。图 5-9 所示为某公司领导现场巡查设备。

图 5-9　某公司领导现场巡查设备

三方面的力量相互结合，就像张开了无形的“网”一样，使设备问题无处可逃，及时发现，及时处理。

2. 牢牢抓住“两个环节”

一是设备操作人员的点检与自主维护工作。特别强调：决不能用巡检代替操作工人的点检，否则就会弱化操作工人的责任，使点检失去意义。

二是巡检人员、专业技术人员、管理干部的重要作用。

（1）管理干部的重视是建立企业点巡检制重要的组织保证。

（2）专业巡检是在操作员工日常点检的基础上，使巡检的准确性加以提高，所以巡检应该是源于点检，而又高于点检。因此，巡检设备时，首先应检查操作员工的点检记录，是否按照点检要求进行点检，点检表填写是否规范，问题处理是否及时到位，然后再进行必要的检查。

（3）还要发挥专业人员的专业作用，如现场指导、培训操作人员点检及自主维护有关知识和实际操作要领，这是提升操作员工专业技能最有效、最快速的培训方法。

巡检对于单台设备来说是综合性的检查，如图 5-10 所示。现场设备管理属于生产车间操作人员的管理内容；专业设备管理属于设备管理部门、维修人员设备管理内容。

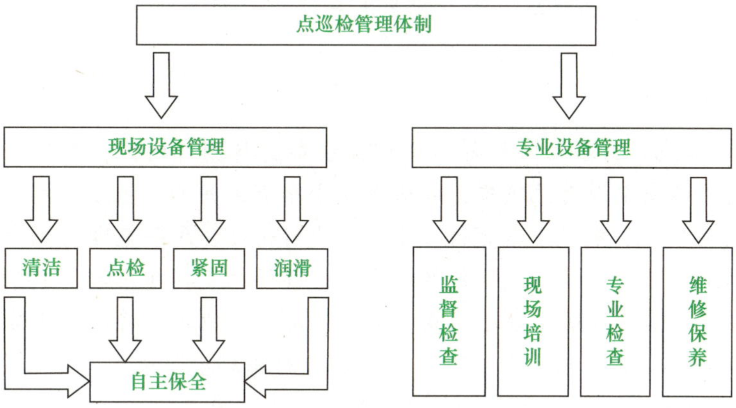

图 5-10 设备点巡检体制图

任务小结

通过本任务的学习，了解到设备故障原因可能是单一因素，更多的原因是多因素或复合因素造成的。自主维护就是通过员工对自己的设备和现场自觉维持和改善，从而实现并维持现场和设备达到理想状态或最佳状态。设备不仅要由操作人员负责日常点检，而且需要维修、管理人员负责巡回检查（巡检）和定期检查（定检）。

思考练习

1. 简述价 TPM 的概念。
2. 开展 TPM 活动的目的是什么？
3. TPM 的八大支柱指的是什么？
4. TPM 的两大基石指的是什么？

项目六

标准作业

项目导读

标准作业，是指将作业人员、作业顺序、工序设备的布置、物流过程等问题做最适当的组合，以达到生产目标而设立的作业方法。它是以人的动作为中心、按没有浪费的操作顺序进行生产的方法。它是管理生产现场的依据，也是改善生产现场的基础。

案例导入

某炼焦分厂巡检工沈师傅跟往常一样对干熄焦设备进行例行巡检，来到H吊车进行巡检时，他按照标准作业要求（眼看电缆有无破损，耳听电缆小车有无异音）进行仔细巡查。沈师傅在检查电缆小车13#走行轮时发现，电缆小车走行一小段，走行轮就会向垂直方向扭动一下，并伴有轻微的异音，轮子也有拖行的现象，这引起了他的警觉。沈师傅初步判断应该是13#电缆小车走行轮存在问题，进一步检查后确认是13#电缆小车走行轮轴承坏了，他马上将情况反馈给熄焦中控室和点检人员，点检人员到场确认后，确定为13#电缆小车走行轮轴承断裂，需要立即更换，如不更换，一旦13#电缆小车拉翻将产生严重后果。沈师傅随即安排H吊车停止运行，配合点检对走行轮轴承进行了更换，消除了这一重大设备隐患。

任务一　认识标准作业

知识目标

◎掌握标准作业的概念；
◎了解标准作业的目的；
◎掌握标准作业三要素；
◎了解作业标准和标准作业的区别。

技能目标

◎能进行节拍时间的计算；
◎能进行标准在制品的设定。

知识解读

标准作业是为了实现以较低的费用生产出优质产品的一个基准。在产品制造过程中，100% 防止人为错误的手段是严格规定人所参与的作业内容和作业顺序。标准作业是将生产产品的顺序和所应该遵守的规则以文件的形式规定下来，是现场管理的工具，也是一种在执行作业标准的同时在效率、成本、交期上进行科学安排、改善的工具。

标准作业是以人的动作为中心，在节拍时间内，以最少浪费的操作顺序有效地进行生产的作业方法。它由节拍时间、作业顺序、标准在制品三要素组成。

从词义上来看，标准作业是运用较少的工位、人员，生产出高品质产品的一种作业方法。首先，标准作业是以人的动作为中心，通过对其作业系统的调查分析，将现行作业方法的每一个操作程序和动作进行分解，以科学技术、规章制度和实践经验为依据，以安全、质量、效益为目标，对作业过程进行改善，去掉徒劳的、多余的、浪费的动作和过程，把真正的工作汇集起来，从而形成一种优化的作业顺序。其次，标准作业是指在同样条件下能反复进行操作，并与所使用的设备配置和设备运行时间相符合。标准作业的精髓就是将细节进行量化，用更通俗的话来说，标准作业就是对某一程序中的关键控制点进行细化和量化。标准作业具有以下内在的特征：

（1）标准作业是对一个过程的描述，而不是对一个结果的描述。

（2）标准作业既不是制度，也不是表单，而是某个过程中关于控制点如何来规范的程序。

（3）标准作业不是单个的，而是一个体系。虽然可以单独地定义每一个标准作业，但真正从企业管理角度来看，标准作业不可能只是单个的，必然是一个整体和体系，也是企业不可或缺的。

（4）标准作业是一种作业程序。标准作业是一种操作层面的程序，是实实在在的、具体可操作的。如果结合 ISO9000 体系和 TS16949 体系标准而言，标准作业的相关文件属于三级文件，即作业性文件。

（5）标准作业不是固定、一成不变的，它是改善的基点。当生产现场的一些条件变化时，标准作业也将随之变化。

标准作业是一种标准的作业程序。所谓标准，在这里有“最优化”的概念，即不是随便写出来的操作程序都可以称作标准作业，而一定是经过不断实践总结出来的、在当前条件下可以实现的最优化的操作程序设计。说得更通俗一些，所谓的标准，就是尽可能地将相关操作步骤进行细化、量化和优化。细化、量化和优化所要控制的度就是在正常条件下大家都能理解又不会产生歧义。具体而言有以下几个方面：

（1）A、B 班共同的作业方法。所谓 A、B 班共同的作业方法，即针对同一工序，作业时间、作业方法不会因人而异。通常而言，作业者的不同将导致作业方法、作业时间不同，因此必须研讨出哪种作业方法最佳，也就是完成质量更好、作业更顺畅、作业时间更短的作业方法，让 A、B 班共同遵守，这就是标准作业。

（2）不发生浪费、不均、勉强的作业方法。浪费、不均、勉强是生产作业过程中经常出现的不合理、不精益的作业方法，如果出现，必须依据动作经济四原则进行检讨和改善。

（3）稍加指导、训练，无论是谁都可达到水准的作业方法。作业简单、顺畅，即便是新人，只要稍加指导和训练就可以达到要求的作业方法。

（4）不仅仅是新人，即便是经验丰富者亦应遵守的作业方法。只有人人遵守标准作业，才能做到在节拍时间内，以最少浪费的操作顺序有效地进行生产。值得注意的是，标准作业是“现阶段”

的最佳作业方法，但并不是“将来”的最佳作业方法。必须不断地改善工夹具、作业方法、物资的摆放位置和方式等来平衡工位，从而得以逐渐地向更理想的方法发展。

（一）明确以低成本生产优良品质产品的有效率的制造方法

用最小限度的作业人员和在产品的各工序之间进行同步生产。

（二）用作目视化管理的工具

标准作业考虑了必要的品质检查频度、生产的必要时间、应该的作业顺序、最少的标准中间在库、必须的操作安全等内容。

（三）用作改善的工具 .

只有不断改善标准作业，才能提高生产效率。标准作业是由监督者制作，作业者执行的。监督者通过对标准作业进行管理，从作业者的动作与标准作业的差异中发现待改善的问题。没有标准，就没有改善。

标准作业是以人为中心将重复性作业标准化，其由节拍时间、作业顺序、标准在制品（标准手持）三要素构成，如图 6-1 所示。这三个要素决定了标准作业的基准。标准作业的三个要素共同作用，即可实现标准作业的目标，即用最小限度的作业人员和在制品数量完成所有工序之间的同步生产。

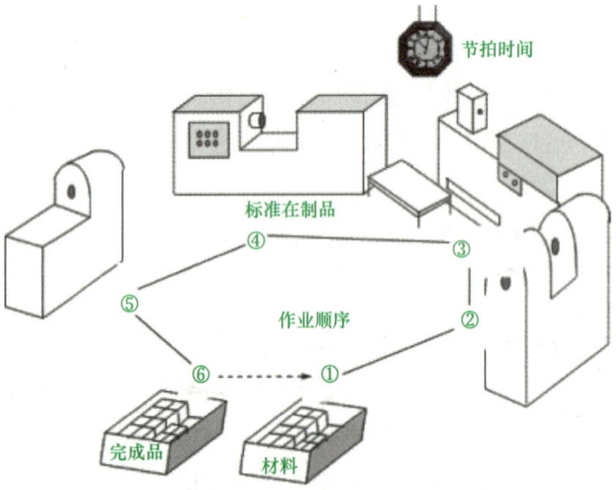

图 6-1　标准作业三要素

（一）节拍时间

节拍时间（Takt Time，TT）简称节拍，是生产一个单位产品所必需的时间域，是标准作业的第一要素。

节拍时间 =1 日的运转时间 ÷ 1 日的必要生产数量

要点：

（1）1 日的运转时间为计划作业时间。如果班制为一班，上下午各休息 10 min，那么 1 日的运转时间为：

（8 h × 60 min− 休息时间 20 min）× 60 s=27 600 s

如果班制为两班，那么 1 日的运转时间为：

27 600 s × 2=55 200 s

如果有特殊规定，那么按实际情况计算，可动率按 100% 计算。

（2）1 日的必要生产数量指 1 日的可销售量，它是由市场决定的。

（3）TT 时间与生产线的实际生产周期、设备生产能力、作业者人数都没有关系，它仅与销售量有关。

（4）确定了 TT，就决定了每个人在此时间内可完成的工作量。生产现场的作业人员必须按 TT 进行生产，不能超前，也不能滞后，否则就会出现生产过剩或延误交货的情况。因此，节拍时间是标准作业的第一要素。节拍时间也称为作业速度，它由必要的生产量和运转时间来决定，是准时化生产的基础，也是实现各工序同步化生产的重要保证。如果前后工序能按同一节拍时间生产，它们之间就实现了同步化生产。

【例 6-1】某发动机生产线，月计划产量 5 000 台，共 20 个工作日，双班生产，每班上下午各间休 10 min。请计算该发动机生产线的节拍。

计算：

每日有效作业时间 =（8 h × 60 min- 休息时间 20 min）/ 班 × 2 班

TT=［（480 min- 休息时间 20 min）/ 班 × 2 班］÷（5 000 台 / 月 ÷ 20 个工作日）

=（920 min/ 日）÷（250 台 / 日）

=220 s

【例 6-2】某钢材生产线月产钢材 2 000 t，每根重 500 kg，月生产工作日为 20 个工作日，生产建制为双班生产，每班上下午各间休 10 min，请计算该钢材生产线的节拍。

计算：

（1）将钢材换算成根数：

2 000 t ÷ 500 kg/ 根 =4 000 根

（2）作业时间：

（8 h × 60 min- 休息时间 20 min）/ 班 × 2 班

（3）TT 时间：

［（8 h × 60 min- 休息时间 20 min）/ 班 × 2 班］÷（4 000 根 / 月 ÷ 20 个工作日）

=（920 min/ 日）÷（200 根 / 日）

=276 s

【例 6-3】某变速箱生产线，月需求量为 5 000 台，月工作日为 20 天，双班制生产，每班有 10 min 间休，每天设备停歇 40 min 左右，共有 10 名操作者进行作业，请计算生产节拍。

（1）日计划生产时间：

（8 h × 60 min × 60 s-20 min × 60 s）× 2=920 s/ 天

（2）日计划生产量：

5 000 ÷ 20=250 台 / 天

（3）节拍时间：

TT=920 ÷ 250=220 s

通过节拍时间可以清楚地掌握生产状态。如果节拍时间定为 96 s，那么每 96 s 就会有一件产品生产出来。如果 120 s 才有产品产出，那就说明中间出现了问题，必须快速采取对策。

首先，节拍时间由顾客的需求（市场销售情况）而定，与生产线的实际加工时间、设备能力和作业人数等无关。当目前的生产资源无法满足节拍时间要求时，需要通过改善来确保在节拍时间内完成规范的动作。

其次，节拍时间不同于作业循环时间（Cycle Time，CT）。作业循环时间是一个作业者完成一个循环作业实际所花费的时间（包括步行时间，但不包括空手等待时间）。

要点：

（1）CT是按照操作顺序进行一个循环作业的最短时间，但同时必须是可能连续作业的最短时间。

（2）每数次循环发生一次的检测、换刀、空箱处理、电极更换等作业时间，不纳入CT。

（3）若生产线里存在同时加工2件或同一工序里使用2台设备，则按每生产2件作为一个循环，然后注明一个循环生产2件。

（4）由于CT是一个循环的实际作业时间，在考查CT与TT关系的时候，也应该用必要的一个循环时间与CT比较。例如：一个作业循环生产2件时，则用CT与TT×2进行比较。

当TT已确定，要依据TT对作业者进行工作量的分配，尽可能使CT接近TT。若CT大于TT，则会发生作业延迟；而若CT小于TT，则会产生等待。这些都是不合理的，需要进行改善，如图6-2所示。

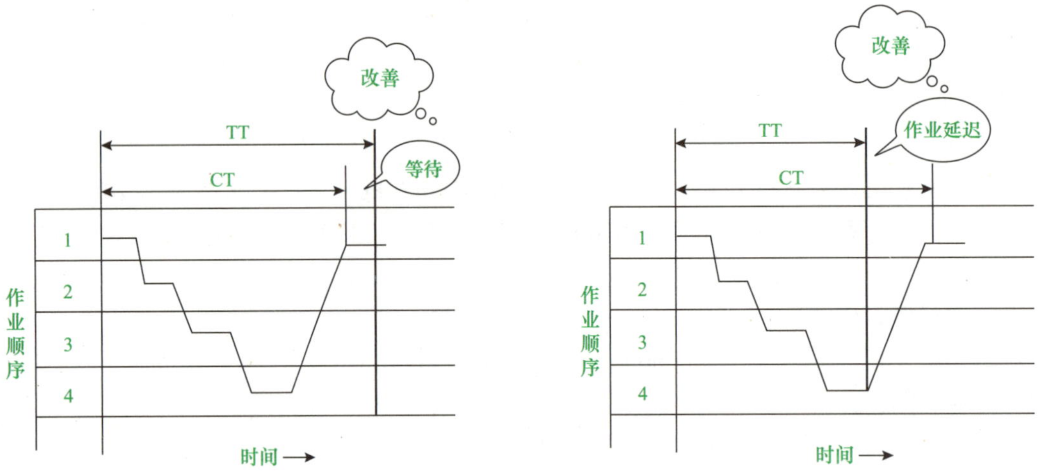

图6-2 TT和CT之间的关系

（二）作业顺序

作业顺序指作业者能够从最高效率生产合格产品的生产操作顺序，它是实现高效率生产的重要保证。如果作业顺序不明确，作业者都按照自己喜欢的作业顺序作业，很可能会发生丢漏工序、误装、损坏工装设备等现象，从而造成停线。

不同的作业顺序虽然都可以完成作业，达到作业目的，但作业顺序有合理和不合理之分（见图6-3），好的作业顺序是没有多余的、无用动作的作业顺序，因此是效率最高的作业顺序。例如作业者没有返回步行、路线交叉、往复、作业中停顿等，且空步行最短的循环作业。只有深入生产现场进行仔细观察，认真分析作业者的每一个动作，把手、足、眼的活动分解，使其做到动作最少、路线最短，才能制定出好的作业顺序。

这里需要区别工序顺序和作业顺序。工序顺序是工艺文件上规定的先后顺序，而作业顺序则是操作者的生产操作顺序。实际生产中作业顺序与工艺顺序往往不相同。

下面用生活中的两个实例来看看不同作业顺序的结果会如何：

（1）从黑板前走到教室后面绕个圈再走回来拿笔，在黑板上写“标准作业”四个字。这个作业是有效的，达成了写字的目的，但不是最有效率的顺序，多走了“从教室前到教室后”的路程。最有效的顺序是直接拿笔在教室前的黑板上写“标准作业”四个字。

（2）拿笔在黑板上写“遵守标准作业”六个字，但不是一次性写好，而是写了擦、擦了写，这个作业效率最好吗？不是，因为中间有几次重复擦写的动作浪费。

综上所述，效率最高就是一次把事情做好。

图 6-3 作业顺序合理和不合理

（三）标准在制品

标准在制品也称在线在制品、标准手持，是指为保证操作者能以相同的顺序不间断地进行作业，在工位内所需最小限度的、按规定存放在工位指定位置的、正在加工或待加工的制品。决定标准手持的基本规则需从以下两方面考虑。

（1）从作业顺序来考虑。

（2）从有无设备自动加工来考虑。

在制品越少越精益，也越容易进行质量管理。这个量随设备配制方法、作业顺序、作业方法的不同而改变。通常而言，虽然与机器布置相同，但是依照加工工序作业时，附在各个机器上的物品足够使用，工程之间不必存货；若以相反的工序作业，则在各个工序之间均有必要存置一个（如果是两道工序，就要存置两个）。图 6-4 所示为作业顺序和加工顺序之间的关系。

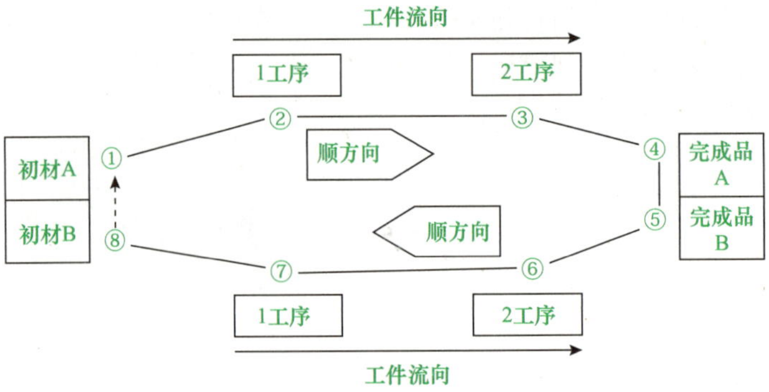

图 6-4　作业顺序和加工顺序

在准时化生产中，不仅要做到及时使零部件到达各生产现场，还需要对标准在制品进行严格设定。标准在制品的设定原则见表 6-1。

表 6-1　标准在制品的设定原则

区分	情况	标准中间在库数 / 个
从作业方向与物流方向来考虑	顺物流方向操作	0（机械外）
	逆物流方向操作	1（机械外）
从有无自动加工来考虑	有自动加工	1（1 次加工 1 个）
	无自动加工	0
其他	（1）有自动检测设备或工件需要降温时，如果不设置几个在制品就无法进行下一步操作。 （2）两个相邻的作业者之间要增加一个标准中间在库	根据需要

表 6-2 和表 6-3 展示了确定标准在制品的典型示例。

表 6-2　确定标准在制品的典型示例（一）

模式	条件		标准持有量 / 个	以机械为单位的标准持有量 / 个
A	a	顺方向作业	0	1
	c	有自动传送	1	
B	a	顺方向作业	0	0
	d	无自动传送	0	
C	b	逆方向作业	1	2
	c	有自动传送	1	
D	b	逆方向作业	1	1
	d	无自动传送	0	

表 6-3　确定标准在制品的典型示例（二）

条件	说明	标准手持数 / 个
顺方向有自动传送	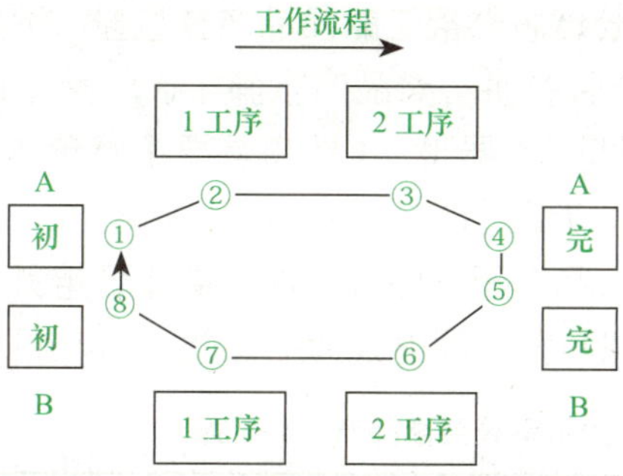	1 （各设备中有 1 个）
顺方向无自动传送	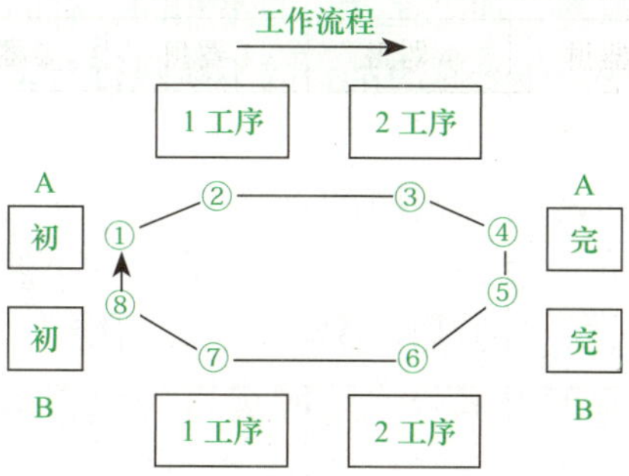	0 （因为手拿着工件到设备中进行手工操作）
逆方向有自动传送	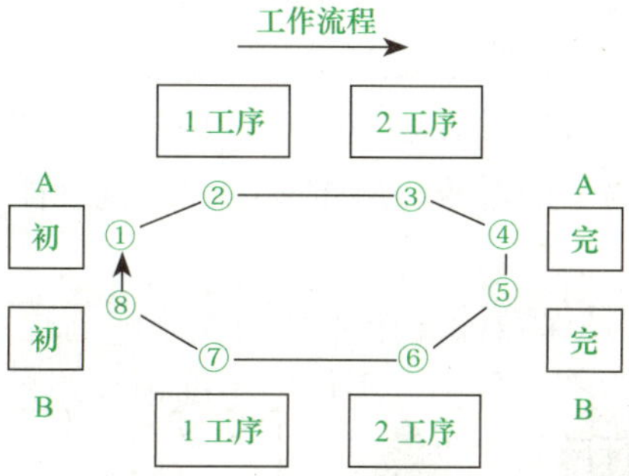	2 个 （各设备中有 1 个，各设备旁 1 个）
逆方向无自动传送	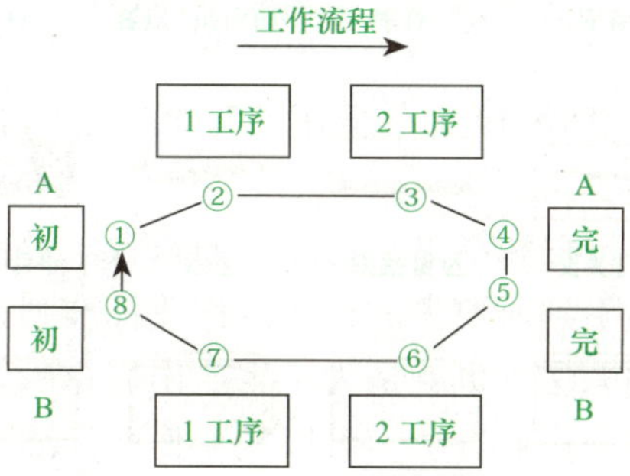	1 个 （各设备旁 1 个）
备注	在工艺器具中存放的毛坯、成品不算在标准手持数内	

生产现场若缺少了标准在制品，生产就会中断。因此在确定标准在制品的时候，必须考虑以下问题：

（1）检查产品质量所需要的预留数量。通常该部分预留量可结合检查频次预留出单检验批次即可，逐批次替换。

（2）从前工序送来的在制品应保持的必要数量，这里涉及物流批次和批量。

标准在制品必须控制在最小的限度，除了可以减少在制品库存的维护费用之外，检验产品质量和进行供需改善等目视化管理也容易进行。

标准作业制作和使用必须具备以下条件。

（一）设定条件

（1）要以人的工作为中心。

（2）必须是反复进行的作业。

首先，标准作业是根据人的活动而不是机械的运动制定的。制定标准作业时，不能受设备条件的限制，无视人的动作。设备的种类很多，加工速度也各不相同，有的快、有的慢，作业者要想强行与设备的速度有效配合，动作就会变得越来越凌乱，故不能强行与设备速度配合，否则人就成了设备的“奴隶”。

其次，必须是反复进行的作业，是按照相同的动作进行反复的循环作业，这样规范作业才有意义。对于每次作业的方法不同或者只生产一次、只干一次的单件加工，即便编制了标准作业也不会有什么效果。如果每次操作的动作都发生很大的变化，就很难制定标准作业，即使制定了标准作业，也不能找出改善的突破口。这时进行的改善活动具有盲目性，效果不会太好。

（二）运营条件

1. 设备运营稳定

设备故障少和生产线问题少是保障标准作业顺利实施的前提条件之一。设备故障多，生产线经常停止，那么同一作业也不会反复。为了应对故障所带来的问题就会伴有浪费的动作产生。

2. 产品质量稳定

加工质量问题少和精度偏差小也是保障标准作业顺利实施的前提条件之一。标准作业的最佳状态是每次作业都做同样的动作。在生产过程中，零件的精度稍有差异就会发生不能正常装配的现象，需要进行调整，这种情况无法进行反复作业。

在具体应用过程中要特别注意，标准作业不是作业标准，它们有着不同的含义，如图 6-5 所示。

标准是指依据或准绳，是一种对过程和结果进行衡量的参数。过程如果无标准可依就会导致结果错误，结果如果无标准对照就达不到所要求的目的。作业标准则是为了保证在规定的成本和时间内完成规定质量的产品所制定的方法，也就是为了生产出用户所要求的合格产品质量的各种规定，包括各种技术标准、管理条件、作业方法。可以说，作业标准是对作业者的作业要求，强调的是作业的过程和结果。它是根据工艺图纸、安全规则、环境要求等制定的必要作业内容、使用什么工具和要达到的目标。比如涂装工序的涂料黏度、喷枪的气压、被涂装物与喷枪的距离、烘干炉内温度、喷涂时间等，机械加工方面的刀具种类、切削速度、切削量等管理条件和作业方法。

标准作业则以作业标准所规定的品质和作业条件为基础，将安全、无浪费、能创造高效率的作业顺序和作业方法规定下来。它是以人的动作为中心，强调的是人的动作。代表性的标准作业有作业要领书、作业指导书、换产要领书、搬运作业指导书、检查作业指导书、安全操作要领书、标准作业票和标准作业组合票等。标准作业票和标准作业要领书都应该悬挂在作业现场醒目的地方。

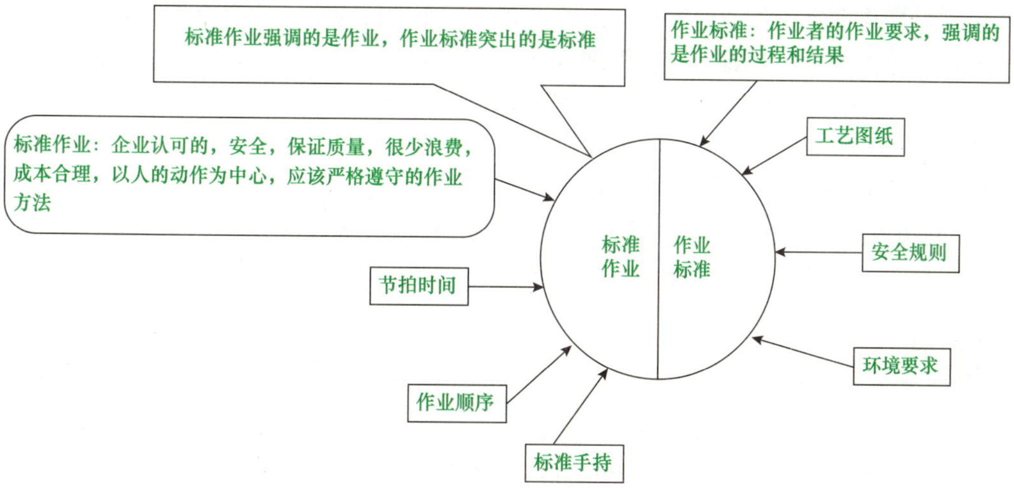

图 6-5　标准作业和作业标准包括的范围

作业标准是每个作业者进行作业的基本行动准则，标准作业应满足作业标准的要求。二者之间的关系如图 6-6 所示。

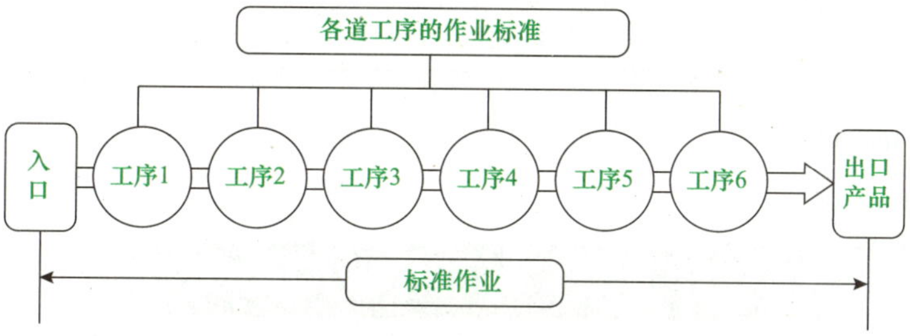

图 6-6　标准作业和作业标准的关系

标准作业既可使产品制造方法规则明确化，也可作为改善工具，借以通过有效率的劳动提高生产效率。

（1）执行各种作业顺序也就是标准作业顺序，按作业内容不同，对作业总时间进行分类（要素作业时间、辅助时间、走动时间），排除无效率的劳动，实现较高的生产效率。

（2）通过按秒计算的节拍管理，将循环时间贯穿到标准作业中，可提高作业精度，实现与准时化生产有关的各工序间的同步化，也就是生产线平衡。

（3）通过标准在制品的控制，消除多余的库存，借此把在制品限定在必要的最小数量。

推行标准作业的意义有以下几方面。

（一）明确安全、低成本地生产优良产品的制造方法

用最小限度的作业人员和在制品进行各工序之间的同步生产。标准作业是产品制造工艺和管理的根本，是在充分考虑品质、数量、成本和安全的基础上决定的工作方法。

（二）用作目视化管理的工具

标准作业考虑了必要的品质检查频度、生产的必要时间、应该的作业顺序、最少的标准中间在

库、必需的操作安全等内容，简洁明了，可有效地发现异常。

（三）用作改善的工具

没有标准就无法区分作业的正常与异常，就不能发现操作中的浪费、勉强和不均衡现象，也就无法进行改善。标准作业是由作业者制作，由监督者对作业进行观察，从作业者的动作和标准作业的差异中发现待改善的问题，是看得见的管理工具。标准作业根据作业者和生产量的增减及改善活动而经常发生变化，只有不断改善标准作业，才能提高生产效率。

把员工作业进行标准化，除了上述直接作用外，还有一个作用是把企业内生产一线员工所积累的技术、经验、作业方法通过文件的方式提炼出来，从而不会因人员的流动而流失，也就是将个人的经验（财富）转化为企业的财富，这也促进了作业的一致性，也就是每一项工作即使换了不同的人来操作，也不会在效率和品质上出现太大的差异。

任务小结

通过本任务的学习，可以对标准作业的概念、标准作业的目的和标准作业的三要素有初步的了解。标准作业是将生产产品的顺序和所应该遵守的规则以文件的形式规定下来，是现场管理的工具，也是一种在执行作业标准的同时在效率、成本、交期上进行科学安排、改善的工具。

标准作业是以人为中心将重复性作业标准化，其由节拍时间、作业顺序、标准在制品（标准手持）三要素构成。

任务二　标准作业的构成

知识目标

◎了解标准作业的三种类型；

◎熟悉常用标准作业文件。

技能目标

◎能计算加权平均节拍；

◎能进行作业时间调查。

知识解读

一、

依据生产组织方式、工位、作业内容、循环时间的不同，其作业文件的形式也不同，可分为普通型（类型Ⅰ）、传送带型（类型Ⅱ）、搬运作业型（类型Ⅲ）三种，见表6-4。

表 6-4 标准作业三种类型

项目	类型Ⅰ	类型Ⅱ	类型Ⅲ
工程	（1）使用三要素（TT、作业顺序、标准手续）进行重复标准作业。 （2）已明确的设定 TT	（1）是反复作业，但不循环（如装配线，选配不同会导致作业时间改变）。 （2）可计算出节拍时间，但无法归纳 1 人份作业量的工位使用	（1）无法算出节拍时间。 （2）非重复作业工程使用。 （3）利用 ANDON 等指示进行工作
部门	机加工、成型、焊接	以装配、涂装、焊装、单元组装等吊具、天车为作业中心	刃具交换、品质确认、模具更换、搬运等
基准	TT	TT	定时稼动时间
重点	明确设定节拍 CT=TT（理想）	加权平均但无法表现 CT=TT（理想）	总负荷量 = 定时（理想）
账票	（1）工程别能力表。 （2）标准作业组合票。 （3）标准作业票	（1）要素作业票。 （2）作业要领书。 （3）标准作业组合票。 （4）山积表（工位编程目视板）。 （5）标准作业票	（1）要素作业票。 （2）要素作业一览表。 （3）山积表（负荷表）。 （4）稼动分析表

其中，标准作业类型Ⅱ的节拍时间为不同作业时间的加权平均节拍，需综合各类型产品产量、各产品的作业循环时间综合计算得出。若超出生产节拍 TT，则说明计划不能实现，需要加班或者改善各类型产品的作业循环时间。

【例 6-4】 前大灯装配工程生产节拍时间为 TT=81 s，共生产 A、B、C 三种车型部品，装配时间为：A 车型，80 s；B 车型，75 s；C 车型，86 s。

4 月份各产品产量为：A 车型，168 台 / 班；B 车型，123 台 / 班；C 车型，42 台 / 班（见表 6-5）。

表 6-5 A、B、C 车型装配参数

车型	平台作业时间 /（$s \cdot 台^{-1}$）	当班生产数 /（$台 \cdot 班^{-1}$）	总作业时间 /s
A 车型	80	168	80 × 168=13 440
B 车型	75	123	75 × 123=9 225
C 车型	86	42	86 × 42=3 612
合计		333	26 277

由表 6-5 可得：

加权平均节拍 =26 277 ÷ 333=79 s/ 台

标准作业类型Ⅲ主要是指生产线外的作业，通常算不出生产节拍，也不是反复作业的工序。对其进行标准作业的目的就是将生产线外的人的作业标准化、量化到每个人每班，如更换刀具、品质检查、换型准备、搬运等。其作业时间的调查与标准作业类型Ⅰ和标准作业类型Ⅱ不同，不是观察一个作业循环的时间。作业时间调查要领如下：

（1）作业的原单位 (a)：对于一个作业指示所做工作的内容。

（2）单位作业时间 (A)(每班)：

$$A=a \times n \text{（单位作业时间的次数）}$$

更换刀具的单位作业时间的计算：某切削工位每班生产零件 900 件，刀具的更换频次为 100 件换刀一次，则每班需要换刀 9 次。

通过作业观察，可以得出更换刀具的一个作业指示所完成的工作内容：

（1）确认刀具更换指示：①步行（原位置到换刀位置），20 s。②停止设备，5 s。③更换刀具，450 s。④试生产，350 s。⑤品质检查，300 s。⑥启动设备，5 s。⑦步行（换刀位置回到原位置），20 s。

（2）作业原单位时间为 1 150 s。

因此该工位的单位作业时间为：

$$1\ 150\ \text{s} \times 9\ 次 = 10\ 350\ \text{s} = 172.5\ \text{min}$$

说明若该作业者每日工作只完成换刀工作，仅需要 172.5 min 还有空闲时间可承担其他工作。

标准作业常用的文件有工程别能力表、标准作业组合票、标准作业票、标准作业要领书、山积表。其中工程别能力表、标准作业组合票、标准作业票、山积表是编制标准作业的工具文件，标准作业组合票、标准作业票、标准作业要领书是指导员工操作的标准作业文件。还有一种工序测时表也是标准作业的工具文件。

不同的标准作业文件的构成及功用见表 6–6。

表 6–6　标准作业文件构成及功用一览表

序号	文件名称	目视要求	功用
1	标准作业要领书	是	是指导操作者现场正确作业的最主要工具，是作业观察的依据之一，是作业培训的工具之一
2	标准作业组合票	是	是确定作业顺序和作业时间的最主要工具，是作业观察和工时统计的依据之一，是作业培训的工具之一
3	标准作业票	是	是指示作业路径的最主要工具，是作业观察的依据之一，是作业改善的工具之一，是作业培训的工具之一
4	工序测时表	否	是一种作业写实，是用于记录、计算现场测时结果的工具。旨在确定一位合格、适当、训练有素的操作者，在标准状态下，对一特定的工作以正常速度操作所需要的时间
5	工程别能力表	否	表示零件按各种各样的工艺加工时，各工位的生产和加工能力（记录了手工作业时间和机械设备自动传送时间）
6	山积表	否	是调整作业排布、平衡各岗位作业时间的最主要工具，是作业改善的工具之一

任务小结

通过本任务的学习，可以了解标准作业的三种类型以及常用标准作业文件。标准作业按其作业文件的形式不同，可分为普通型（类型Ⅰ）、传送带型（类型Ⅱ）、搬运作业型（类型Ⅲ）三种类型。标准作业常用的文件有工程别能力表、标准作业组合票、标准作业票、标准作业要领书、山积表等。

任务三　标准作业的编制方法

知识目标

◎掌握标准作业的制作基准；
◎了解编制标准作业的基础条件；
◎掌握标准作业编制步骤。

技能目标

◎能编制标准作业文件；
◎能计算生产节拍。

知识解读

标准作业文件作为生产现场操作者作业和监督管理者指导的依据及改善的基准，在编制过程中应遵循以下六个原则。

（一）通用性

标准作业文件的编制以作业岗位或实际作业，内容为基本单元，同一作业岗位多班次生产，或作业内容完全相同的岗位应执行同一标准作业。例如，两条生产线 4 个班次生产同样的产品，且设备和工艺设施也完全相同，那么就应该执行统一标准作业。

（二）符合性

标准作业文件的编制应保证与技术文件内容一致，不能与其相违背。技术文件是标准作业文件的输入，标准作业是实施技术标准的过程。

（三）相容性

标准作业各文件之间应保证内容及信息一致。标准作业文件构成中的标准作业组合票、标准作业票、标准作业要领书等描述的内容和信息要一致，不应该自相矛盾、互相抵触。

（四）循环性

标准作业文件中的作业步骤应形成闭环，保证作业循环周期内工作内容相同。标准作业是对重复动作进行的规定，在作业文件的编制中应注意首尾相接，如同一个圆，而且每一个循环中的作业顺序和作业内容要相同。

（五）适用性

标准作业文件的编制应通俗易懂，现实可操作。标准作业是现场的通用语言，应该用图、表、图片等形式简洁、易懂、快速地表达。

（六）完整性

标准作业文件需要填写的项目应完整，不应漏项，否则会导致员工在作业过程中因不了解某些信息而发生偏离。

（一）编制标准作业的现场应具备的条件

若要开展标准作业工作，其生产线应该具备编制标准作业的必要条件。首先，每个作业都要有作业标准，这是编制标准作业的依据。其次，要能够把握原单位的作业时间（要素作业的时间等）。只有把握原单位作业时间，才能集合为每个作业步骤的时间。最后，应能够按照生产节拍时间分配工作量。

标准作业编制和运营还需要现场满足内部和外部两个前提条件。其中内部条件是工艺装备状态完好，生产质量稳定；外部条件是原材料零件质量稳定，满足质量标准。

标准作业文件在制定过程中，还应关注其覆盖范围、细小作业和低频度作业等。

1. 标准作业文件覆盖范围

对作业者在现场进行的作业，基本上要全部制定标准。当然，随着顾客需求的变化和新产品的推出，也许会出现首次进行的作业。如果出现这种情况，要以现场监督管理者的指示为临时标准进行作业，之后要迅速制定标准作业。标准作业文件的编制范围不仅是主体作业，还需要对履行主体标准所需的附带作业（包括定期、不定期）制定标准，即标准作业的制定范围为“对现场所进行的所有的作业进行标准化”。

2. 细小作业的关注度

除了以一定的周期，在同样的时间内反复进行相同动作的作业需要制定标准作业之外，对细小作业也要实施标准化。细小作业通常是指以分、秒为单位进行管理的作业，如果对细小作业不实施标准化，就不容易传授技能。

3. 低频度作业

产品制造过程中存在无数低频度作业，表面上看没有具体节拍要求，不能和生产线形成有效的对应，但低频度是安全事故易发的作业过程，需要用标准作业要领书规范低频度作业过程，养成低频度规范作业的习惯，以避免事故的发生。

（二）标准作业编制人员的要求

标准作业文件通常由一线班组长编制，人员应了解现场生产且有作业经验。传统的作业文件均由工程技术人员编写，文件的侧重点是标准的陈述及作业或工作结果的描述，而对作业过程轻描淡写，无法达到指导作业的目的，或虽然描述了作业过程，但与现场作业顺序和步骤差之千里。例如把大象关进冰箱这个动作，工程技术人员只是将其分为打开冰箱门、把大象放在冰箱里（头朝内）、关上冰箱门这三个步骤，但是对如何开门、如何放大象、如何关门等没有详细介绍，就会导致不同的人采取不同的方式来完成。

由一线班组长或骨干编制标准作业文件的好处是他们最贴近现场，最具有实际操作经验，尤其对每个动作的要点熟记于心，明了如何拿设备、放零件时间更短及质量更有保证，也知道如何做更安全。例如把大象关进冰箱里，第一步开门的细节：用右手直握冰箱门扶手，大拇指朝上。

编制标准作业人员除了需要具有现场实际操作经验外，还应具备以下条件：

（1）基本条件：具有良好的职业道德、高度的责任心和工作热情，还要具有一定的学习能力和创新能力。

（2）实际操作能力：从事过所编制岗位或与编制类似的工作，并且具备在规定时间内生产出合格产品的能力。

（3）理论知识：具有一定的 TPS 生产管理知识，熟悉标准作业的制作方法。

（4）文化程度：具备高中以上学历，有较强的文字表达能力及与人沟通的能力。

（5）微机操作能力：掌握 Windows 的基本操作，能熟练使用 Word 和 Excel 软件。

（三）编制标准作业的必备工具

（1）测时工具：秒表。

（2）测量工具：卷尺。

（3）绘图工具：铅笔、橡皮、刻度尺。

（4）裁剪工具：剪刀、壁纸刀。

（5）照相工具：数码相机、数码摄像机。

（6）计算机及打印设备。

标准作业的编制步骤：确定生产节拍、用节拍时间确定工位作业内容、测定各单位作业的完成时间、制作要素作业山积表、平衡工序的作业内容、编制标准作业组合票、编制标准作业票、编制标准作业要领书。

（一）确定生产节拍

企业依据市场预测，确定年生产产量，依据产量确定生产节拍（TT）。

TT=［日工作时间（s）/（年产量 / 年工作日总数 251 天）］× 工时利用率

例：生产线节拍 =［920 min × 60 s ÷（80 000 辆 ÷ 251 天）］× 83%=144 s

原则上生产节拍是相当稳定的，当客户需求量变化较大，按原节拍生产加班时间超出法定范围或者作业时间空闲较多时，需对节拍进行调整。

（二）用节拍时间确定工序作业内容

生产节拍确定后，依据节拍时间分配每个工序的作业内容。

例如：已经确定生产节拍为 144 s 后，每个工序按照作业时间为 144 s 进行作业分配，这里要考虑装配工艺顺序。

（三）测定各单位作业的完成时间

分配各工序作业内容后，需要对各工序作业完成时间进行测时，以确定工序分配的合理性。

（1）决定要素作业、决定测定的原单位时间（测什么作业、哪个环节）。

（2）决定测定的点（在哪个工位）。

（3）确定测时的次数（测几次）。

（4）决定循环时间的最佳值（经过反复观察、测量）。

（5）决定临时的各要素作业的作业时间（把每个要素所用时间分别计算标注出来）。

（6）对要素时间进行调整，使其符合生产节拍时间，通常是削峰填谷，即把循环时间长的工作作业进行再分配或者通过改善予以缩短。将要素时间与生产节拍进行对比，看是否符合，如不符合，应找出问题点进行改善。

（四）制作要素作业山积表

将各工序的循环时间分成作业时间、走动时间和辅助时间三类，按照有价值作业、附加作业、浪费三种作业类别，发现操作中存在的浪费并予以消除。同时，结合作业实况，确定最简单、科学的操作顺序。

（五）平衡工序的作业内容

通过要素作业山积表找出并消除浪费后，需要再一次对各个工序作业量进行平衡。平衡工序时应遵守以下四个原则：

（1）保证装配的技术要求。

（2）减少走动距离。

（3）合理分配劳动负荷。

（4）慎重调配安全件的生产工序。

（六）编制标准作业组合票、标准作业票、标准作业要领书

按照企业标准作业文件的编制规范，依次编制标准作业组合票、标准作业票和标准作业要领书。

任务小结

通过本任务的学习，了解了标准作业的制作基准、编制标准作业的基础条件以及标准作业编制步骤。在编制标准作业文件的过程中，应遵循通用性、符合性、相容性、循环性、适用性和完整性六个原则。标准作业文件在制定过程中，还应关注其覆盖范围、细小作业和低频度作业等基础条件。标准作业的编制步骤有确定生产节拍、用节拍时间确定工位作业内容、测定各单位作业的完成时间、制作要素作业山积表、平衡工序的作业内容、编制标准作业组合票、编制标准作业票和编制标准作业要领书。

思考练习

1. 简述标准作业的概念。
2. 标准作业的“作业”是什么？
3. 标准作业的三要素指的是什么？
4. 标准作业的步骤有哪些？

项目七

绘制价值流图

项目导读

价值流图（Value Stream Mapping，VSM）是一种用来描述物流和信息流的形象化工具。VSM 作为管理人员、设计人员、制造人员、流程规划人员、供应商以及顾客发现浪费、寻找浪费根源的起点，可以形象化地描述生产过程中的物流和信息流，是一项沟通工具、战略工具和变革管理工具。通过本项目的学习，使学生认识到价值流的分析涉及供应环节、开发设计、加工制造、客户服务等全过程，追求的是整体的优化，而不是局部最优，从而让学生更好地领悟其蕴含的系统观念。万事万物是相互联系、相互依存的，只有用普遍联系的、全面系统的、发展变化的观点观察事物，才能把握事物发展规律。

案例导入

某企业要求在全公司内开展全员参与的改善活动，以对市场变化做出快速反应。由于生产的产品种类非常多，且大多数产品的主流生产过程大同小异，因此该企业在改善过程中选择了一个典型产品进行 VSM（价值流图）分析。通过分析，将销售金额大、生产数量多、生产周期长的一种零件选择出来进行分析。对这种零件进行详细的调查后发现，这种零件的基本资料为：P/O（Purchase Order，订单）每月 4 次，订单量每月约 14 000 pcs，每月进行 3 次生产，日产量约 3 600 pcs，每周送货两次。相关人员据此画出了企业的信息流程和实物流程的现状图，从现状图中粗虚线以上部分可以看到：客户向香港的分公司发出订单，香港分公司再以 E-mail 或传真的形式传到深圳的一家工厂。工厂接到订单后花了两天时间制订生产计划，又花了两天分别向两家供应商发送原材料采购订单。整个信息流 L/T（Lead Time，周期）是 8 天时间，海外材料到货 L/T 则是 60 天。现状图中粗虚线以下部分为实物流：提前 3 ~ 5 天把原料领好后，在工厂的二栋二楼中开始组织生产。生产完成后由品质管理科开始检验，停留 1 天后更换场地进行包装，在包装区域内停留十几个小时。包装完成后，品质管理科每隔 6 小时抽检一次，然后进行组装。组装完成后再由品质管理科进行确定，确定后的成品在库房中放置 14 天后开始出货。整个实物流 L/T 折算下来需要 23 ~ 28 天的时间。

从理想状况图中可以看到：接到紧急订单后，只需要花费 2 天时间就可形成生产计划；在最紧急的状态下，只需要花费 6 天的时间即可完成实物流。因此，从领料开始算起，这家工厂设计的理想的信息流 L/T 为 2 天，理想的实物流 L/T 为 6.05 天。通过信息流程和实物流程的现状图与理想状况图的比较，这家工厂组织人员开展了热烈的讨论，通过讨论发现很多问题点：第一，信息流通过香港分公司周转后周期长、成本高；第二，原材料订购时间需要 60 天，延缓了周转速度；第三，在产品生产过程中，生产 L/T 时间长，中间的在库量太大，重复的搬送和停顿非常多；第四，成品的在库量太大，时间长达 14.6 天。找出问题点后，工厂制定了相应的改善目标，开始着手解决问题。通过从接订单、调度、生产到制品出货位置的流程改善，缩短整体L/T。这家企业完成了以下目标：情报处理L/T从原来的8天缩减为4天，材料接收L/T从60天缩减为30天，生产L/T由23.28天缩减为11.8天，在制品库存量从15 184个/月缩减为7 592个/月。

任务一　认识价值流图

知识目标

◎掌握价值流及价值流图的概念；
◎掌握价值流图的构成；
◎了解价值流图分析的作用；
◎掌握价值流图的分析原则。

技能目标

◎能进行价值流图的分析；
◎能进行价值流图的实施。

知识解读

价值流，通常是指生产制造过程中，从原材料到成品并赋予其价值的所有活动。其中包括从供应商处采购原材料，企业对其进行加工后转变为成品，再由销售交付客户的全部过程。除了原料到成品的物流以外，企业内部、企业与供应商、企业与客户之间的信息沟通所形成的信息流也包括在价值流内。不同供应商之间的沟通、物料的运输、生产计划的制订和实施、原材料到产品的转换、产品交付客户的方式等价值流中的活动有增值与非增值活动之分，而非增值活动又可分为不增值与必要但不增值活动。

价值流具有以下特点：

（1）隐蔽性——并不直接显示在整个供应链的运作过程中，需要流程规划、生产制造、客户等人员去挖掘。

（2）连续性——价值流在供应链上是一环扣一环，连续不断地进行的。

（3）周期性——任何产品都有其周期性（生产制造、销售等），而价值流亦会随着产品的周期性显示其运作的周期性。

价值流图（VSM）又称价值流程图，字面理解即价值流的图示（见图7-1）。具体来说，价值流程图描述了产品从原材料到成品的所有生产制造过程的活动。价值流图在20世纪80年代由丰田汽车公司的两位首席工程师率先运用，目的是提高生产效率。发展至今，价值流程图已成为丰田精益制造（Lean Manufacturing）生产系统框架下的一种用来描述物流和信息流的形象化工具。VSM存在的最大的价值及意义就是寻找到生产过程中的浪费（不增值的活动）并且消除它。价值流图对生产制造过程中的周期时间、在制品库存、原材料流动、信息流动等情况进行形象化描述，通常包括对“当前状态”和“未来状态”两个状态的描绘。VSM的形象化描述，能够帮助企业识别目前和未来的价值状况，发现生产过程中存在的问题，并寻找改善机会。同时，价值流图的描述也有利于对生产流程进行指导优化。

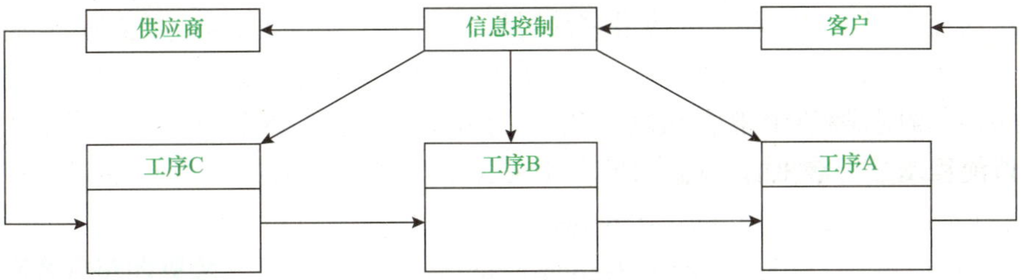

图 7-1　价值流图示意

（一）价值流图的构成

（1）供应商——提供原材料。

（2）公司内部系统——公司内部运营管理系统，如ERP系统。

（3）物料流——主要指公司内部生产线物流，一般由人、机、料三者构成。

（4）客户——顾客发出信息，如提交订单等。

（二）价值流图分析的作用

（1）分析系统整体存在的问题，具有看到宏观生产流程的能力。

（2）帮助发现浪费源。

（3）展示了信息流与物流之间的联系。

（4）广泛沟通的工具。

（5）确定优先次序。

（6）结合精益的概念与技术，避免“只挑容易的”来改进。

（7）形成实施计划的基础。

（8）建立起确定改善目标的数据基础。

（三）价值流图分析的原则

1. 从客户的角度给价值下定义

价值流是将具有价值的产品和服务提供给顾客所需要的一系列活动。对顾客而言，产品的增值过程只包括产品经历物理变化与化学变化过程的一组特定的活动。

2. 寻找价值流及后续动作

人们从流程分析、程序分析、操作分析、动作分析这四个方面由宏观到微观对价值流进行识别、分析、改善、实施和控制。

3. 消除有害的八种浪费现

不良的浪费，过分加工的浪费，动作的浪费，搬运的浪费，库存的浪费，制造过多的浪费，等待的浪费，管理的浪费。

4. 使信息流动起来

找出管理中的关键工序，即拓宽信息流的流动渠道，如采用扁平化的管理模式。

（四）价值流程图分析技术

在进行价值流图析之前，需要先明确实施图析的主要步骤，如很多技术的实施一样，价值流图析也是一个过程，采用“5W1H”方法，即确定Why(为什么)、Who(谁做)、What(做什么)、When(何时做)、Where（在哪做）、和How（如何做）。其具体步骤如下：

Who——确定谁来做，需要一位了解产品价值流而且能推进其改进的人，这个人具有领导职责(价值流经理)，由他来领导一个小组进行价值流图析工作。

What——确定做哪些产品的价值流图析，通常先按照80/20原则，对企业影响最大的产品进行图析。

When——确定何时做，应在实施改进之前对价值流进行分析，以确定应首先改进哪些过程。

Where——确定在哪里做，在现场做，只有在现场收集的数据才能真正反映价值流的状况。

How——简单说明价值流图析的应用方法。

（五）价值流程图分析常见的七种工具

（1）流程活动图（Process Activity Mapping）。

（2）供应链反应矩阵（Supply Chain Response Matrix）。

（3）生产多样性漏斗（Production Variety Funnel）。

（4）质量过滤图（Quality Filter Mapping）。

（5）需求扩大图（Demand Amplification Mapping）。

（6）决策点分析（Decision Point Analysis）。

（7）物理结构图（Physical Structure Mapping）。

（六）实施价值流程图分析中的问题和需注意的事项

（1）首先图析技术是发现价值流过程关键浪费及其根源的方法，以避免不必要的改进活动（这也是一种浪费），必须通过精益技术消除浪费，才能收到效果。

（2）图析准备：培训十分必要，可以避免方向性的错误。

（3）产品选择：在考虑产量的同时，还应顾及产品产值、利润及其对公司生存与发展等方面的影响。

（4）价值流现状图的绘制：尽可能在较短的时间内完成现状图数据的收集。

（5）不仅要在确定产品适应时找出主要因素，还要在确定客户要求、过程及其参数，供应商情况时找出影响本公司的主要因素，避免影响图析的效果和后续改善的方向和目标。

（6）客户需求节拍应根据实际供货的历史加以修正。

（7）客户拉动和成品仓库发货拉动两种方式实际上都是由客户需求拉动的，关键区别在于是否建立成品库存。在实施精益生产初期，建议采用成品发运仓库的方式，这样能够保证准时交付客户。随着精益生产的深入，可以逐步减少成品库存，最终转变成客户拉动。

第一步，确定价值流：确定要研究的业务过程或产品流程，并绘制出整个价值流。

第二步，绘制当前状态图：在价值流图上标注所有环节的加工时间、等待时间、库存等信息，以此来绘制当前状态图。

第三步，分析当前状态图：通过分析当前状态图，找出存在的浪费，比如等待时间、运输、库存、处理等。

第四步，绘制未来状态图：根据分析结果，设计并绘制出未来的改善方案和对应的价值流图，即未来状态图。

第五步，制订改进计划：在未来状态图的基础上，制订具体的改进计划并实施。

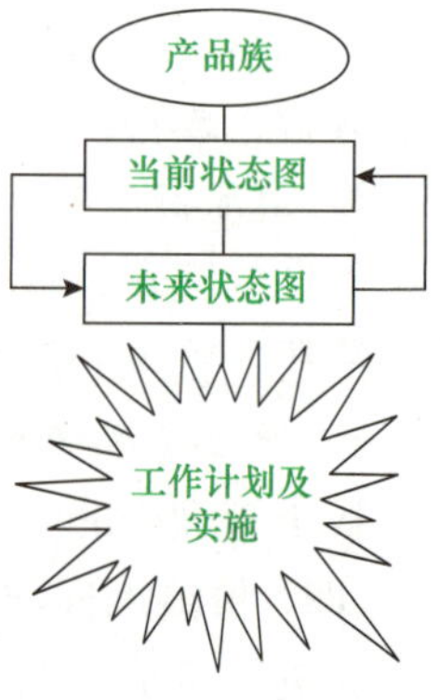

图7-2 价值流图分析步骤

第六步，持续改进：持续监控和改进业务过程，不断提高效率和价值。

（一）选错跟踪对象

大家很清楚在做价值流图分析的时候，选择跟踪的对象是产品或者服务，要仔细观察产品在形状、功能、包装方面会发生什么改变。在一般的制造业流程中，作为实物形态的原料、半成品和成品比较清楚，不容易出现错误。但在服务业的环境下可能就会犯错误。因为在服务业环境中，在某些环节的人会离开或转移工作，“产品”实际上已经发生了改变或转移，但人们仍然会坚持跟踪原来的对象。

（二）纸上谈兵

纸上谈兵指的是在没有实际生产产品或提供服务的情况下去做价值流图析。有时候某些产品并非经常生产，或者碰巧最近一段时间没有生产，或者生产周期太长，但又需要分析其价值流（有时是来自客户的压力，有时是来自管理层的压力）。于是有人在没有“看”到的情况下，依靠现有的作业数据和工程标准（例如生产部或 IE 部门提供的数据）完成了价值流图分析，更有甚者还以此计算出了项目所取得的所谓“收益”。

他们忘记了精益生产的一些基本原则。首先，如果没有实际考察流程中的各种库存，他们实际上得到的是流程图，而非价值流图。其次，没有观察到价值流图中的各项时间测量值是怎样来的，因此他们也无法确定这其中存在的浪费以及改善的机会。最后，闭门造车的价值流常会忽略实际操作中的一些细节，跟实际的操作差别会导致一线操作人员产生迷惑，失去了应有的指导价值。

（三）道听途说

这一点跟第二点有点类似，指的是待在办公室里而没有深入现场观察就完成了价值流图分析。笔者在实践中发现，许多企业的中层管理在很多时候都不太愿意深入现场。在普遍使用计算机的今天，很多数据都会存储在电脑里。在描绘价值流图时，有些人不愿意深入车间第一线去观察，而宁愿待在办公室里调用电脑里的数据（如库存量）。还有一种情况是让别人提供现场数据（例如叫下属去查找数据，然后回来汇报），但这些数据本身未经确认，具有很大的差异性。从技术的角度而言，有些数据的确是可以从文件或电脑储存的数据中获得，可以把大体的流程图拼凑出来。例如某流程有多少工序，有多少个操作工人，仓库库存有多少，车间的布局如何，走动的距离有多少。但技术上的正确并不意味着实际上的情况也是如此，实际上的情况可能差别很大。

（四）忽略共享资源

在很多情况下，流程中存在着共享资源。共享资源指的是支持 / 服务超过一个产品族的资源，有可能是人，有可能是整条组装生产线，也有可能某台机器。例如，某注塑企业主要生产手机，喷涂车间某台机器专门给一切较小的零部件提供喷涂，这些小件的产品包括了手机的各种小配件。又例如仓库的收发区域，各种各样的货物、原料都经过这里做收货或发送的处理。在以上的两个例子中，喷涂机器和收货区域都属于共享资源，同时还包括这里的员工。如果忽略这一点，很容易得出错误的结论。

以上面的收发区域做一个简单的比较：假设该区域给两个重型车间提供服务，每个车间平均每天会生产 80 件产品，一天总共收到 160 个产品，平均每小时收到 20 件产品，每个车间 10 件。如果一个收发员一小时能完成 10 件的工作，那么需要两个收发员在此岗位工作。如果在价值流图分析中错误地只计算一个产品族的工作量，就会使人认为这个岗位上只需要一个人。当面对数百种产品的产品族时，可能会发生错误，如漏掉或忽略一些产品族。

（五）产品族（系列）混淆不清

当批阅企业递交的价值流图时，人们有时候会发现主价值流图上有很多小的价值流进进出出，看起来非常复杂，增加了分析难度。这种问题的发生主要在于开始图析之前的产品族分析没有做好。有些产品族是非常明显的，例如家电企业生产不同型号的电视机、微波炉、冰箱等，有些则不是很明显，例如电子零件生产企业，产品上百种，甚至过千种，其产品类型相似，产品加工工序复杂，少则十几道，多则几十道，其中还有许多分支和合流的地方。一般认为，研究对象的流程处理工序达到 80% 以上相同的就可以判为同一个产品族。

任务小结

通过本任务的学习，可以对价值流和价值流图的概念有初步的了解。价值流是产品从原材料到成品的生产过程，包括增值和非增值活动。价值流图则是用符号图形形象地表现价值流的图表方式。价值流图分析，则是为了达到价值流图绘制的目的（寻找到生产过程中的浪费并且消除它）而进行的一种分析方法。通过绘制价值流图表现价值流，通过运用价值流图进行价值流分析，来实现价值流图的目的。价值流、价值流图、价值流图分析三者之间层层递进又环环相扣。价值流图是其中承上启下、最为重要的要素，也是企业在生产制造过程中分析问题、提高效率的有效工具。

任务二　绘制当前状态图

知识目标

◎了解产品族的含义；
◎熟悉价值流图常用符号。

技能目标

◎会分析产品数量；
◎能分析产品路径；
◎能绘制当前状态图。

知识解读

在开始绘图之前，首先要明确产品族，客户只对他想要的产品感兴趣，而不是企业生产的所有产品。①选择一个关键产品族：制约流程的、影响力大的（特别是生产与质量），可采取PQ分析和PR分析的方法实施；②点对点的实施：描述分析的流程应该是相互连接的。③物料流与信息流兼顾：选择产品族时，一定要考虑该产品族的物料流和信息流。

（一）产品数量（PQ）分析

从产品数量分析入手，进行A、B、C分类。通过帕累托图反映出全部数量的产品是如何在不同种类的产品之间进行分布的，以确定某些部件的生产数量是否足够多，可以很明确地把生产数量较多的 A 类产品作为选定的目标。如果通过 PQ 分析无法得到确切的结果，那么可以采用 PR 分析。

（二）产品路径（PR）分析

列出每种产品的加工顺序，通过对产品的加工路线进行分析，选择可作为改进目标的价值流。

表 7-1 为产品路径分析示例。为了确定产品族，把各种产品及其各自的工序按生产流程排列。例如，C 产品经过的关键生产流程主要是机器 1、机器 2、机器 3、机器 5 和机器 6，因此在这几个工序所在的空格里标注记号。PR 分析的目的是分出产品族，不必详细地列出每一步工序，只要列出关键工序就可以，然后寻找包含重要共同步骤的若干产品，这些产品就可以被划分到同一个产品族。例如，产品 C、产品 F 和产品 G 的工序大致相同，就可以归为同一个产品族。

表 7-1 产品路径分析示例

产品型号	工艺顺序和关键设备或工序							
	机器 1	机器 2	机器 3	机器 4	机器 5	机器 6	机器 7	机器 8
A		○	○	○			○	○
B			○		○	○	○	
C	○	○	○		○	○		
D	○		○		○	○	○	
E		○	○	○			○	○
F	○	○	○		○	○		
G	○	○	○	○	○	○		

在价值流分析中，有一套规定的符号供绘制价值流图使用，使用者只要经常运用，就能轻易掌握。图 7-3 为常用的价值流图符号。

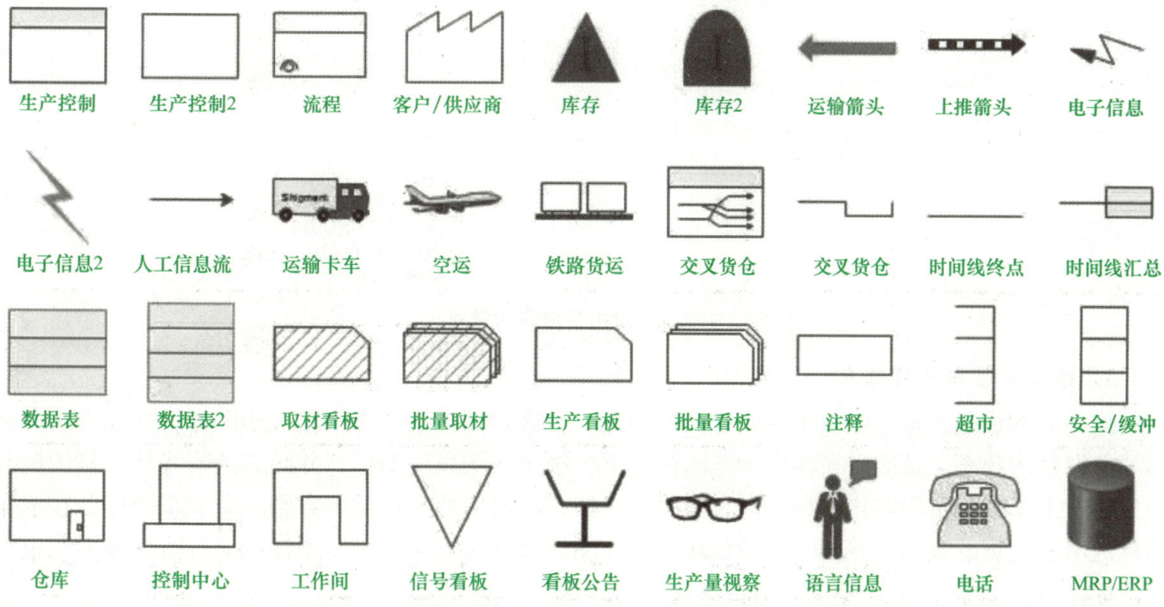

图 7-3　常用的价值流图符号

（一）收集相关信息

在正式绘制现状图之前，必须先深入基层单位收集相关信息，一般从最下游的作业（即发货）开始，收集实际的过程数据（如发货频率、订货量、工艺流程图、各工序作业时间、换模时间、操作工人数、班次、周期时间等），并在收集数据的过程中记录信息流和物流的情况，作为绘制现状图的依据。

（二）绘制步骤

1. 绘制客户、供应商和生产控制部门

首先将客户的图标画在价值流图的右上角，用同样的图标代表供应商，并把供应商的图标画在价值流图的左上角，在客户和供应商的图标之间画出生产控制部门的图标，如图 7-4 所示。

2. 绘制客户需求信息

在客户图标的下方画一个数据框，将客户的需求填入其中，包括每种产品的月需求和日需求，以及每天需要多少箱产品。例如，图 7-5 为绘制客户需求信息，客户每天需求 A 产品 15 000 件，B 产品 5 000 件，每箱 50 件产品（包括 A 产品和 B 产品），每月工作 20 天，因此，每天需求为 20 箱（20 000/20/50）。

图 7-4　绘制客户、供应商和生产控制部门

图 7-5　绘制客户需求信息

3. 绘制发货与收货信息

图 7-6 为绘制发货与收货信息示意图。首先，在客户图标的下方画出卡车图标，并在卡车图标内填上发货的频率。其次，在客户卡车图标的下方画出一个发货图标，并画一条箭线从发货图标起穿过客户卡车图标指向客户图标。同客户图标一样，在供应商图标的下方画一个卡车图标，在卡车图标内填上送货的频率，并画一条箭线从供应商图标起穿过供应商卡车图标指向价值流最上游过程的图标。

图 7-6　绘制发货与收货信息

4．绘制各工序信息

在图形的底部用矩形图标表示出各道工序，将最上游的工序画在左边，最下游的工序画在右边。例如，图 7-7 为绘制各工序信息，从左至右各工序分别为冲压、钻孔、磨削、组装。每个工序图标内可标注工序的相关信息，如操作工人数、机器数等。在每个工序图标的下面画上数据框，并填入相关信息，通常填入该工序的加工周期时间、换模时间、有效作业时间、使用率等。其中，有效作业时间为每班时间或可利用的总生产时间减去常规的计划停工时间、休息时间、开会时间等；使用率为实际运行时间与有效时间的比值。例如，在图 7-7 的冲压工序中，该工序加工周期为 3 s，每班换模时间为 60 min，有效工作时间为 460 min（每班 8 h 减去 20 min 的休息时间），实际运行时间为 400 min（有效时间减去换模时间），使用率为 400/460 = 87%。

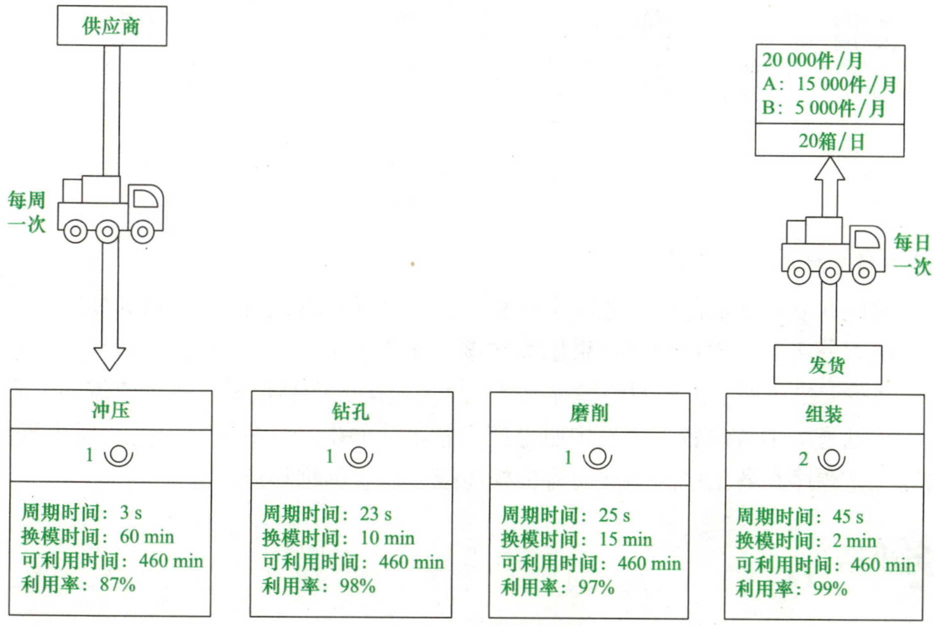

图 7-7　绘制各工序信息

5．绘制信息流

画出客户图标到生产控制部门图标之间的信息沟通箭线，用来代表客户的预测信息和订单信息。一般信息的流动有电子方式和手工方式两种，在价值流图上分别以带折线的箭头和直线箭头来表示。在大多数情况下，信息在客户和供应商之间是以电子化的方式发生流动的，因此多以折线箭头表示。例如，图 7-8 为绘制信息流。图中客户与制造商的生产控制部门之间以折线箭头相连，表示客户每月向制造商提交一份预测信息，而下订单的频率为每天一次。同理，画出生产控制部门图标到供应商图标之间的箭线，用来代表生产控制部门发布的预测信息和订单信息，并把信息发布的频率标注在箭线上。在生产控制部门图标和代表生产主管的方框之间画一条信息沟通的箭线，并把生产主管发布计划的频率标注在箭线上。在代表生产主管的方框和相关的工序方框之间画若干条代表信息沟通的箭线，并把相关工序发布信息的频率标注在每条箭线上。

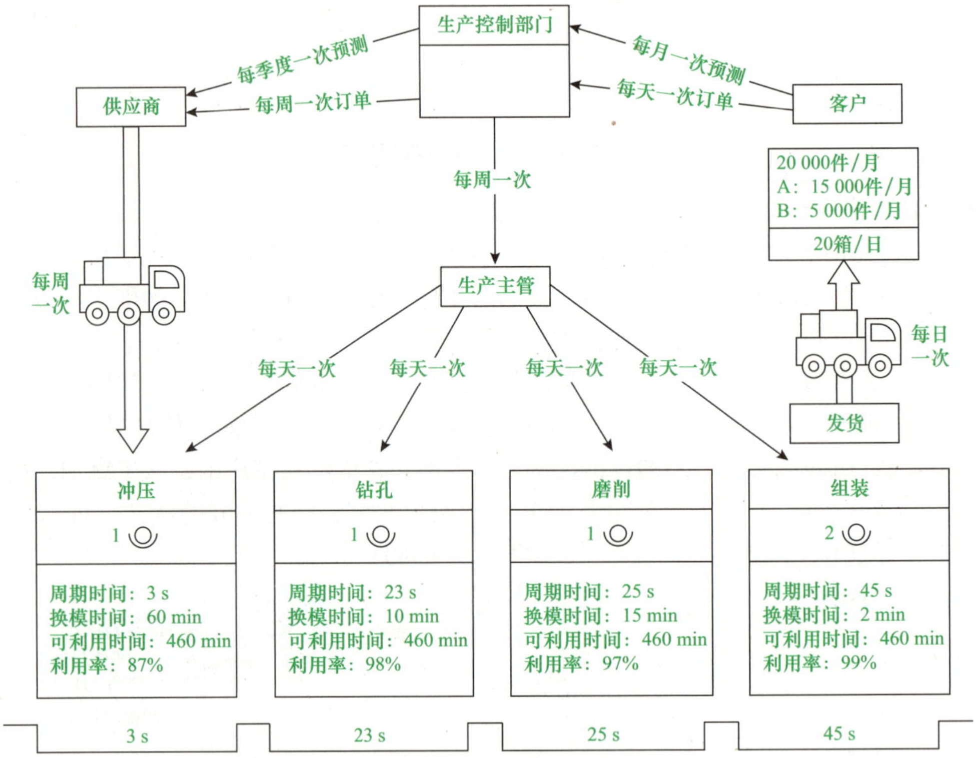

图 7-8　绘制信息流

6. 绘制在制品库存和物料流动

在各工序之间在制品或成品的位置画上库存图标，并在库存图标的下面标注库存的数量。计算各工序间库存储存的天数，并将计算结果填写在该工序方框下方的时间线上。库存储备天数的计算公式为：库存储备天数 = 两个工序间的库存总数 / 每天发运的产品数量。在价值流图上画出有推动、拉动和先进先出通道的地方。各工序是按照生产主管下达的生产计划安排生产，属于推动式生产系统，因此按照工艺顺序在各工序间用推动箭头相连接，以表示物料流动方式。

任务小结

通过本任务的学习，可以对如何绘制价值流当前状态图有初步的了解。熟悉绘制价值流图的常用符号，掌握绘制当前状态图的相关步骤：绘制客户、供应商和生产控制部门，绘制客户需求信息，绘制发货和收货信息，绘制各工序信息，绘制信息流，绘制在制品库存和物料流动。

任务三 绘制未来状态图

知识目标

◎掌握设计未来状态图的四个关键问题；
◎熟悉价值流设计的七个准则。

技能目标

◎能进行客户需求分析；
◎能进行流动阶段的绘制；
◎能设计均衡生产系统。

知识解读

绘制价值流图的目的是突出浪费之源，通过实行一个短期内可实现的未来状态价值流图来改善。因此，在绘制好当前状态的价值流图之后，下一步工作就是通过挖掘创造力来绘制出未来状态图，设计一个效率更高的价值流。

（一）设计未来状态图应考虑的关键问题

1. 需求方面

（1）距客户最近的下游工序的有效工作时间是多少？节拍时间是多少？

（2）按客户拉动还是设立周转库存？

2. 物流方面

（1）在哪里可以使用连续流动加工工序？

（2）为了控制上游加工工序的生产，需要在哪里使用周转库存拉动系统？

3. 信息流方面

（1）在生产链中的哪一点（定拍工序）计划生产？注意从定拍工序往下游的所有材料都要以流动方式进行。

（2）如何在定拍工序均衡混流生产？

（3）在定拍工序将持续地生产和搬运批量是多少？

4. 支持改进方面

为实现尽可能的价值流动，哪些工序和设备必须进行改进？

（二）价值流设计的准则

为了设计一个效率更高的价值流，应遵守以下 7 个准则：

准则 1：要按节拍时间进行生产。与销售节拍同步的、统一的生产节拍。

准则 2：在可能的地方发展连续流动。

准则 3：连续流动无法向上游扩展处使用周转库存控制生产。

在价值流中常有一些点不能连续流动而必须采用批量生产方式。其主要原因有：①过程被设计成以很快或很慢的制造节拍生产，而且需要为多种产品系列换型（如冲压、注塑等）；②有些过程距离远，如在供应商处，每次运输一件不现实；③有些过程制造周期长，以一个流连续流动直接与其他过程相连不太可靠。

准则 4：努力将客户订单计划只发到一个生产过程。

通过应用库存周转拉动系统，典型的情况是将计划只发给门到门价值流中的一个点，这一个点叫作定拍工序（见图 7–9），因为在这个过程中对生产的控制为所有上游的工序设定了节拍。在这个计划点的选择还决定了从客户订单到成品的价值流中，有哪些单元成为制造周期的一部分。

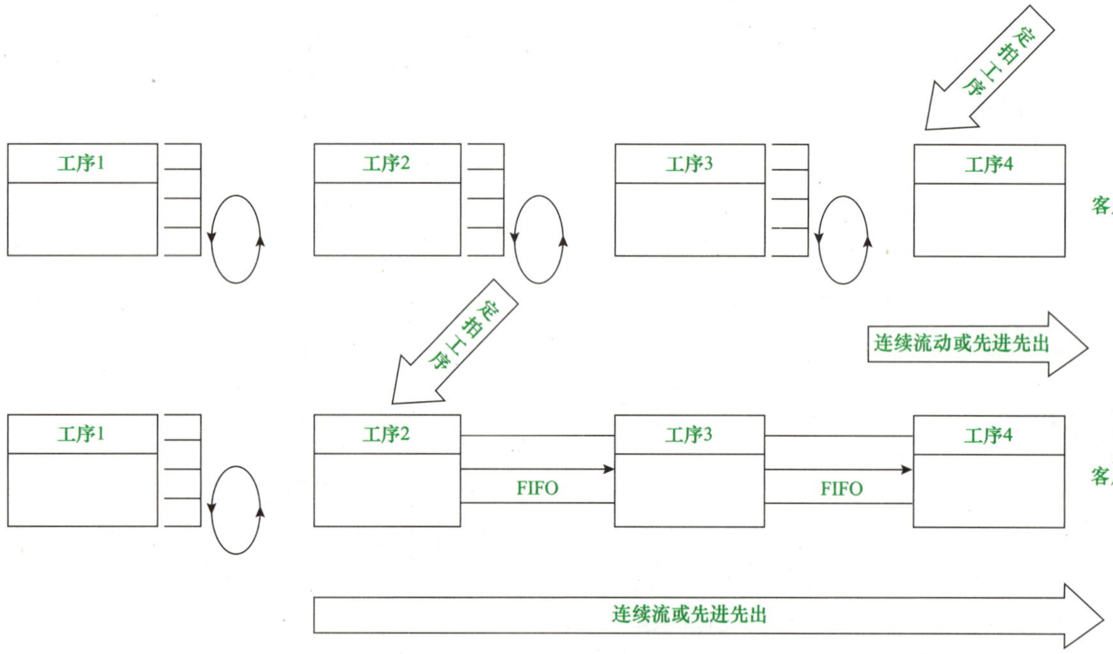

图 7–9　选择定拍工序

材料从定拍工序传递到下游的成品需要用流动的方式（定拍工序下游不能用拉动的方式）。因此，定拍工序常常是门到门价值流中最后一个下游连续流动工序。在未来状态图中，定拍工序是一个外部客户订单控制的工序。

准则 5：在定拍工序按时间均匀分配多品种产品的均衡混流生产。

准则 6：在定拍工序安排一个小批量生产并进行等量搬运，产生一个“初始拉动”。一个小批量的生产工时通常介于 5 ～ 60 min。

准则 7：在定拍工序的上游工序培养每天能制造各种零件的能力。

绘制未来状态图主要包括以下四个阶段：准备工作、客户需求阶段、流动阶段和均衡生产阶段。

（一）绘制客户、供应商和生产控制部门

在与当前状态图相对应的位置上画出客户、供应商和生产控制部门的图标，并在这些图标之间画出信息流动的箭线，标注调整后的预测信息和订单信息。例如，图 7–10 为绘制客户、供应商和生产控制部门。生产控制部门的预测信息频率由原来的每季度一次变更为每月一次，订单由原来的每周一次变更为每周两次。

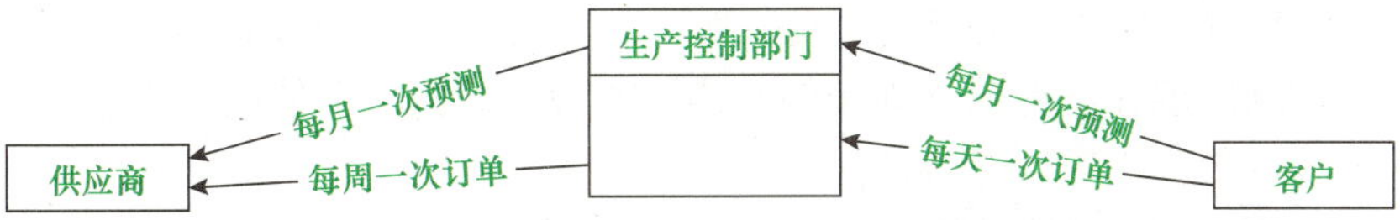

图 7-10　绘制客户、供应商和生产控制部门

（二）填写发货信息

图 7-11 为填写发货信息。在与当前状态图相同的位置上画出发货图标以及卡车图标，同时在发货图标和客户图标之间画出发货箭线，并在卡车图标内填写将产品发送给客户的频率，在客户图标的下面填写客户的需求信息。同时，在供应商图标和最上游工序的图标之间画一个卡车图标，画出从供应商图标指向最上游工序图标的箭线，在卡车图标内填写供应商发送原材的频率。

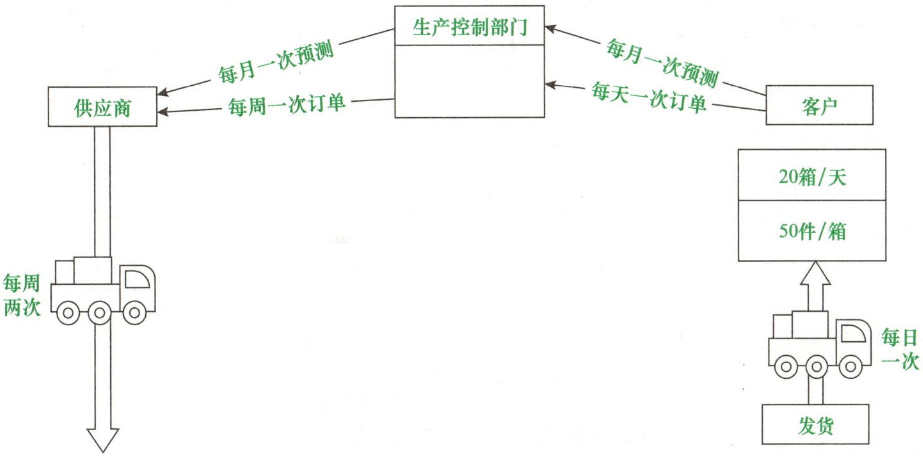

图 7-11　填写发货信息

在准备工作完成后，绘制未来的状态图首先从关注客户需求阶段入手，即从理解客户对产品的需求，包括质量特点、订货提前期和价格方面等需求来制定未来目标。

（一）确定生产节拍和装箱节拍

首先，通过确定生产节拍来开始设计未来状态的需求阶段。其次，确定装箱节拍，即计算生产出一箱在制品所需要的时间。装箱节拍计算公式为：装箱节拍 = 生产节拍 × 装箱批量。

例如，在图 7-11 中，每天客户需求量为 1 000 件，每天有效时间为 27 600 s（460 min），则

生产节拍 =27 600 s/1 000 件 =27.6 s/ 件

装箱节拍 =27.6 × 50 / 件 =1 450 s/ 箱

（二）确定目前的生产方法是否能满足需求

在生产过程中，总会有一些阻碍连续性作业的问题，从而导致无法持续地满足客户的需求。因此，为了持续不断地满足客户的需求，必须确定目前的生产方法是否能够满足客户的需求。

（三）确定并绘制缓冲库存、安全库存或周转库存

如果各工序的生产能力和效率不能够满足客户的需求，有必要根据生产情况建立缓冲库存、安全库存和周转库存。

缓冲库存是指当客户订货模式或生产节拍发生变化时可用于满足客户需求的产成品；安全库存是指当内部约束或无效事件导致生产过程中断时可用于满足客户需求的产成品。一般缓冲库存和安全库存都不应该超过 2 天产成品库存。

周转库存是用来储存一定数量的产品（或在制品），当这些产品被领走满足客户需求之后，要对其进行补充。周转库存一般在不能建立纯粹的、连续性流动的情况下使用，它是价值流上的发货部分所使用的一个系统。

需要注意的是，产品周转库存水平不包括缓冲库存和安全库存水平，应朝着库存最小化的方向努力。但在企业目前状态下，如果作为改善的一个必经阶段而决定使用缓冲库存、安全库存或周转库存，应在未来状态图上的最后一项作业和发货图标之间画上相应的图标。例如，图 7-12 为绘制缓冲库存、安全库存或周转库存。在价值流图的右下角画出缓冲库存、安全库存和周转库存。

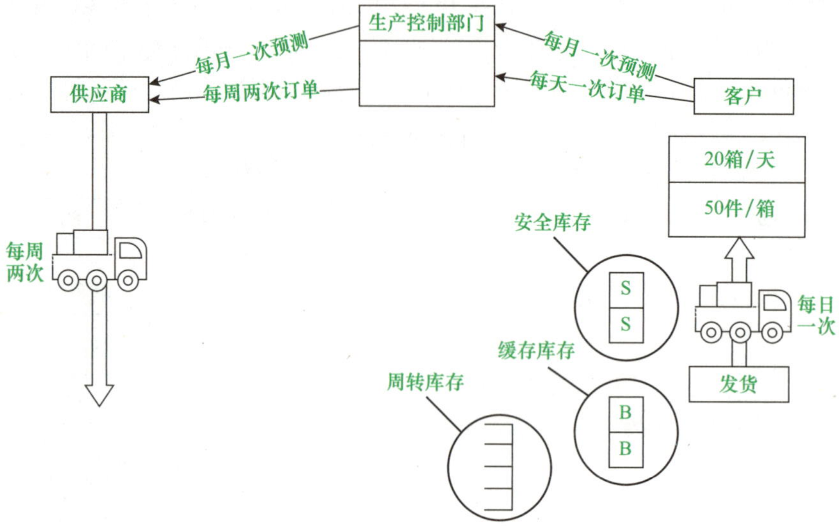

图 7-12　绘制缓冲库存、安全库存或周转库存

流动阶段主要是如何保证实施流程化生产，以使内部和外部客户都能在需要的时间得到需要数量的产品，做到准时化生产。

（一）对生产线进行平衡

创造连续流动的第一步是要平衡生产线，这有助于最合理地使用人力资源，并平衡工作负荷，以实现平稳流动。

图 7-13 为生产线各工位的平衡现状。从图中可知，冲压工序生产周期大大低于节拍时间。如果以连续流动的观点来考虑，使其生产周期接近生产节拍是不实际的，也将导致冲床不能充分利用。因此，冲压工序可采用批量生产并采用以周转库存为基础的拉动式系统。而对其他三道工序，通过计算可知：作业员人数 =（23 +25 + 45 ）/27.6 =3.37 人。为了实现更好的负荷平衡，可以通过各种改善手段，把作业人数减少至 3 名，重新分配各工序的工作内容。

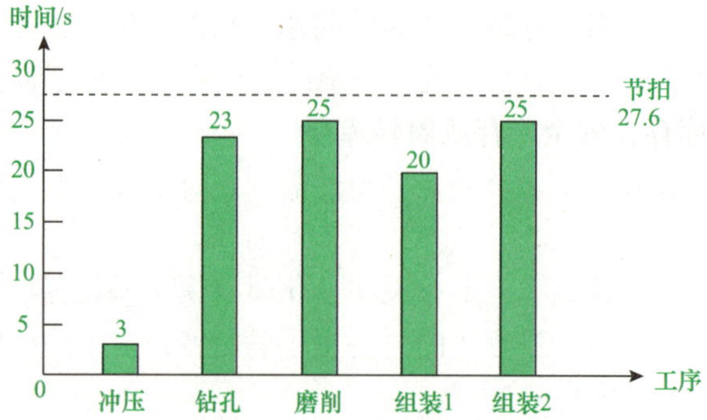

图 7-13　生产线平衡现状

（二）设计U形生产线

U形生产线就是依逆时针方向按照加工顺序来排列生产线，使得生产流程的出口和入口尽可能靠近。其形状类似于英文字母“U”，因而得名“U形”生产线。它还有凹形、圆形、M形等其他形式。U形生产线的工作台的材料采用柔性线棒搭建，柔性线棒能根据工作场地的需要组装成车间工作理想的工作界面。采用U形生产线有助于促进单件流动。

（三）确定控制上游工序生产的方式

在系统中没有实现连续流动的地方，必须确定如何控制生产的流动。一般可采用工序内周转库存（在制品）、看板系统和先进先出通道等方法。

（四）确定将采用的改进方法

通过前面的几个步骤，初步确定了在未来状态图中所要实现的目标。为了更清楚地表达实现目标所采取的措施，应在未来状态图中的合适位置标注相对应的改善方法和工具。实施标准作业、目视化管理、快速换模有利于U形线生产。

均衡生产阶段是按照品种和数量均衡地分配生产任务，以减少存货和在制品，并允许客户按更小批量进行订货。

（一）设计均衡生产系统

均衡生产系统以产品的数量和品种为基础实现均衡生产，因此，可以根据目前状态的有关数据以及未来状态图中的需求和流动阶段的情况，设计均衡生产系统。

（二）设计或改进看板系统

在规划好未来的均衡生产系统后，如果决定使用看板系统实行拉动式生产，就有必要在未来状态图中绘制出看板系统。

（三）补充其他信息

补充反映未来状态的其他信息，如采用的改进方法或其他有用的数据。例如，在未来状态图上添加反映价值流的订货提前期和总周期时间的统计数据箱，从而完成绘图过程。

绘制价值流图时要注意三方面问题：①合理选定产品族；②准确地绘制现状图；③ 根据现状图绘制未来状态图。

1. 合理选定产品族

有的价值流图上有很多小的价值分支，看起来非常复杂，增加了分析的难度。这种问题的发生主要在于开始绘制价值流图之前的产品族分析没有做好。在分析过程中，如果没有很好地识别流程中的共享资源，也没有很好地跟踪适当的产品或人的流向，通常会导致价值流图非常复杂，不能反映产品族的真正情况，因此在绘制价值流图之前一定要选定合适的产品族。

2. 准确地绘制现状图

尽管许多企业已经制定了价值流管理过程的流程，但是很少有企业能像丰田汽车公司一样将所有的步骤很好地结合起来。出现这种问题的常见原因就是不能由始至终地按流程开展这项活动。在一般情况下，很多公司在价值流图形还没有准确地反映目前的实际状态时，就已经开始实施革新活动，这就大大限制了价值流图作用的发挥。因此，如果希望在实施未来状态的过程中获得成功，就必须首先准确地绘制出反映目前状态的价值流图。此外，在搜集当前状态的相关信息时，务必保证信息的准确性，本着现地现物的原则，深入生产现场获取所需的信息。

3. 根据现状图绘制未来状态图

绘制价值流图并不是目的，而是作为推行精益生产的一种工具，通过绘制现状图，有助于识别生产过程中的浪费和其他不合理的现象，然后根据企业的实际情况制定预期实现的目标，并用未来状态图表示出来，进而制订为实现未来状态的详细计划并付诸实施。

任务小结

通过本任务的学习，可以对如何绘制未来状态图有初步的了解。熟悉设计未来状态图要考虑四个方面的关键问题：需求方面、物流方面、信息流方面及支持改进方面。掌握绘制未来状态图的相关步骤：准备工作、客户需求阶段、流动阶段和均衡生产阶段。

思考练习

1. 简述价值流的概念和作用。
2. 简述价值流图的分析原则及步骤。
3. 简述当前状态图的绘制步骤。
4. 简述设计未来状态图要考虑的关键问题。
5. 简述高效价值流的设计准则。
6. 简述未来状态图的绘制步骤。

项目八

均衡化生产

项目导读

均衡化生产是企业的各个生产环节，包括车间、小组、工地，都按照预先制订的计划进度，完成大致相等的或稳步递增的产量或工作量，并达到充分的工作负荷，没有时紧时松、赶工突击的现象，从而按品种、质量、数量和期限均衡地完成和超额完成生产计划。均衡生产是现代化工业企业生产的客观要求。通过本项目的学习，使学生认识到均衡生产对企业的重要性。

案例导入

丰田汽车公司是最早实行均衡化生产的企业，其均衡化生产要求的是生产数量的均衡和产品种类的均衡，即总装配线要均匀地向各前工序领取零部件，实行产品组合生产。要防止在某一段时间内集中领取同一种零部件，以免造成前方工序的闲忙不均，以及由此引发的生产混乱。为此，丰田汽车公司的总装线均以最小批量装配和输送制成品，以期实现“单件”生产和输送的最高理想；总装线也会以最小批量从前工序领取必要的零部件。简言之，生产的均衡化使得零部件被领取时的数量变化达到最低程度，即各后工序每天如一地以相近似的时间间隔领取数量相近的零部件。

除此之外，丰田汽车公司把均衡化生产作为使生产适应市场需求变化的重要手段。通过均衡化生产，任何生产线都不大批量地制造单一种类的产品。相反，各生产线必须每天同时生产多种类型的产品，以期满足市场的需要。这种多品种、小批量的产品组合生产方式具有很强的柔性，能迅速适应市场需求的变化。

这种以多品种、小批量产品组合生产为特性的均衡化生产还具有另一个重要的优点，这就是各工序无须改变其生产批量，仅需用看板逐渐地调整取料的频率或生产的频率，就能顺利地适应市场需求的变化。

为了实现以“多品种、小批量”为特征的均衡化生产，必须缩短生产前置期，以利于迅速而且适时地生产各类产品。于是，为了缩短生产前置期，必须缩短设备的装换调整时间，以便将生产批量降到最小。

实行均衡化生产可以得到以下收益：①缩短生产周期；②减少半成品积压；③减少生产面积占用；④容易暴露问题点；⑤快速适应市场与计划的变更；⑥有利于保证产品品质；⑦有利于安全生产；⑧减少管理成本和损失。

任务一　认识均衡化生产

知识目标

◎掌握均衡生产的概念；
◎熟悉影响均衡生产的相关因素；
◎掌握均衡生产的规则。

技能目标

◎能分析影响均衡生产的相关因素；
◎能根据均衡生产的规则实施均衡生产。

知识解读

均衡生产是精益生产制度的最终目标。将产量降至最低，确保产能利用率达到最佳状态，并使完全生产时间（亦即从头到尾的生产时间）缩至最短。从企业角度而言，在每个工作站 和流程步骤的工作量均衡分配下，利用率达到最大，而总体周期时间维持在最短状态。

均衡生产方式一直是企业管理者追求的理想状态。将产量的影响降至最低，从而确保人、机、料、法、环的利用率达到最佳状态，并使整体的生产周期缩至最短。站在企业角度来看，就是要达到对每个工作站或流程步骤的工作量的分配均衡，使设备、人员、场地等的利用率达到最大，交期得到保证。企业实现了均衡生产方式，意味着所有资源均在有条不紊地运转，很少出现加班、等待浪费等现象，企业的生产成本自然会降到最低的水平。

如果客户的订单波动很大，公司是否可以承受建立成品超市的压力。如果供应商材料提供波动很大，公司是否愿意建立安全库存。

生产管理最主要的就是进行过程控制，而在过程控制中需要考虑的因素有：产量、质量、成本、安全、设备等。如果仅仅只考虑某方面，其他方面就可能有损失。因此，如何有效地兼顾各方面，是企业进行均衡生产的关键。

影响均衡生产的因素很多，主要的有交货期、设备生产能力、劳动力、标准工时、零部件的配套性及通用性、用于生产的流动资金等。实际解决办法可以从以下几个方面着眼：首先，在编制生产计划年度预算、主生产计划、零部件计划的过程中，必须进行生产能力的平衡分析，如工时能力平衡分析、关键设备生产能力分析、关键材料的需求量及周期分析、工装模具的能力分析等。其次，在确定原料、辅料及通用物料库存上下限的过程中，应考虑到生产的配套性。通用零部件的生产和通用物料的采购尽可能计算出整体需求上的最低安全值，以最低的安全库存进行控制，一是保证了生产，二是降低了库存成本。再次，在编制主生产计划的过程中，在满足合同交货期的前提下，尽量使每个计划期内的任务量基本平衡。有时有些产品会提前生产，虽然这有违零库存的初衷，但基于整体效益最大化是合适的。同时，还要考虑生产品种上的平衡。最后，关注关键设备，务必分析其生产负荷，甚至可以按关键设备安排生产计划，在保证关键设备满负荷的前提下，协调其他加工设备的生产进度。

均衡生产是生产组织的主线，它贯穿市场、生产、供应等整个产销流程，必须有产销流程上的各个业务部门密切配合、协同工作。实现各业务部门配合、协同，需要遵循以下六条黄金规则。

（一）树立客户链的观念

客户第一,一切以客户为中心，并将客户观念贯穿整个业务流程。

（二）建立游戏规则

如果片面理解客户第一，就会发现营销部门经常以客户需求为由，不断变更需求，让制造部门无所适从。企业需要在业务流程各个环节建立明确的规则，就像企业与客户签订商业合同一样。只有让规则约束每个环节的行为，才能有默契的配合，最大化地满足客户需求。

（三）恒定的生产节拍

生产节拍是制造能力的基本属性。如果为了交货任意改变生产节拍，就破坏了标准化作业过程，降低了品质，这并不能真正让客户满意。

（四）满负荷生产

企业应该建立这样一个理念：只要生产线启动，就应该让它满负荷运行，否则就是巨大的资源浪费。如果需求不足，可以在完成生产后，将剩余的时间用于开展现场改善、培训学习、设备维护等活动。

（五）计划信息流与问题信息流分开

生产组织应该包含生产计划与生产控制两个部分。生产计划是组织和分配制造资源的纲领，应该是明确而严肃的；生产控制是确保生产计划有效执行的管理行为，负责生产过程的问题以确保计划目标的完成。当执行与目标发生偏离时，可以按照流程变更计划，但是必须将计划信息流与问题信息流分开，否则容易造成计划与控制的混乱，不清楚是计划有问题还是生产控制有问题，不利于持续改进。

（六）避免内外归因

任何计划的问题都可以从外部找到理由，但这于事无补。现实中从来没有完美无缺的计划，企业只是努力做得更接近市场。既然没有完美无缺的计划，就不能说自己的计划没有问题。

任务小结

通过本任务的学习，可以对均衡生产的概念有初步的了解。均衡生产是企业的各个生产环节按照预先制订的计划进度，完成大致相等的或稳步递增的产量或工作量，并达到充分的工作负荷，按品种、质量、数量和期限均衡地完成和超额完成生产计划。影响均衡生产的因素很多，主要包括交货期、设备生产能力、劳动力、标准工时、零部件的配套性及通用性、用于生产的流动资金等。

任务二　均衡化生产实施

知识目标

◎了解均衡化生产的含义和作用；
◎熟悉均衡生产的两个实施阶段。

技能目标

◎会进行均衡生产排产计划；
◎能进行均衡化生产改善。

知识解读

所谓均衡化生产，是指企业采购、制造以及配送的整个过程都与市场需求相符合。采用均衡化意味着最终供货与需求相适应，同时从需求开始进行拉动，总装配线在向前工序领取零部件时应均衡地使用各种零部件，生产各种产品。为此，企业在制订生产计划时必须加以考虑，并将其体现于产品生产顺序计划之中。均衡化生产的作用主要有以下几个方面：

（1）可以提高人员、机械的运作效率。
（2）可以谋求机械化（省人化）、自动化（省力化）。
（3）方便进行新的工序设计或工序编制。
（4）可以提高作业效率。
（5）可以缩短等待时间。

实施均衡生产分为以下两个阶段：

第一阶段是每月适应。按照每个月的需求预测制订月度生产计划，即按照总量均衡的目标，制订生产计划，确定并指示该厂各工序每天的平均生产量。

第二阶段是每日适应。因为每天的生产指示是由顺序计划和看板来实行的，所以使得每日适应成为可能。而最终装配生产线上的投入顺序计划则是进行看板管理的出发点，这个投入顺序计划以品种均衡为目标，根据它可以均衡地从零部件供货商和零部件生产线领取各种零部件。

在实施均衡生产的过程中，首先要制订的就是排产计划，以下介绍几种常见的排产方法和技巧。

（一）制定生产节拍

生产节拍对实现均衡化生产很重要。确定生产节拍就可以保证各工序按照统一的节拍进行生产。生产节拍是指连续生产出两个产品所需的时间间隔，即

$$生产节拍=\frac{一天正常生产时间}{一天生产数量}$$

一天的生产数量是根据生产计划决定的，而生产计划是基于市场预测和订货情况而制订出来的，因此，每天的生产数量并不一定是固定的，每天的生产节拍也不是固定不变的，它总是随着生产任务量的变化而变化。

均衡生产是指每天要以一定的节拍循环地生产多个品种。以 X、Y、Z 三种产品为例。假设一天工作时间 8 h，则产品 X、Y、Z 的节拍分别为 9.6 min、16 min、24 min，各产品平均节拍为 4.8 min。可以看出，均衡生产可以理解为在当月里，用与各种产品的平均销售速度（X 产品 9.6 min 能卖出一件，Y 产品 16 min 能卖出一件，Z 产品 24 min 能卖出一件）同步的速度进行生产，如表 8-1 所示。

表 8-1　均衡化生产的生产节拍

产品	月产量 / 件	日产量 / 件	工作时间 /min	生产节拍 /min
X	1 000	50	480	9.6
Y	600	30	480	16.0
Z	400	20	480	24.0
合计或平均	2 000	100		4.8

（二）轮排图

制定生产节拍后，就可以按照平均节拍来安排不同产品的生产顺序。常用工具有轮排图。所谓轮排图就是生产中各品种及生产数量的排列图，它形象地描述了各品种的生产排列。

仍以生产 X、Y、Z 产品为例。假设每天需要生产 100 件产品，其中产品 X 需要 50 个，产品 Y 需要 30 个，产品 Z 需要 20 个，依照均衡化生产计划的方式，X、Y、Z 的生产比率为 5 ∶ 3 ∶ 2，最小生产批量可以按照每个循环生产 10 个产品，一天共 10 次循环，生产节拍为 480 min/100 = 4. 8 min。在同一条生产线生产，就可以做成一个圆盘形的轮排图，划分成 10 个等份，其中，产品 X 以每 2 个等份安排一个，产品 Z 约每 4 个等份安排一个，产品 Y 则安排在其余的空格内，如图 8-1（a）所示。

这样的安排是很理论化的，因为需要每一个产品都很准确地在 4.8 min 内完成。在实际生产时，可能会发生延迟的情况，如再按照这样的方式生产，就有可能无法按时完成。为了增加生产安排的灵活性，可以增设一个自由位。自由位就是不指定具体产品的调整位，用自由位的时间来应对生产过程时间的调整，增加生产安排的灵活性。例如，可以将圆盘划分为 11 格，将最后一格规定为自由位格，当这一个循环的时间不能如期完成时，就利用自由位的时间来补救，如图 8-1（b）所示。自由位所占用的时间可以比正常的产品节拍时间少。因为有自由位的时间占用，有效的工作时间也跟着减少，所以节拍时间也变短了。

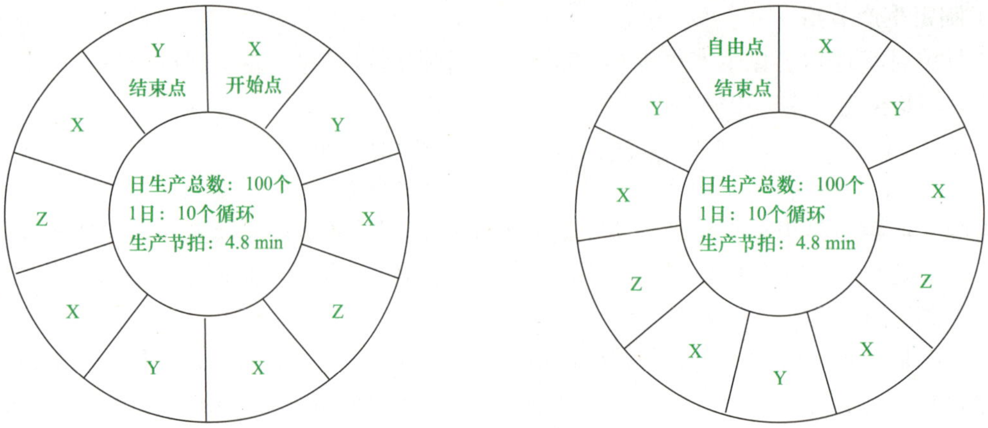

(a) 无自由位　　(b) 有自由位

图 8-1　轮排图

（三）ABC 分类法

在产品品种较少的情况下，可以运用轮排图按照节拍和品种比例进行排产，但是在品种较多的情况下比较烦琐，这时可采用 ABC 分类法进行排产。

1. 进行 ABC 分析

首先，对各规格产品的产量进行 ABC 分析，设定 A 为 50% 以上的生产量，B 为 20% ~ 50% 的生产量，C 为未满 20% 的生产量。

2. 决定生产批量

以 10、100 的倍数等容易辨识的单位构成生产批量，因为管理数字小而简单可使管理单纯化。

3. 制作均衡化计划周期表

先确定 A、B、C 三类产品的每天平均生产量，再具体安排各产品。对于 A 类产品，尽可能安排每天生产；对于 B 类产品尽量以周为单位安排生产；而 C 类产品就可以按实际情况统筹安排生产。

一汽红旗轿车焊装车间通过学习准时化生产管理，推行均衡化生产，将四门两盖工段的大批量生产改善为小批量混流生产。

（一）改善前存在的问题分析

四门两盖工位采用大批量生产，存在如下问题：

（1）采用单品种、大批量的压合和烘干方式。每个品种集中压合后再更换模具；每个品种烘干完成后，再更换吊具进行另一品种的烘干。

（2）在制品多，压合处有 12 辆份的前后盖储备，烘干炉的储备是车门 72 辆份、前盖和后盖各 36 辆份。

（3）占用工位器具多，四门两盖占用的工位器具共 64 个。

（4）占地面积大，共占用面积 126 平。

（5）生产操作人员多达 16 人。

（6）过量生产导致大量的资金被积压。

（7）现场摆放器具过多造成秩序混乱，工位器具不足。

（8）制造过剩掩盖了生产过程存在的计划、人员和设备的管理问题。

（二）改善方案

根据均衡化生产的方法，对四门两盖烘干工位进行改善，具体改善如下：

（1）变单品种、大批量的生产方式为多品种、小批量的生产方式。

（2）根据月度生产计划，制订基本生产计划，确定每种产品每天的平均生产量。冲压按小时的生产数量进行生产。

（3）重新制定四门两盖的生产节拍，保证各种产品能及时满足需求。

（4）根据每天的生产节拍确定四门两盖每个节拍的需求量来改良吊具，设计合适的指定座。烘干炉只设 12 辆份的专用吊具和 1 份备用吊具。

（三）改善后效果

实行均衡化生产后，各项指标明显改进，改善后达到的效果为：①只按节拍生产下道工序需要的产品，体现准时化生产；②不会出现零件滞留，保证零件先进先出；③小批量生产，很容易保证质量；④在制品少，使问题源的追溯性成为可能；⑤减少工位器具，使工作现场整洁有序；⑥能及时暴露设备停止、生产不均衡等问题。

任务小结

通过本任务的学习，可以对均衡化生产的含义及作用有初步的了解。均衡化生产的作用主要体现在以下几个方面：可以提高人员、机械的运作效率；可以谋求机械化、自动化；方便进行新的工序设计或工序编制；可以提高作业效率；可以缩短等待时间。实施均衡生产分为两个阶段。第一阶段是适应每个月的需求变化，即每月适应；第二个阶段是适应每天的需求变化，即每日适应。

任务三　快速换线换模

知识目标

◎掌握快速换线换模的含义；

◎熟悉快速换线换模的实施步骤和方法。

技能目标

◎能进行切换分类；

◎能进行快速换线换模。

知识解读

快速换模是通过工业工程的方法，将模具的产品换模时间、生产启动时间或调整时间等尽可能减少的一种过程改进方法。快速换模是一种以团队工作为基础的工作改进方式，可显著地缩短机器安装、设定换模所需的时间。目前企业面对着多品种、小批量生产，每天可能会非常频繁地更换生产产品，以此带来生产线频繁地换线，以设备为主的流程则需要频繁地换模具，从而带来很多时间上的浪费。如果不加以改进，生产将处于大量毫无价值的混乱之中。

为了实现以“小批量、多品种”为特征的均衡化生产，把由安装换模所导致的机器停工时间降至最低，这就要求生产系统中的每个工序必须大大地缩短各生产前置期，以适应零部件加工批量和品种的频繁变换。

缩短换线换模的时间是精益生产必须进行的一项工作。丰田汽车公司将这种快速换线换模的方式称为 SMED（Single Minute Exchange of Die），即一分钟换模。SMED 是一种持续改进生产准备的方法，以达到尽可能短的时间更换模具，它是一种能够减少更换工装、材料、时间的方法，通过换模过程中简化、协调操作等方式来实现。

实施 SMED 的直接目的就是降低换线换模时间，具体如图 8-2 所示。

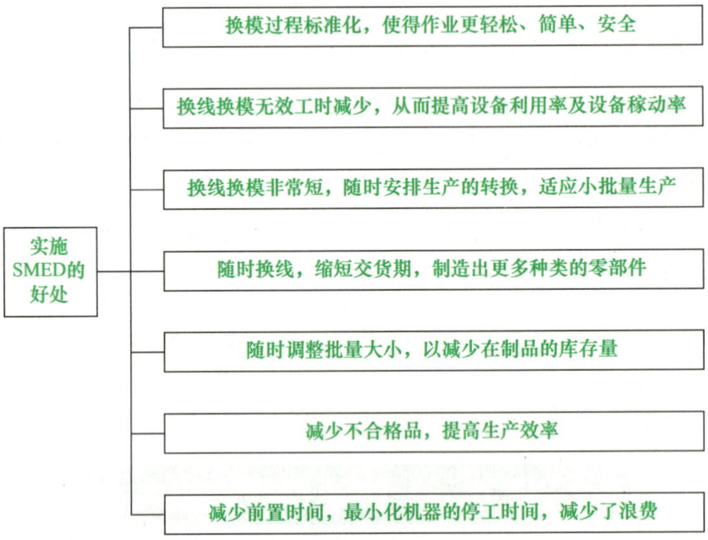

图 8-2　实施 SMED 的好处

（一）切换分类

在同一条线上生产的同一类产品当中，按照切换工作量的大小、功率、结构、尺寸等特点，切换分为大切换和小切换；根据切换内容对停线的要求，切换又分为内作业和外作业。

大切换：在不同系列的不同产品型号之间的切换称为大切换。它的特点是切换内容多、工艺基准变化大、工艺条件差别大、工时消耗大。

小切换：在同一系列的不同产品型号之间的切换称为小切换。它的特点是切换内容相对少、工艺基准变化不大、工艺条件差别不大、工时消耗也相对少。

内作业：在机器停工时才能完成切换动作的作业，称为内作业，有时也称为线内作业，如工装夹具的切换等作业。

外作业：在机器正常运转时就可以完成的事前或事后做切换动作的作业，称为外作业，有时也称为线外作业，如准备工具、拆下物的放置、放置台的准备等。

（二）机型切换的内容

一般来说，机型切换包括四大内容，即生产准备、材料切换、工装切换和标准切换，如图 8-3 所示。

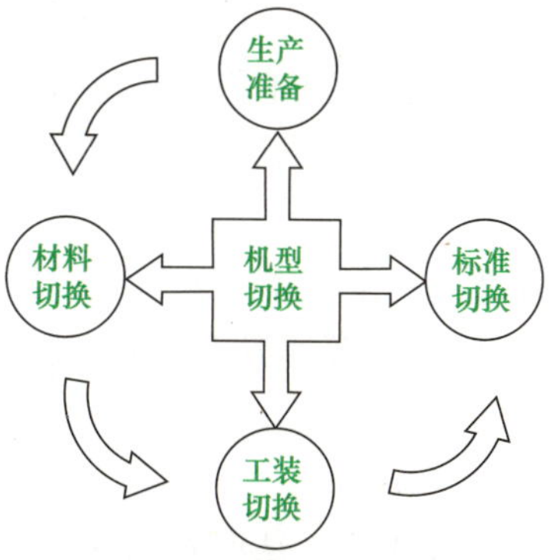

图 8-3　机型切换的四大内容

1. 生产准备

（1）新的型号生产前，机型切换准备，如切换用具准备、切换人员安排等。

（2）前一型号生产结束后的材料撤离、数据统计、现场整理等。

（3）新型号生产的技术资料、作业文件、工具用具等的准备。

2. 材料切换

不同型号的产品会用到不同型号的原材料、零件、辅助材料等，正确准备新材料，切换时将前一型号产品材料撤离生产线，将新型号材料配送上线，确保材料彻底清线、正确配送，是材料切换的关键点，也是机型切换的重要内容。

3. 工装切换

设备加工常利用工装对工件进行定位、导向、成形等，工装的形式很多，包括模具、刀具、定位夹具、导向夹具等。根据产品的形状、尺寸、结构等特点，不同的型号用到的工装不同，切换工装以适应新型号产品的生产，这是机型切换的第三大内容，通常也称为“换模”。

4. 标准切换

根据产品技术和生产工艺，不同型号的产品在生产时要达到的技术标准不同，所采用的工艺条件、作业程序也不同。所以必须进行标准切换，以满足新型号产品的技术要求和质量要求。

在四大切换内容中，工装切换和标准切换往往伴随着工装调整、设备调整、工艺条件调整和质量确认等过程，直到稳定而连续地生产出合格的产品。要提高切换效率，最直接的方法就是减少切换次数、缩短每次切换时间，从而减少切换造成的停线时间。

产品生产完成之后，到下次产品合格品开始产出之前的时间，被定为更换作业程序时间。在这段时间中，机械设备要么停止运转，要么正在运转并对其进行调整，是不会产生附加价值的生产。为了最大限度地缩短停线时间以及更换作业程序时间，必须实行快速切换。

1. 成立快速换线换模作业改善小组

当有换线换模作业改善的需要时，在了解现状的基础上成立改善小组，并得到现场管理层的大力支持。

为了减少切换次数，务必合理组织生产和安排生产计划，最大限度地减少大切换，避免因安排或组织不当造成的二次切换。

2. 快速换线换模作业分析

首先要找出耗费时间多的换线换模作业，其次识别其换线换模作业内容，使用“切换作业记录表”“切换作业分析表”将其现状问题用表格的形式提出来。

通过切换改善，实现“快速切换”，必须通过切换标准化和切换培训，科学组织、合理分工、熟练切换。为了实现每次切换时间最短化，重点工作在于减少切换时所耗用的人工时间。因此，为了减少切换时间，一定要依据一定的步骤，循序渐进、按部就班地进行。

3. 外作业分离和消除无用作业

将现有作业过程按换线换模内作业（停止机器时才能完成作业）、换线换模外作业（无须停止机器就能够完成作业）和无用作业进行划分，消除与换线换模无直接关系的作业，再将换线换模内作业和外作业分离。

4. 将内作业转化为外作业

（1）通过改善内作业，使其转化为外作业，从而不断地在外部进行操作。例如将“内换模”转成“外换模”，换模时间的目标为 10 min。因此要彻底研究目前“内换模”作业的机能与目的，考察可否将“内换模”转换成“外换模”。例如，在大型压力机上进行两组模具的换模作业，可预先制作已标准化的两张辅助工具板，在一组模具被压力机使用的同时，将另一组的模具安装在辅助工具板上，然后设定模具高度，即可大幅缩短换模时停止的内换模时间。

（2）缩短内作业时间，对内部作业更小的要素进行改进。应用工业工程手法对作业和设备进行改善来缩短切换时间，制作换模标准单，进行换模作业重复改善与训练，并活用工装具、排除调整作业。

（3）实施并行作业，如丰田汽车公司自制了旋转式台车，专门用于换压力机模具。当使用时，作业人员将用完的模具移到台车的一端，然后旋转台车，将台车另一端的新模具装到压力机上。

（4）实施功能标准化。例如压力机的换模需调整定位高度（见图 8-4），A 型的模高是 240 mm，B 型的模高是 280 mm，在 A 型的下方安装厚度为 40 mm 的套合治具，将模高统一为 280 mm，从 B 型更换为 A 型时就不需要调整定位高度。同样，将锁紧部位的高度定数化，锁紧螺母即可通用化，大幅缩短换模时间。

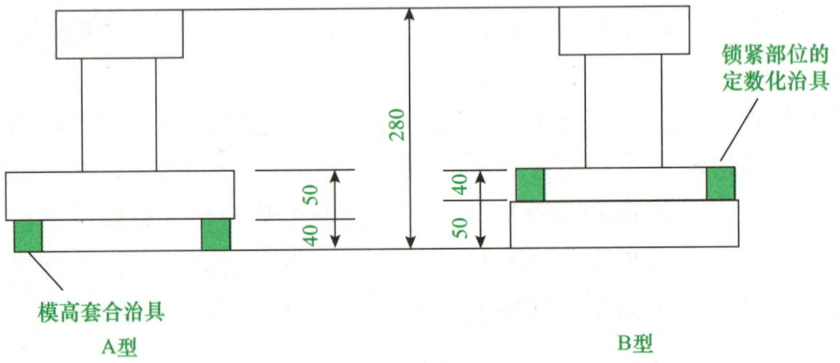

图 8-4 模高的定数化与锁紧部位的定数化

采用特制的滚动导轨、导销，以免除对中找正；采用特殊螺栓，模具快速夹紧装置，快速固定模具等。例如，丰田汽车公司根据螺栓的这种“一次转动即可拧紧或放松”的特性，设计了快速螺栓，或采用加 U 形垫的方法，使螺栓的紧固或放松功能在瞬间实现。此外，丰田汽车公司使用特殊的夹具或卡具代替螺栓，也常使用气压或液压装置，一次同时锁紧几个点，这样就可以快速紧固模具、刀具或工件，大大提高了工作效率。

（5）缩短外作业时间。对外部准备作业需加以改善和合理化，可采取改善工夹具存储方法、提高运输速度、排除寻找物料、常用工具靠近设备、制定标准作业指导书、改善外作业（换模）的某材料、改善模 / 治具的管理与搬运方法、不使用螺钉上锁，排除试行加工和调整作业等方法，以便尽可能缩短准备时间，减少切换的人工时间。例如，以 59 s 换模目标，向“一触（one touch）换模”挑战，以最少费用处理模具构造和安装机构等。这对加快整个换模调整过程、减小生产批量是非常重要的。缩短切换作业时间的改善重点见表 8-2。

表 8-2　缩短切换作业时间的改善重点

作业类别	改善事项和目标	改善方法
外作业	彻底进行作业准备事项： • 不寻找 • 不移动 • 不乱用	• 场所的整理、整顿 • 决定工具种类、数量 • 确定放置方法 • 作业顺序标准化
	附属设备的事前准备： • 不浪费时间 • 保证外作业彻底	• 工装夹具点检 • 计测器具准备 • 模具预热 • 成套安装
内作业	作业面： • 排除重做（返工） • 基本作业彻底	• 统一顺序方法 • 作业分担和有效性 • 并行作业 • 简化作业 • 人员有效合作 • 安装的容易化
	• 模具、工装夹具、计测器	• 紧固方法 • 减少紧固器具 • 研讨模具、工装夹具的形状与结构 • 采用特种工装 • 模具、工装夹具通用化 • 互换性
	• 调整	• 排除调整 • 工装夹具的精度 • 设备的精度 • 基准面 • 计测方法 • 简易化 • 标准化 • 数值化 • 计量具

任务小结

通过本任务的学习，可以对快速换线换模有初步的了解。快速换模是一种以团队工作为基础的工作改进方式。缩短换线换模的时间是精益生产必须进行的一项工作。丰田汽车公司将这种快速换线换模的方式称为 SMED，SMED 是一种持续改进生产准备的方法，以达到尽可能短的时间更换模具，它是一种能够减少更换工装、材料、时间的方法，通过换模过程中简化、协调操作等方式来实现。

思考练习

1. 简述均衡生产的含义。
2. 简述影响均衡生产的因素。
3. 简述均衡化生产的作用。
4. 简述快速换线换模的含义。
5. 简述实施 SMED 的好处。

项目九

自动化与防错法

项目导读

自动化是给机器赋予人工智能的自动控制，使之能够自律地控制各种异常情况。自动化具有自动监视和管理质量异常的作用。防错法是一种在作业过程中采用自动作用、报警、标识、分类等手段，使作业人员不特别注意也不会失误的方法。

案例导入

防错法中的保险原理：以前的冲压车间没有防呆措施，10个冲压工9个残，很多在冲压过程中手或者手指没有及时拿出来，造成伤残。后来的冲压设备设计为只有当两只手同时按按钮，冲压设备才能工作（压下来），就避免了此类事故的发生。还有例如，开银行保险箱时，须以顾客之钥匙与银行之钥匙，同时插入钥匙孔，才能将保险箱打开。

任务一 自 动 化

知识目标

◎了解自动化的发展和内容；
◎理解自动化的推进步骤；
◎掌握异常情况的自动化。

技能目标

◎理解自动化的实施方法；
◎掌握自动化的实施步骤。

知识解读

（一）自动化的发展

自动化是给机器赋予人工智能的自动控制，使之能够自律地控制各种异常情况。操作员不必持续不断地查看机器，因此可以同时操作多台机器，实现了通常所说的“多任务操作”，从而大大地提高了生产率。

丰田汽车公司的“自动化”发展历程见表 9-1。自动化的思想是丰田汽车公司创始人——丰田佐吉在发明自动织布机的过程中逐渐形成的。在改进织布机的过程中，丰田佐吉萌发了“一有异常马上停机，绝对不生产次品”“人不做机器的看守奴”的思想，经过多年的发展和不断完善，自动化不仅是一种发现异常和发现质量缺陷的技术手段，而且已成为保证质量、降低成本的一个重要手段。

表 9-1　丰田汽车公司的“自动化”发展历程

年代	自动化进展
1926 年	丰田佐吉成功研制出具有类似人的“智能”的自动织布机。织布机在运行过程中，一旦发现断线或者缺线，就会自动停止运转，可以避免不合格的产品
1955 年前后	开发了利用目视化管理手段发现工序异常的安灯制度、用于作业人员停止生产线运行的停车按钮以及出现异常情况就自动停车的装置
1962 年	开发了充满作业方式和防止错误操作系统
1966 年	在实施自动化的样板厂——上乡工厂建成了“自动化”生产线
1971 年	在各总装线上实施固定位置停止方式
1995 年以来	大量使用机器人，建立具有柔性的 FMS 生产线（自动化在高新技术方面的延伸）

（二）自动化的定义和内容

随着现代技术的发展，如今的机器设备大都具有自动化的功能，智能化水平也不断提高。因此，自动化的理念不仅仅是指机械设备的自动化，它还包含了组装线上人员的作业。

丰田汽车公司的自动化有两层含义。第一层含义是用机器来代替人工的自动化，即人们只需按动电钮，机器就会自动地运转起来，完成预定的工作。另一层含义，即“自动化缺陷控制”，它是一种发现异常和发现质量缺陷并且纠正异常的技术手段，即自动工作机器有发现加工质量缺陷的能力，并在出现加工质量缺陷时停止工作。

当生产线出现异常状况时，每个作业人员都能控制生产线的停止与重新启动。这样，人员、机器或生产线一旦发生异常就马上停止操作。因此，自动化可以解释为自动地监视和管理生产不正常的手段。

（三）自动化的作用

自动化拥有发现异常或缺陷并且能够使生产线或者设备停下来的装置。一旦发生异常情况，生产线就停下来，使得工作人员必须查明原因并采取措施防止再次发生，因此具有自动的监视和管理质量异常的手段。它可以防止不合格品从前工序流向后工序，不使后工序造成混乱，并以此保证准时生产。除此之外，它还有削减作业人员、适应需求生产和尊重人性等功能，如图 9-1 所示。

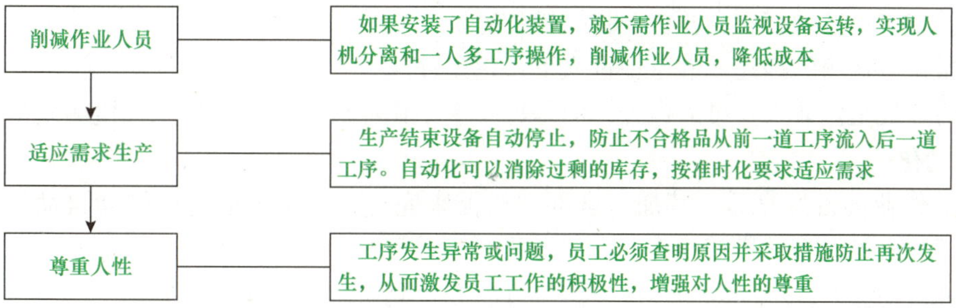

图 9-1 自动化的作用

以生产 100% 合格品为前提，在机械设备、品质、作业等发生异常时，机械设备本身可检测出异常并自动停止，或作业者按动停止开关，通报异常的发生以防止再次发生这一连串问题。其意义是自律地控制不正常情况，具有类似于人的判断力。实现自动化可以降低作业周期时间并防止等待、搬运、检查和不合格品等浪费的产生。按人与机器的关系，实现自动化可以粗略地分为以下四个步骤。

（一）工序分析

研究生产过程和流程，分析工序中有多少工作是由人完成的，有多少是由机器做的，计算出百分比，绘制出产品程序流程图。

（二）机械化

将一部分作业人员的手工作业转化为机器可以完成的工作，实现人和机器共同作业，以提高机械化程度。

例如，在 Q236 铁板底部钻 4 个孔，然后在其顶部拧上螺钉。节拍时间总计为 195 s（见图 9–2）。

图 9-2 钻孔节拍时间

经过机械化环节，可实现以下改善：

（1）设计制造专用钻模，只需要 5 s 把铁板放入钻模内预定的位置，无须 50 s 进行划线和预点孔。

（2）自制 4 孔电钻，工人只需花 15 s 由电钻同时钻好。

（3）电钻上有 4 个容易操作的把手，拧螺钉位置在电钻上部，因此只需要花 15 s 换螺钉扣。

（4）4 个螺钉在 5 s 内同时被拧上。

改善后整个生产周期为 40 s，减少工作的同时，也减轻了工人的劳动强度，更减少了损伤。

（三）自动生产

将手工作业全部交由机器完成。作业人员准备好工作之后，按启动开关就可以工作，作业人员便可离开作业中的机器，但是有一个问题，无法知道是否有不合格品发生。

例如：

（1）铁板被切割好以后，被前道工序放在传送带上，传送到钻孔机器旁。

（2）由机器自动将铁板放入钻孔处。

（3）机器将自动钻 4 个孔。

（4）机器应该更换螺钉扣，并自动将螺钉拧紧。

（5）机器自动输送已经完成的零件进入下一道工序。

此阶段的好处是作业人员可以走开，但是比半手工作业成本高，而且无人检测质量。

（四）自动化

作业人员作业准备好之后，其加工全部由机器来完成，加工完成之后机器自动停止，作业人员完全可以离开机器设备从事其他作业，机器可自动监测是否有差错发生，自动更正问题或自动停机。同时，机器还会以标示问题的铃声、信号灯配合检测系统通知作业人员。

自动化的推进方法如图 9-3 所示。

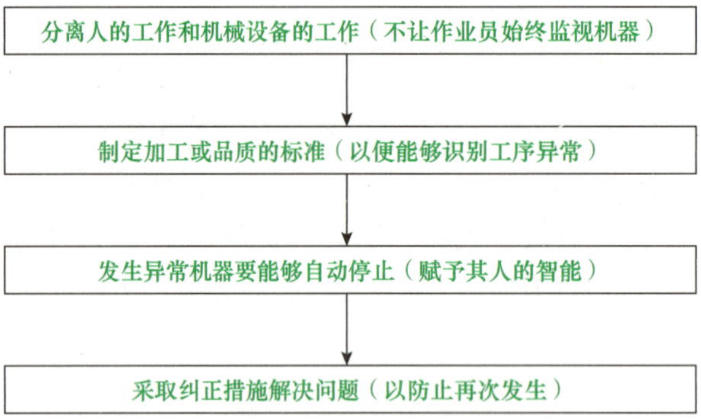

图 9-3　自动化推进方法

【例 9-1】 机械加工和组装生产线的自动化推进方法。

机械加工和组装生产线的自动化推进方法见表 9-2。

表 9-2　机械加工和组装生产线的自动化推进方法

推进方式	生产线	
	机械加工生产线的自动化	组装生产线的自动化
分离人的工作和机械设备的工作	改革前，左手按着工件，右手搬动钻头进行钻孔加工，人和机器被捆绑在一起，人不能离开机器。改革后，如下图所示，左手的动作改由气缸替代，右手的动作改由电动机替代，于是作业人员在按下起动开关后就可以离开机器 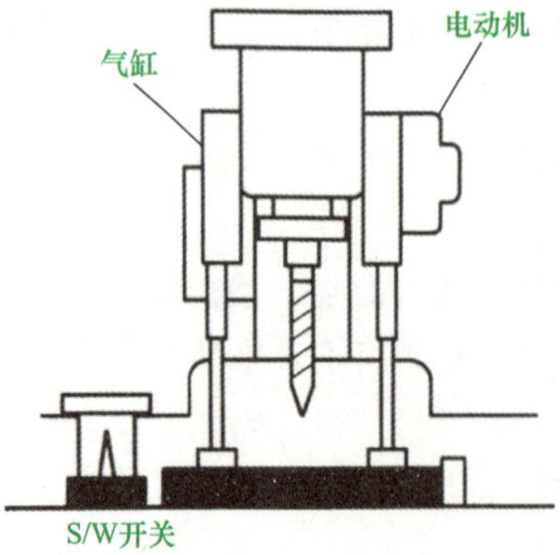	将人从组装作业中分离。如下图所示，家电行业洗衣机组装的第一道工序是在底朝上的洗涤桶上安装电动机后并用 4 根螺栓紧固。该作业需放 1 根螺栓然后用螺钉旋具紧固，这个紧固的动作需要重复 4 次，所以想一次将 4 根螺栓全部紧固。该工序就按以下顺序实施了自动化，将人从组装作业中分离出来：①制作防爆治具。②制作悬挂螺钉旋具的治具。③将螺钉旋具紧固螺钉的作业自动化 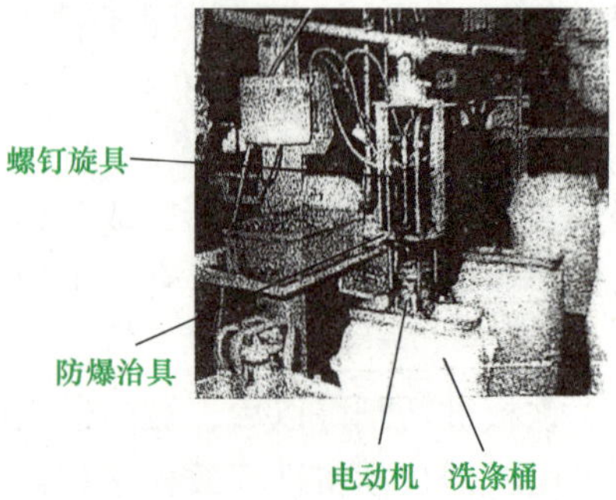

续表

<table>
<tr><th rowspan="2">推进方式</th><th colspan="2">生产线</th></tr>
<tr><th>机械加工生产线的自动化</th><th>组装生产线的自动化</th></tr>
<tr><td>发生异常，机器要能够自动停止，保质保量安全生产</td><td>实施自动化就是在发生异常的时候让机器自动停止并把这种情况通知给人。所以，要将自动化和防错方法合并使用，将防止不合格品流出的机制融入机械设备。①实行门的自动开启和闭合；②将装配工件和按开关以外的作业全部自动化；③具备不合格品不会流出的机制；④不发生安全事故的机制</td><td>采用一种多用于传送带生产线的 AB 两点控制加工件流动的系统的自动化技术，如下图所示，目的是不让后工序等待加工的半成品堆积，通过 A 点（前工序）和 B 点（后工序）是否有工件来控制加工物品流动。该机制和异常发生时停止生产线同时使用，是将物品流动的浊流（批量流动且混杂不合格品）变为清流（全部为合格品而且是一个流动）的基本手段
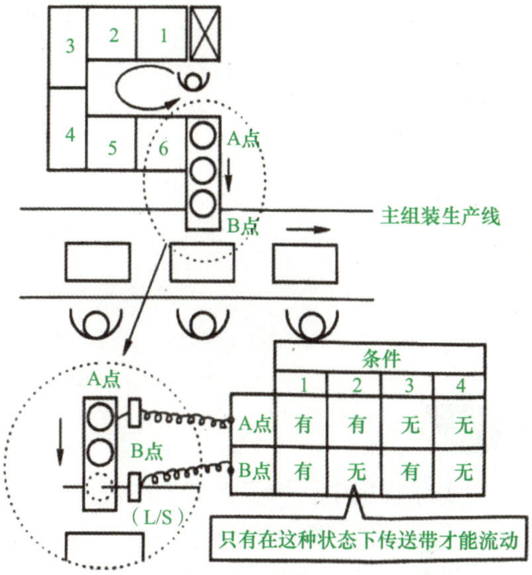
</td></tr>
</table>

【例 9-2】 某工厂的自动化实施步骤和要点。

国内某工厂在生产过程中，以安全自动化为基础，以装配作业为对象，实现工具自动化，并且它还以机械加工工序为对象，实现工序自动化，进而全面实现生产线的自动化。

其主要实施步骤及要点如图 9-4 所示。

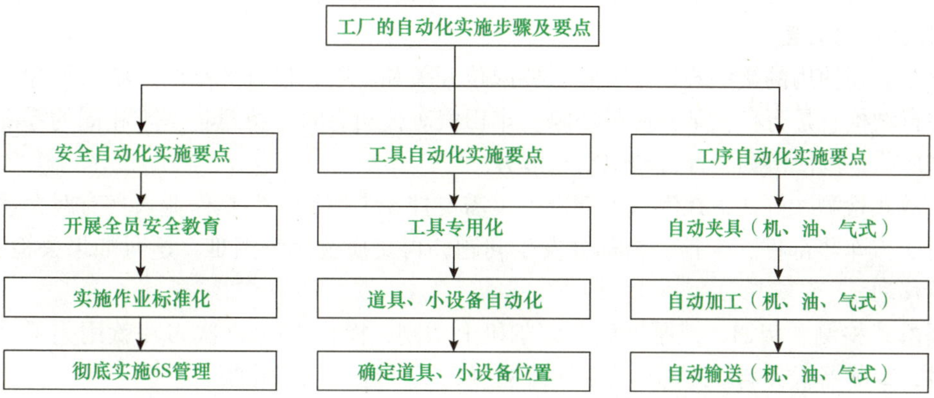

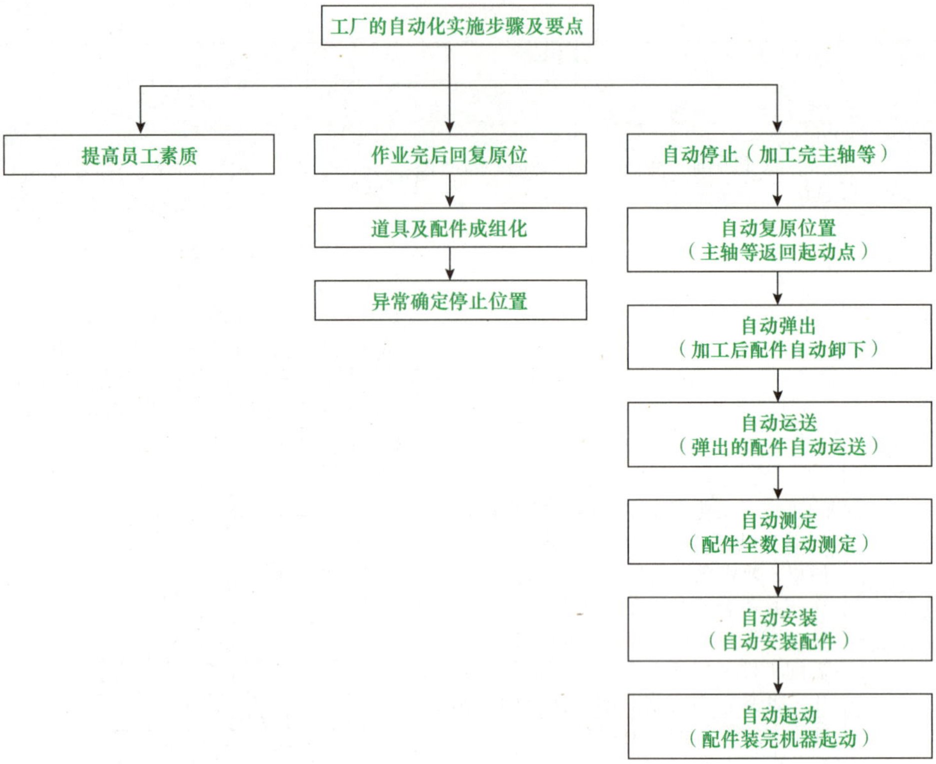

图 9-4　实施步骤及要点

在实际应用中，为了提高生产效率，通过异常管理实现人机分离以保证产品质量。丰田汽车公司的自动化，即“自动化缺陷控制”，是通过三个主要的技术来实现的，这就是异常情况的自动化检测、异常情况下的自动化停机、异常情况下的自动化报警。

（一）异常情况的自动化检测

异常情况的自动化检测技术和手段是丰田汽车公司自动化的首要环节。通过检测装置（或仪器）就能感知和发现被加工的零部件制品本身或制造过程是否有异常情况发生，并把发现的异常情况的信息传递给自动装置，由后者发出各种动作指令。

丰田汽车公司生产现场使用的检测装置主要包括以下两种。

1. 接触式检测装置

丰田汽车公司使用的接触式检测装置主要限位开关和电眼，检查产品的形状、尺寸与正常情况的差异，并自动检查是否存在某种质量缺陷。丰田汽车公司有时会特意将基本相同的零部件设计成不同尺寸和形状，以便检测装置自动识别和区分。

（1）定数式检测。例如，在汽车零部件上，需要拧 5 个螺钉，但是作业人员有时会遗漏，如少拧一个。对于汽车零部件，少拧一个都会发生问题，再交换就比较困难。这时如果去检测控制盘，压板就不能移动。

（2）提醒式检测。例如，把厚纸放在切割机上切割，操作 15 000 次刀片就用完了。当操作到 13 000 次时，蜂鸣器就会响。此时，确认一下更换刀具前还可以切几张。

（3）标准动作异常检测。当规定的作业和动作发生错误时，检测其异常状况。

（4）颜色的反射光线检测。通过各种颜色的反射光线，即识别颜色的检测装置检测异常状况。

2. 记录式检测装置

丰田汽车公司现场使用了记录式检测装置，把作业人员的每一个操作都自动记录下来，如果发生漏操作，记录式检测装置就会自动发出信号，提醒作业人员补上被漏掉的部分。例如，丰田汽车公司的车体焊接工序就使用了这种记录式检测装置。它会自动记录每一台车体的焊点数目，如果所记录的焊点数目与规定的数目不同，检测装置就会自动接通蜂鸣器报警。

（二）异常情况下的自动化停机

除了上述在检测装置发现异常情况时立刻自动发出指令并停线或停机之外，丰田汽车公司还设计采用了另外两种异常情况下停线或停机的方法，即在发生异常时，可以通过接触式自动停机装置停止或人工停止。在设备或生产线上装有自动化装置，生产现场一旦发生异常情况，自动化装置发生动作而自动停止设备或生产线。作业人员也可以在发现异常情况时，人工停止设备和生产线。

1. 接触式自动停机装置

当出现异常情况时，或作业人员出现操作失误时，自动化装置就会自动强行停机。它可以弥补人在判断上的缺陷。例如，丰田汽车公司在装配线上的每两个相邻工位的交界处都设置了停机踏板，当作业人员超出作业区域时，就会在工位交界处接触到停机踏板，这就会使生产线停止运行。又如，装配线上的作业人员可以把自己装配作业所使用的工具挂在头上方的轨道上，如果越过了轨道上标出的作业区域定点，就会接触到轨道上的停机开关，装配线就会停下来。

当然，生产线或机器自动停止运行后，现场的管理人员和维修技术人员就会马上到达出事地点，和作业人员一起迅速查清故障原因，并采取改善措施。

2. 人为停止生产线

丰田汽车车公司在生产现场的每一个作业工位都设置了生产线停止开关。例如，前道工序生产出了不合格制品，或者全部作业不能按照标准作业顺序执行时，作业人员都有权也有责任发出相关信息，并按动生产线停止开关使生产线停止运行。当生产线停止运行后，现场的管理人员和技术人员必须马上查清产生质量缺陷和异常情况的原因，采取改善措施并彻底纠正，使之不再发生。

（三）异常情况下的自动化报警

为了便于现场管理人员用眼睛直观地了解和掌握现场的生产状况，不仅要求自动发现异常和自动停止生产，而且要求把异常的发生以“报警”的方式显示出来，采用以电子信号板显示现场状况的一种视觉信号系统，信号板上有多行对应工位或机器的灯。

1. ANDON 的定义

“ANDON”中文发音是安藤，日语直译为“安灯”。ANDON 对于企业快速实现精益很有帮助，可以使得企业能够迅速发现问题，从而建立健康的生产流程。

2. ANDON 系统及其形式

ANDON 系统是一种可视化管理工具，是通知出现异常和问题的一种工具。ANDON 系统大致可以分为四类：请求零部件的传呼 ANDON、通知装配异常的异常 ANDON、显示机器设备运转的运转 ANDON 和确认作业进度的进度 ANDON。

（1）传呼 ANDON。作业人员常常在零部件快用完之前按开关点亮传呼 ANDON，通知相关人员，使其前往该工序补充所请求的零部件，然后该工作人员熄灭该 ANDON。

（2）异常 ANDON。它主要用在组装生产线，依据生产线的长短制作不同的 ANDON。短的生产线与飞机上传呼空乘人员的方式是相同的。

从简单的信号指示灯到复杂的控制板，ANDON 有多种不同的形式。这些形式有个共同点，就是都能够及时地、真实地反映情况。其中，最常用的是异常指示 ANDON 灯。指示灯的含义如图 9–5 所示。

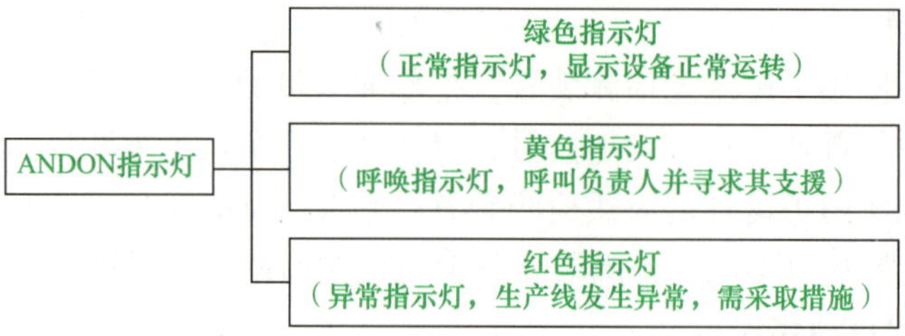

图 9-5　指示灯的含义

在图 9-5 中，指示灯分为三种状态：黄灯、红灯为异常指示灯，分别表示不同性质的问题。操作人员受过培训，知道如何区分它们。

1）黄灯。表示有问题，需要管理者在方便的时候尽快处理。如黄灯闪烁，表示有紧急问题，需要管理者立即处理，并在规定的时间内处理完毕，否则红灯会亮。

2）红灯。表示有严重问题，操作人员为防止后果产生，需要把整个生产线上自己所在的这个区段停止。

3）灯灭。平时运作正常的时候，人员不按开关，则灯处于熄灭状态。

（3）运转 ANDON。如图 9-6 所示，运转 ANDON 显示的是机器设备运转的状况。一旦停止，表明原因的那个 ANDON 就会点亮，正常情况下 ANDON 是绿色的，黄色 ANDON 点亮时是传呼，其他情况下红色 ANDON 点亮。

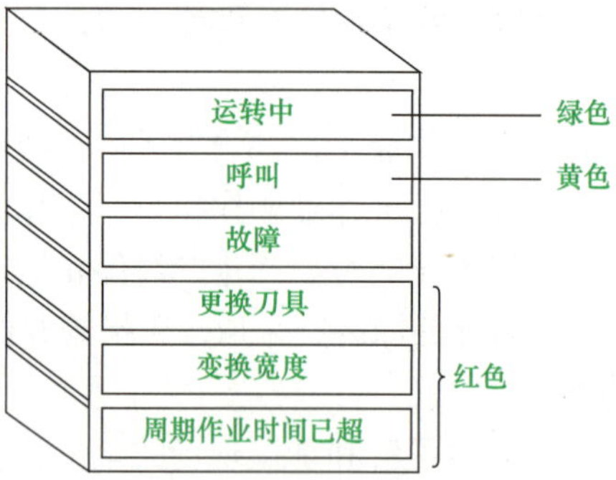

图 9-6　运转 ANDON

（4）进度 ANDON。进度 ANDON 主要用于生产节拍较长的装配生产线。通过进度 ANDON，作业人员可以知道自己的进度如何，作业有没有迟缓等。该 ANDON 通常被均匀地分为十等份。作业区间和 ANDON 的等份相对应。采用传送带的装配生产线使用限位开关，如果是手工传递的生产线则使用计时器。

3. ANDON 系统的主要功能

ANDON 系统的主要功能见表 9-3。

表 9-3　ANDON 系统的主要功能

类别	项目	主要功能
设备管理方面	设备运行管理	显示设备故障、运行状态及维护信息
	设备呼叫	当设备故障时，通过广播进行呼叫
	维修呼叫管理	通过维修 ANDON 看板，显示维修信息

续表

类别	项目	主要功能
生产和统计方面	生产运行信息	生产线开线、停线、休息等各种生产运行信息的处理
	ANDON 上位管理	对 ANDON 系统的各种事件进行统计分析处理
	工位作业管理	工位呼叫，集中事件呼叫
质量管理方面	质量呼叫	通过广播，呼叫质量信息
	质量异常管理	当质量出现异常时，通过广播进行呼叫
物料管理方面	物料呼叫	通过物料显示屏，显示物料呼叫信息
现场信息管理	公共信息管理	通过信息显示屏，显示各种公共信息
	广播系统	可通过无线传声器进行人工呼叫和音乐播放
	语音呼叫	通过广播系统，进行 ANDON 信息呼叫
	信息可视管理	通过 ANDON 看板，显示呼叫信息、故障信息、停线信息

4. ANDON 系统的构成

ANDON 系统由触发器和信号灯构成。触发器分为两种，一种是按钮，另一种是绳子，如图 9-7 所示。异常发生时，按下按钮或者拉下绳子。

图 9-7　两种触发器

5. ANDON 系统的工作流程和运作方法

（1）ANDON 系统的工作流程。

1）当传感器探测到机器出现故障时，就会自动启动相应的灯；或是当操作者发现机器故障，发现与生产、质量有关的问题时，需要帮助就可以拉下吊绳或用遥控器激活 ANDON 系统，通过操作工位信号灯、ANDON 看板、广播将信息发布出去，提醒所有人注意。

2）班组长立即与操作者一同确定问题。如果班组长可以解决问题，重新拉下吊绳，系统便会恢复正常。如果有不能确定的问题必须向其他部门求助解决，班组长可以通过设置在区域集中呼叫台进行呼叫，也可再通过 ANDON 看板、广播将信息发布出去，呼叫现场负责人迅速给出反应，借此协调联系各工作中心的工作。

（2）ANDON 系统的运作方法。ANDON 系统能够收集生产线上有关设备、生产及管理的多方面信息，并以此来控制分布在整个车间的指示灯和声音报警系统。一旦出现问题，可通过每个工位的控制开关及时反映到主机，通知其他部门解决，并可由计算机记录、分析问题频率。

较长生产线的 ANDON 系统，如果生产线情况不正常时，标记该条生产线线名的灯亮绿色。如果有某种异常产生，作业人员就按下开关，工位号就亮黄色。如果是能够定位停止的自动生产线，异常还没有解决就移动到了固定停止位置，这时指示灯就是红色，如图 9-8 所示。

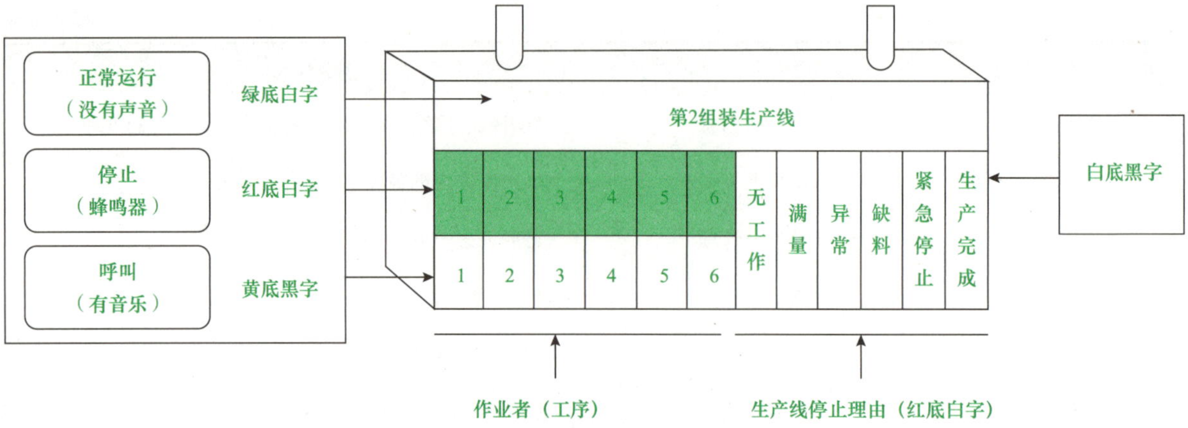

图 9-8　较长生产线的 ANDON 系统的应用

【例 9-3】 丰田汽车公司 ANDON 系统的应用。

在丰田汽车公司的各制造工厂里，生产现场每条装配线上和每条机加工生产线上都安装了包括呼叫灯和指示灯在内的“灯光显示牌”，现已成为汽车完整装配线和生产线中不可缺少的一部分。例如，汽车总装厂的冲压、焊接、总装车间的各条生产线，发动机厂机加工车间气缸体、气缸盖、曲轴、连杆、凸轮轴生产线，装配车间的分装线、总装线及试验生产线，等等。

丰田汽车公司现场与作业工具相连的是不同颜色的指示灯（自上至下依次为蓝色、绿色和红色），这样的灯光显示牌会使生产现场的情况一目了然，使现场的每个人能够对生产现场的整体情况心中有数。如图 9-9 所示，26 号位设备出现异常，黄灯亮起，同时车间广播通知组长到位处理问题，恢复正常 26 号灯熄灭。

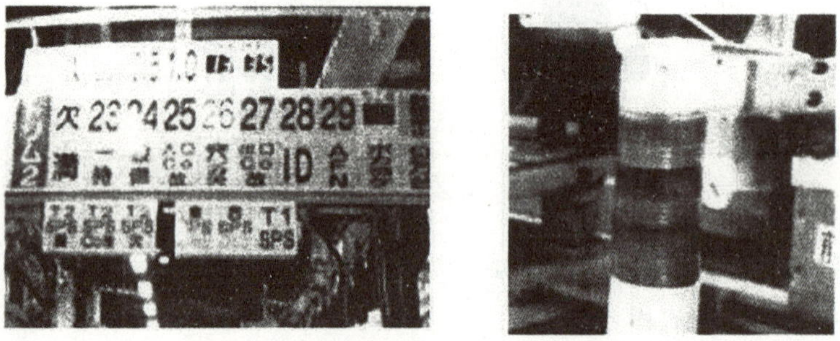

图 9-9　26 号设备出现异常，黄灯亮起

丰田汽车公司使用信号灯控制生产节拍。例如，生产节拍为 3 min，在信号灯看板，绿灯处于常亮状态。每隔 3 min，工作单元就应该生产出一个产品，这时单元的负责人就可以按一下 ANDON 按钮，如果 3 min 内没有生产出产品，单元的负责人不可以按 ANDON 按钮，那么在“信号灯看板”上，红色信号灯就会亮起，并且发出声音。

在考虑报警装置时，要设计生产线异常情况处理流程。丰田汽车公司在每条生产线上都装有包括呼叫灯和指示灯的电子显示板，如汽车总装的 ANDON 系统（见图 9-10）。呼叫灯是在异常情况发生时，作业人员呼叫现场管理人员和维修人员而使用的，一般来说，呼叫灯配有不同的颜色，某种颜色表示某种求助。指示灯是用来指示哪个工位已发生异常或呼叫。各种工序用一条尼龙绳顺着生产线连接直通电子显示板，哪道工序有问题就马上拉绳，此时电子板上的红灯就被点亮，明确显示发出求助呼叫的工位。每当生产线停止运行，或有求助呼叫时，现场的管理人员和维修人员就会在信号的引导下，到达异常（或呼叫）工位。

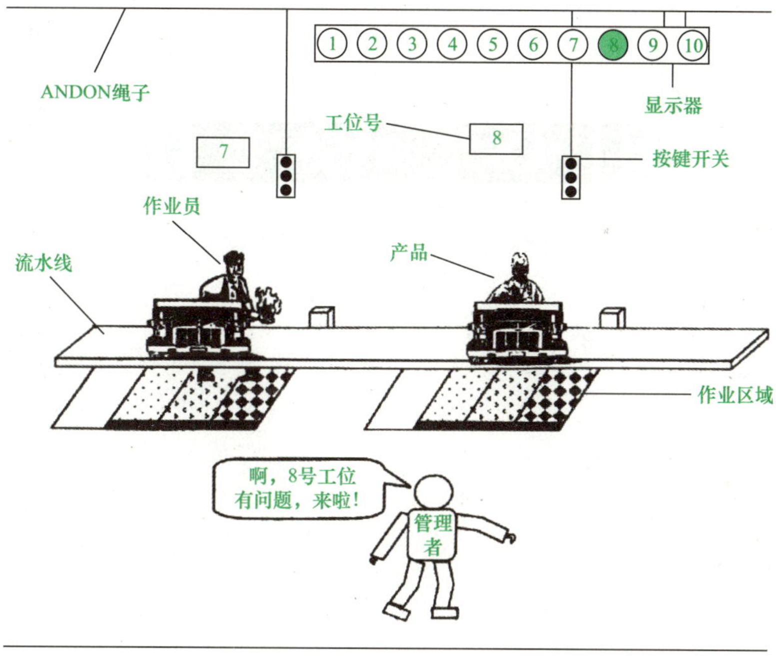

图 9-10　汽车总装的 ANDON 系统

【例 9-4】 自动化 ANDON 系统的应用。

如图 9-11 所示，通常加工完成后机器就会安全地停止，如果品质或设备出现异常时机器也能够自动感知，随即能够自动停止。这时如使用 ANDON 系统通知，作业人员就可以安心地监管其他机器的工作。作业人员只要在 ANDON 传呼的时候赶到机器旁边进行处理，就能够预防不合格品的发生，即使产生了不合格品也能将产生的不合格品控制在最低限度，不让不合格品流到下一道工序，这样流动到后工序的就全都是合格品。

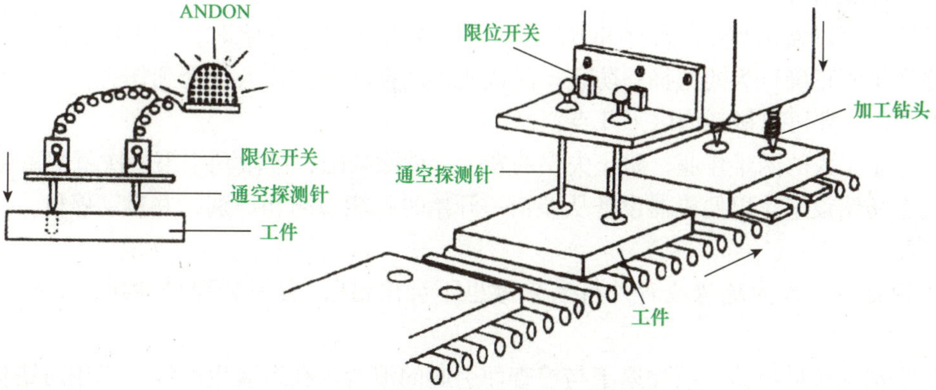

图 9-11　自动化 ANDON 系统的应用

任务小结

通过本任务的学习，了解到“自动化”是给机器赋予人工智能的自动控制，使之能够自律地控制各种异常情况。操作员不必持续不断地查看机器，因此可以同时操作多台机器，实现了通常所说的“多任务操作”，从而大大地提高了生产率。

任务二 防 错 法

知识目标

◎理解防错法的作用和应用要点；
◎掌握防错装置与防错方法。

技能目标

◎掌握防错法的应用；
◎能利用防错法进行装置的改善。

知识解读

防错法的日语为 Poka-Yoke，又称为愚巧法、防呆法，是由新乡重夫利用被称作 Poka-Yoke 的设备创立的一套质量管理方法。防错法能够防止人为错误导致的不良发生、流出，防止设备破损以及故障发生。防错法是一种在作业过程中采用自动作用、报警、标识、分类等手段，使作业人员不特别注意也不会失误的方法。

（一）防错法的作用

通过防错，可以强化操作的程序和顺序。当错误发生或产生缺陷时，它可以通过发信号或停止过程，消除产生不正确行为的选择；防止产品或机器的损坏；防止人员受到伤害；消除不经意的错误。防错的作用主要可以概括为以下几点：

（1）消除了工人的困难作业，防止失误的发生，消除缺陷，可做到“第一次就把事情做好”。

（2）结合防错设施，以便机器设备从差错一开始时就能检测和识别，并自动停机，防止次品流入下一道工序。

（3）可以保证“人为疏忽或者外行人来做也不会出错”，实现制程自动化，提高效率与产品质量。

（4）逐步消除质量检验，消除返工与检查而引起的浪费。在组装生产线，运用防错程序以便于纠错行动在差错刚产生时就能进行，减少物料浪费和停机时间。

（5）尊重工人的智能，取代依靠人的记忆、经验的重复工作或行为，使操作人员可以从事更具有创造性和附加价值的活动。

（6）能够防止操作员因失误或其他而引起损伤和安全事故，消除作业危险，为有效、有序地生产提供安全保障。

（二）防错法的应用范围和应用要点

1. 防错法的应用范围

在现代企业的生产活动中，防错法的应用非常广泛，其在品质改善及管理过程中主要应用于以下八个方面：

（1）疏忽或遗忘。

（2）对过程或作业不熟悉。由于不熟悉作业过程或步骤，员工作业产生失误的情况在所难免，如让一个刚刚经过培训的新手开始一道其不熟悉的工序。

（3）识别错误。识别错误就是对工作指令、程序判断或理解有错误。

（4）缺乏工作经验。由于缺乏工作经验，员工很容易产生失误，如让一个从未在企业中工作过的人进行制造过程管理，就比较容易产生错误。

（5）故意失误。操作者的故意行为导致的失误。

（6）行动迟缓。操作者判断或决策能力过慢导致的失误。

（7）缺乏适当的作业指导。由于缺乏作业指导或作业指导不当，发生失误的概率相当高。

（8）突发事件。突发事件导致操作者措手不及，从而引起失误。

2. 防错法的应用要点

防错法能够简化操作，降低操作者的劳动强度，提高效率，但在应用防错法时，要注意三大要点。

1）树立正确的防错防呆观念。企业在防错防呆技术正式投入使用前，要对相关人员进行防错防呆培训和教育，使其形成正确的防错防呆观念，以便更好地落实防错防呆技术。正确的防错防呆观念主要有以下几个方面：

（1）操作者的自检和操作者之间的互检是最基础、最原始的，也是最有效的防错防呆技术之一。

（2）防错防呆装置不需要企业投入大量资源、资金或很高的技术水平。

（3）任何作业或交易过程都可以通过在预选设计时加入防错防呆技术而防止人为差错。

（4）通过持续过程改善和防错防呆技术，可以实现产品“零缺陷”。

（5）要在所有可能产生问题的地方考虑使用防错防呆方法。

（6）防错防呆应立足于预防，在设计开始就考虑各过程操作时的防错防呆方法。

2）正确地安装防错防呆工具。在设备上安装防错防呆工具时，防错防呆工具一定要适合原设备的各项功能，以免防错防呆工具在使用时造成作业上的障碍或者危险。

3）正确地使用防错防呆工具。在使用防错防呆工具时，企业要对其操作者进行相关培训，使他们掌握防错防呆工具的操作方法，以免发生危险，进而发挥防错防呆技术的最大功效。

（一）防错的方法

为了保证100%的合格品，必须花时间去识别错误何时和为何发生，这时防错就是最有效的手段。防错的对象是人和设备。防错的手段要在设计、生产技术、硬件和软件、员工自制等方面予以考虑，并在设置防错装置的时候要充分进行检讨，设置后还需进行必要的维护和跟踪，以实现几乎所有的错误都可以避免。具体防错的方法见表9-4。

表9-4 具体防错的方法

防错方法	内容	实例
保险防错法	需要两个或以上的动作共同或依序执行才能完成工作，以避免错误的发生	台式冲压机为预防操作人员不小心被夹伤手，采用双联串联式按钮，只有两个按钮同时按下，冲压机才会工作

续表

防错方法	内容	实例
自动化防错法	以各种光学、电学、力学、机构学、化学等原理来限制某些动作的执行或不执行，以避免错误发生	限位开关和电眼分别探测横向和前后的位置。如果产品没被放置在正确的位置，限位器就动作，托盘向升降机方向的移动停止，蜂鸣器就发出“呜呜”的声音，催促作业员注意
顺序防错法	为了避免工作顺序或流程前后倒置，可依编号顺序排列，从而减少或避免错误的发生	在组装形状相似的零件时，有时会出现顺序错乱的情况，这时用光电感应器与零件配套供料，并确认配件按顺序排列后组装，确保遗漏为零
警告防错法	当有不正常的现象发生时，能以声光或其他方式显示出各种“警告”的信号，以避免错误的发生	安全带没系好，警告灯就亮了，或在组装过程中遗忘了某些部件，警告灯提醒
隔离防错法	依靠分隔不同区域的方式保护某些地区，使其不能造成危险或发生错误	独立设立危险品仓库；电动圆锯配有一个保护用手套，以防止锯到手
层别防错法	为避免将不同的工作做错，可采取将不同工作区别出来的方法	颜色在视觉识别中最为明显。人类对颜色的共同认识是以绿色表示“安全”或“良好”,以黄色表示“警示、注意”,以红色表示“危险”或“不合格品”
尺寸防错法	对长、宽、高、厚度、直径等的尺寸标准差异的判断和不良检测	在产品加工时出现尺寸不良，设置了导向套滑道让零件全部流过。设置防呆和防错板，使尺寸不良（直径大或小）的产品全部不能通过防呆和防错板
重量防错法	设定产品的重量基准，不符合重量基准的为不合格品	在秤上设置区域传感器,秤的刻度“OK”（开区域）、“NO”（关区域）都用颜色目视化出来
止动桥防错法	用一根木条状物品横跨在流水线的适当位置，形成一个“桥”，当有产品流下来时可以挡住它，该工位只能由人工拿起产品，完成作业后才能再流下去	通常适用于细小产品的流水线作业，尤其是那些不能明显区别操作结果的工位。例如，电子电器产品生产的调试、目检等工位，防止人员因忙乱、疏忽、失误等情况而遗漏作业
联合动作防错法	通过联合动作的防错设计来解决操作者作业和设备作业联合动作中由于作业步骤不能顺利完成而造成停机的问题	在焊接工序中同时进行的有焊接、拧紧复合作业，有时会忘掉某一个工序。采用在夹具固定好后时间继电器启动，作业时间内没有上完螺母，信号灯响，同时焊机的联锁装置自动停止焊接
放大字体标识防错法	有些比较细小部件的标识文字非常不易看清楚，常常发生错用	电子厂作业中的集成电路 (IC)、三极管 (TR)、微件 (CHIP) 等，这些元件上的印字又小又暗，看时十分费力，可在工位上设置一块放大字迹的牌子，并备有放大镜以随时确认
放置体位防错法	利用产品不同的放置体位（包括方向）来表示某种状态，以便于人员在操作时能够区别，防止遗漏或拿错	调试作业过程中,调试作业前后产品不同的放置体位（方向）
危险地带标志防错法	危险地带泛指现场的那些存在安全隐患或容易导致员工受到伤害的地方，必须设置地沟标志，其方法为画出警戒线、加装防护栏杆、沟盖等	主要适合于厂区内的各种地沟、井、坑等，如某客户视察工厂时绊倒在地沟中。为了防止这些意外事件出现，工厂需要对地沟做出标识，设立地沟标志
操作细节防错法	在流水线作业中，一个产品在多个工序生产中有可能损伤其外观部分，导致产生不合格品，可做一个像治具一样质地坚韧轻薄的防护套，以便组装产品时防护金属部件	可在作业过程中从始至终用薄膜覆盖显示器，以免划伤显示器；用粘贴皱纹胶纸的方法把产品易损伤的边、角、尖等突出部位保护起来，以免使显眼处产生划痕，弄脏镜片等

实施防错方法的八大基本步骤如图 9-12 所示。

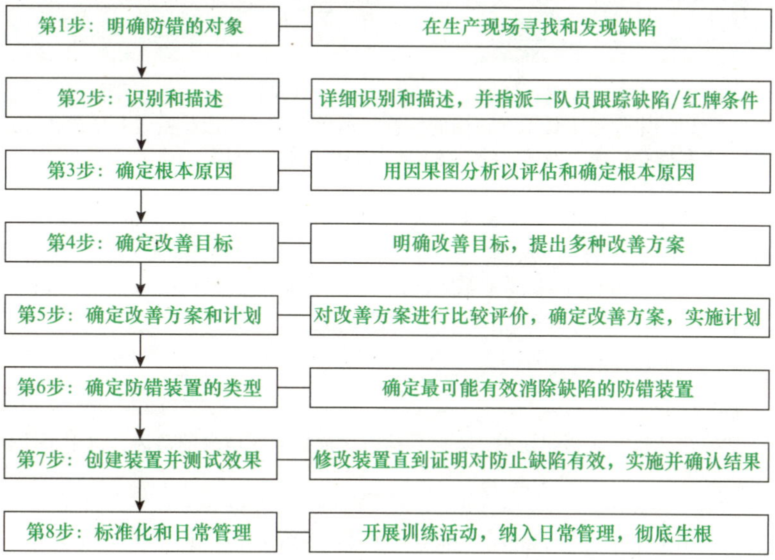

图 9-12 实施防错方法的八大基本步骤

（二）防错装置

防错装置的基本思考方法大致可以分为三类：停止（异常 / 不合格品）、限制（失误发生 / 限制流出）、警报（预告 / 发生）。其涉及消除发生的原因、不产生失误、检出和防止不合格品的流出、预防管理。

防错装置的分类如下：

（1）通过零部件形状、颜色和标签、产品和材料储存场所来进行识别。

（2）通过微型开关、限制开关、计数器等来进行报警。

（3）通过治具的针、限位器、形状等来检出。

（4）通过连动开关来检出并向后工序传递信号。

（5）通过产品特征自动检出。

除了从源头上预防外，发现失误对防错来说同样十分重要。以下为几种常见的检测项目及检测装置：

（1）压力：压敏开关、压力仪表等。

（2）温度：温度计、热电偶、温控开关、热敏电阻等。

（3）电流：电流表、断路器、继电器等。

（4）振动：振动传感器。

（5）循环：计数器、传感器等。

（6）时间：延时继电器、延时开关等。

（7）信息：蜂鸣器、指示灯、闪光灯。

在产品的制造过程中，设备上的自动化防错装置技术及应用见表 9-5。

表 9-5 自动化防错装置及应用

技术类型	应用方法
传感器感应检测	传感器将感应到的不同产品型号外形变化的信息反馈给后面的加工工序，使后面的工序调用对应的加工程序，实施相应的加工内容，如位置传感器、位移传感器等

续表

技术类型	应用方法
微型开关和限位开关	检测工件、模具或工具是否就位。这种便宜又稳定的传感器得到了广泛的应用。限位开关可以用来保证工件不在正确的位置时不运作或工件形状错误时使操作停止，特别对于消除夹点和因受到撞击而导致的设备及产品的损伤非常有用
差动变压器	依靠与工件的接触角度来获取磁场的变化，使错误操作停止
接触开关	当光线照射到天线节时被激活，可以检测物体是否存在及其尺寸、损伤等
导向挡块、导向（基准、阻塞）棒或销	区分零件的输送导向
光电器件	广泛作为光幕靶使用，以确保运行之前机器区域内的整洁，也用于计算动作、落料和工件尺寸
金属通过探测器	用来计算安装的螺钉数，校验一个零件是否从冲压机上移走，确定安全升降机是否关闭
温度计和热电偶	用来测定模具、电动机和固化炉的温度变化
压力计	检测管道内液体淤塞和发动机过压
电流波动	广泛用于点焊，以检查二次电流对焊缝完整性的影响
光栅防错	通过光栅的检测控制，实现工件是否摆放到位的防错
夹具防错	检测装配零件在夹具上的摆放是否到位来防错
颤动功能	通过颤动机的颤动，将零件输送至判别零件的方向正确与否处。只有当零件处于正确的位置方向时，才能进入送料轨道；位置方向错误的零件则掉入零件料箱里，从而达到预防零件的进给方向错误，避免工件报废的目的
关键条件测定法	对于关键制造条件，如压力、电流、温度、时间，若测定值不在范围内，工作不能继续
铰链杠杆滚轮式	适用于高速凸轮和棘轮，需要外力推动针推按钮，大冲程
滑道滚轮推式按钮	适合直线外冲程操作，适时探测，精度高，但作业后移动量小，需可靠性高的制动器
互锁顺序	保证在前一个操作顺利完成后，下一个操作才能开始
预警与中断	在危险设备入口处安装感应装置，当设备感应到有手等异物时，停止冲压等操作
产品安装中断	在治具上安装感应装置，当感应到产品未正常安装时，不进行下一步冲压工序，减少不合格品产生
防呆型工件夹紧装置	保证工作的一部分只能被固定在一个位置
限位机械装置	用来保证工具不能超过某一位置或数量

通过以上自动化装置在生产线上的运用，更加有效地完成防患于未然的自动化操作，即使在没有人的情况下，如果即将产生不合格品，机械设备也能够自动更正或停止作业。

【例 9-5】 防错法典型改善案例（见表 9-6）。

表 9-6　钻孔防错改善前后的比较

案例	改善前	改善后
1．过程遗漏 主题：预防钻床钻孔数量差错 原因：漏掉加工工序 问题点：钻孔经常产生多钻或漏钻	作业者负责确保钻孔数量的准确，但有时作业者忘记钻孔时确保正确的孔数 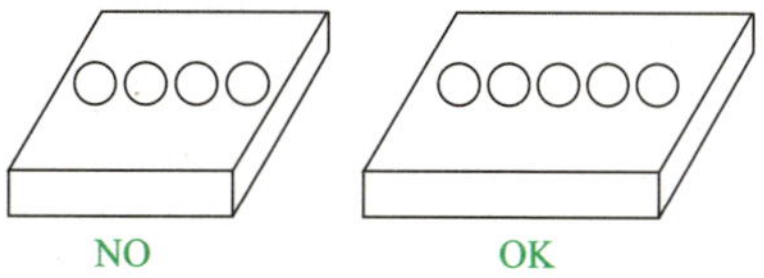	在钻床上装两个限位开关，一个限位开关装在钻床上，用于计算已钻孔的数量；另一个限位开关装在工作平台上，用于感知工件有无。若数量不对或位置不对时，蜂鸣器自动发出警报声 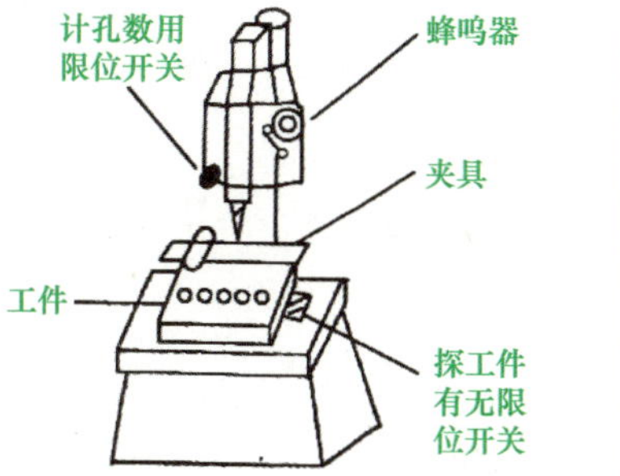
2．加工错误 主题：预防钻孔不合格 原因：加工差错 问题点：在钻孔过程中经常发现，孔没有完全钻穿，钻头即抽出	工作程序要求钻头要完全钻穿工件后再提起。有时钻头未到要求的深度即提起，出现不合格孔。这完全靠操作者的技能和直觉，至于是否能在后续装配中发现不合格孔是无法确保的事情 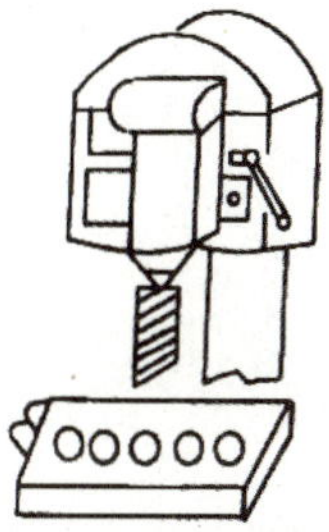	安装两个限位开关，如果开关 S1 在开关 S2 没有断开前先断开，就会出现钻孔不合格，蜂鸣器会发声，提醒作业者 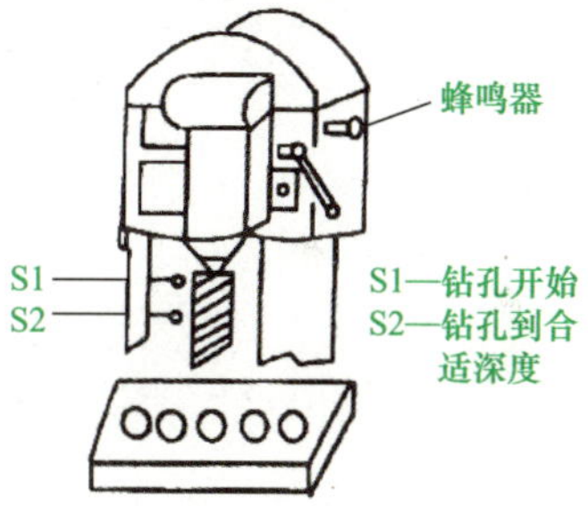

任务小结

防错的对象是人和设备。防错的手段要在设计、生产技术、硬件和软件、员工自制等方面予以考虑。通过防错，可以强化操作的程序和顺序。具体防错的方法有：保险防错法、自动化防错法、顺序防错法、警告防错法、隔离防错法、层别防错法、尺寸防错法、重量防错法、止动桥防错法、联合动作防错法、放大字体标识防错法、放置体位防错法、危险地带标志防错法、操作细节防错法等。

思考练习

1. 简述自动化的概念?
2. 实施自动化的步骤有哪些?
3. 防错的方法有哪些?
4. 防错的作业是什么?

项目十

流程化生产

项目导读

流程化生产改变了按照各个流程（工序）单位进行生产的传统思维，把生产流程看作“河流”，以流水线来生产产品的生产方式。流程化生产可以消除各道工序内部、各道工序之间的物资的停滞，实现一个流生产。通过本项目的学习，使学生认识到流程化生产是一种先进的生产方式，是企业高质量发展的基础，从而更好地理解高质量发展是全面建设社会主义现代化国家的首要任务，培养精益求精的大国工匠精神，让我国从制造大国向制造强国不断迈进。

案例导入

南方某机电制造有限公司附属于南方航空动力机械公司，在机电产品开发和生产制造方面具有较好的基础，公司主要从事国外机电产品“三来一补”转包生产，以外向型生产为主，生产模式主要依据客户订单要求进行组织。

精益生产是以客户订单作为生产驱动，产品系列化，如刷杆支架、顶杆支架、摇轴、转轴等，同类产品结构极其相似，生产组织过程具有多品种、小批量的生产特点。以刷杆支架为例，年订货量为 2 800 件，要求每月交付 150 件。可是，按照公司现有生产能力根本无法满足需求。一方面，因为生产管理模式粗放，生产组织流程不尽合理，其生产效率低、周期长、不能按期交货等错误十分突出，企业每月有 30% ~ 50% 的订单不能按时出货；另一方面，工人持久加班，生产能力严重不足，使企业无法快速响应市场、满足客户需求。

1. 企业存在的问题及原因剖析

（1）每月批量投放不合理：在制品占用时间长，生产周期长，缺乏敏捷的管理能力，市场响应能力差。

（2）设备布局、人员安排不合理：工序设备及人员安排不尽合理，经常出现多处设备闲置及人员空闲，造成生产能力的浪费。

（3）缺乏好的市场预测机制：经常引起整体生产过程的混乱，不能按时交货的情形经常发生。

（4）生产现场管理混乱：没有按 5S 管理要求进行现场改善，造成效率低下，产品成本高，质量不稳定，导致零件返修甚至报废时有发生。

2. 按照精益生产管理模式优化方案

经过剖析，发现企业生产流程中存在的问题，可以分为机械加工的工艺技术问题和企业生产现场问题两大类。结合精益生产管理和企业未来成长趋势，对企业原有生产组织及管理流程进行优化，达到消除浪费、提高效率、降低成本的目的。具体优化包括以下几个方面：

（1）调整月批次投入量：精益生产着眼于整个生产流程，追求工序间在制品、半制品的零库存。改变原来单批次生产数量过多，造成单批次流转周期过长，经常出现设备、人员停工待料的情形。调整单批次数量，增加每月投入批次，以顺应各加工环节的频次，较好地调节了生产现场在制品的合理流转，保证了生产流程的持续性。

（2）成立完整的生产线：按照精益生产的要求及各加工设备工序能力的分析，调整设备，增添一台立式加工中心，并将两台铣床和一台钻床调整他用。按所加工零件“刷杆支架”的工艺流程，组成较敏捷的生产线，布局必需的加工设备和工人，并按照生产周期需要及设备加工能力合理安排人员班次。经调整后，设备加工能力获得显著提升，各生产单元更为紧凑，减少了零件的流转时间和设备空置时间。

（3）改良优化加工工艺：精益生产要求人员按规定工艺工作，按节奏进行生产。按照精益生产管理、现代加工技术及工艺管理模式对零件“刷杆支架”的加工工艺进行合并调整，采用加工中心进行加工，仅此一项，不仅节约了加工费用，还缩短了加工时间，保证了质量，提高了产品的合格率。

3. 采用“看板管理”

按照精益生产的“看板管理”，通过更好地传送生产以及输送的工作指令，防止过量生产和过量输送，进行“目视化管理”并能实时改善现场存在的问题，不断提高产品质量，降低生产成本。

通过对企业的生产流程进行重新设计后，使企业逐步实现从传统批量生产到精益生产的改变，成立了一套较完整的现代加工技术及工艺管理系统；对企业原有传统的生产组织及管理流程进行优化，使企业的生产效率提高 50% 以上，极大地增强了企业的市场竞争力。

任务一　认识流程化生产

知识目标

◎掌握流程化生产的概念；
◎掌握生产流程的构成。

技能目标

◎能对生产过程中引起浪费的原因进行分析；
◎能进行生产流程的优化。

知识解读

精益生产方式的核心思想之一就是要尽量使工序间在制品数量接近甚至等于零，也就是说，前工序加工一结束就立即转到下一个工序进行加工，建立一种无间断的流程，此种流程化生产是实现精益生产的一个基本原则。

根据产品的类别将机器设备依工序加工顺序依次排列，即按产品原则进行布置，每个工序被紧密地衔接在一起，可以形成一个不间断的流程，这就是流程化生产。

流程化生产强调生产应该是一个迅速流动的过程，当客户下订单时，便会指示流程取得完成客户订单所需要的原材料，而且只提供这个订单所需要的原材料。接着，这些原材料将立即被输送到工厂，在工厂内物料无间断地流经各个工序，期间的等候时间减至最少，流程距离最短，迅速而顺畅的流程能减少总生产时间。流程化生产使得零部件的运动就像是水流过一根管子一样顺畅而无间隔。流程化生产要改变按工序单位进行生产的传统思想，采用流水线方式来生产产品，把生产流程看作“河流”，消除各道工序内部、各道工序之间的物料停滞，改善混乱的流程。为了做到流程化生产，应尽量缩小产品加工批量，使所有相关流程彼此更靠近，使材料和信息在各流程之间的传送更加顺畅。理想的状态是加工一件，移动一件，即一个流生产。

流程化生产包括整流化和一个流，整流化是指这种工艺方案生产过程十分明确，制造零件按顺序不停顿流动，当有不良品时，也能知道是何时、何地、为什么发生的。与整流化相对的是乱流，它是指这种生产线在零部件制造过程中有停顿，制造顺序容易搞乱，不良品的原因难以追究，只好通过统计方法来分析。这种“不唯一”的流动方式称为“乱流方式”。工序越多，乱流的程度也越高。一旦有不合格品发生时，难以进行追溯是哪台设备或哪个员工制造的。

（一）在制品多

因工序（如冲压、注塑等）需要有换模辅助时间，批量生产可以使分摊到每一件产品的辅助时间比较少，因此在大量制造一种产品时生产效率很高，但在制造不同的混合产品时会产生大量在制品或库存。

（二）生产周期长

生产周期就是产品从开始生产到完成加工的时间。由于在大批量生产中按批量组织生产，即一批中第一个生产出来的产品，要待整个批量产品加工完成后，才能流到下道工序进行加工，从而导致生产周期长。生产周期长除了直接影响交货期，不能及时对市场需求做出反应外，还会引起其他形式的浪费，如在制品增多、等待的浪费、搬运的浪费等。

（三）质量问题多

在大批量生产方式中，尤其是机械加工行业，设备多采取机群式布置，即依设备的功能集中布置在一起。由于批量生产是以一个批量为单位，由前一工序流向下一工序，只要下一工序某台设备有空，就可安排生产，因此每一批产品都有可能在每一台机器进行加工，造成物流路线不唯一，如图 10-1 所示。这种流动方式称为“乱流方式”，工序越多，乱流的程度也越高。一旦有不良品发生时，难以追溯。

（四）搬运多

在传统的机械加工行业中，机器设备多采用机群式布置方式，为了完成产品的加工，需要对生产过程中的半成品在各工序之间进行搬运，这就是工序间搬运的浪费，如图 10-2 所示。与此同时，物流、信息流也产生了断点。为了减少这种浪费，工厂普遍采取集中生产、集中搬运的方法来减少搬运的次数，不仅产品的加工周期变长，在制品的数量和生产所需的空间也增大了。

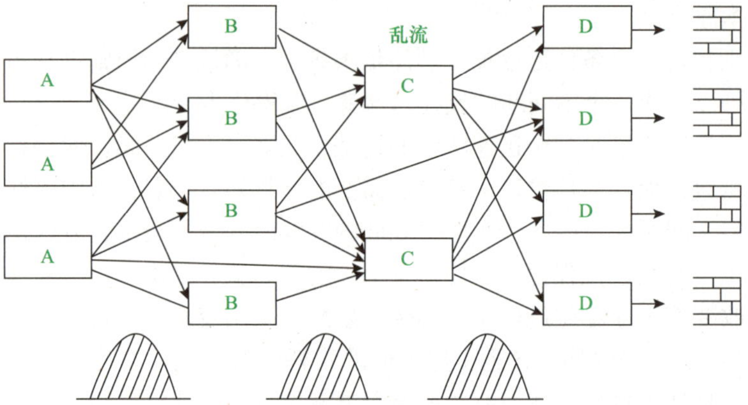

图 10-1　乱流方式

图 10-2　工序间搬运的浪费

上述种种浪费，追本溯源，都是因为采用机群式的生产方式。而精益生产方式则大为不同，它根据产品的类别将机器设备依工序加工顺序依次排列，即按产品原则进行布置，每个工序被紧密地衔接在一起，可以形成一个不间断的流程，也就是流程化生产。

流程化生产强调生产应该是一个迅速流动的过程，当客户下订单时，便会指示流程取得完成客户订单所需要的原材料，而且只提供这个订单所需要的原材料。接着，这些原材料将立即被输送到工厂，在工厂内物料无间断地流经每个工序，其间的等候时间减至最少，流程距离最短，迅速而顺畅的流程能减少总生产时间。流程化生产使得零部件的运动就像水流过一根管子一样顺畅而无间断。

总之，流程化生产要改变按工序单位进行生产的传统思维，采用流水线方式来生产产品，把生产流程看作“河流”，消除各道工序内部、各道工序之间的物料停滞，改善混乱的流程，从而毫无阻碍地进行流动生产。

因此，为了做到流程化生产，应尽量缩小产品加工批量，使所有相关流程彼此更靠近，使材料和信息在各流程之间的输送更加顺畅。理想的状态是加工一件，移动一件，即一个流生产。同时，流程化生产对计划提出新的要求，要求车间要与主生产计划同步，不留库存，不要入库、保管、出库的过程，除主生产计划以外，其他车间不安排调度员，管理扁平化，消除中间层。

一般来说，流程不是固定不变的，因为生产过程中所采用的设备、工艺、生产组织形式以及路线，都可由各种不同的方式组成。如何提高生产效率，关键在于对现有的流程加以分析及检查，找出其不合理的地方，采取改进措施，通过反复的分析、比较，加以改进。即使最简单的流程，其相关因素也很多，而且很复杂。因此，改进生产流程，必须首先把它分解为多个要素单独考虑，这样流程分析就可以简单化。

虽然流程随着生产条件、产品性质的不同而各异，但任何生产流程都是由四种不同的部分构成，即作业（加工）、检验，搬运和停滞。生产对象在整个流程中，反复经过这四种活动，在形态上、空间上、时间上，从原材料转换成了目标产品。

（一）作业（加工）

作业或加工是指有目的地改变一个物体的任何物理或者化学性质，或指与另一个物体相互装配或分拆开来，或指为另一个作业（加工）、搬运、检验或库存做安排或做准备。它有时也指接发信息、计划或做核算工作等。就机械制造的加工而言有以下几种。

1. 变形

形态的变化，不发生量的变化，包括锻造、铸造、压延、拔料以及高能成形加工，如爆炸成形等。

2. 切削

量的减少，包括切削加工、研磨加工、断料（如剪断、压断、气割、电焊割），以及各种精密加工（如电解磨、超声波加工、激光加工等）。

3. 焊接

相互的接合，包括用各种机械的、化学的、热能的方法进行焊接，如气焊、电焊、锻接等。

4. 处理

处理包括材料的淬火、表面处理等。

5. 涂料

涂料指表面的涂层，如镀铬、镀铜、油漆等。

6. 装配

装配指材料、零件、部件的相互配合和拆卸。

7. 辅助作业

不起形状变化的操作，如包装等。

（二）检验

检验即在流程中对加工零件或成品，利用一定手段与已制定的标准进行对比，以达到对外保证产品的质量，对内减少废品损失的目的。根据技术和管理上的要求，检验的实施方式可以从以下几个方面加以区别。

1. 检验项目

（1）质的检验，也是内在的检验，包括机械的（各种公差、尺寸）、物理的（硬度等）、化学的各种检验。

（2）量的检验，也是外观的检验，包括损伤、脏污、锈烂等。

2. 检验人员

（1）自觉检验：在现场由操作工人本身自觉进行检验，适用于工序检验

（2）被动检验：由第三者（检验员）担任。

3. 检验时间

（1）首件检验：在工序作业开始时进行产品质量检验，避免出现大批废品。

（2）中途检验：大批量生产时所必需，在生产过程的中间阶段进行。

（3）成品检验：在成品完成后再进行检验。

4．检验数量

检验数量可分为：

（1）普遍检验：适用于少量产品的生产。

（2）抽样检验：适用于大批量生产，在连续生产过程中间隔一定的数量进行检验。

5．检验地点

检验地点可分为集中检验与巡回检验，也可分为现场检验与送站检验。

（三）搬运

搬运在流程中对生产对象（也包括大量的辅助材料在内）作空间的转换，是将指定的对象在必要的时间内，以经济而安全的方式运至需要的地方。搬运必须满足安全、及时、经济、保质保量四个方面的要求。

搬运的方式有很多，选择有效的搬运方式需要考虑以下多方面的因素。

1．对象

（1）对象的形态，如气体、液体、固体等。

（2）对象的包装，如散装、容器、装箱等。

（3）对象的特性，如高温、低温、酸性、碱性、毒性等。

（4）对象的单位，如一次搬运的件数、单重等。

2．流程

（1）流程的立体面，如水平、垂直、斜面等。

（2）流程的距离和宽度。

（3）流程的往返次数。

3．设备

（1）使用人力（如人力搬运和人力车辆），适用于轻便及要求细致的搬运工作。

（2）利用重力斜面，如滑板、滑槽、滚珠平台等，常用于次数较多、距离较短的两工作地之间。

（3）传送带，适用于起点位置固定，路线固定不变，对象固定、均匀而又连续的场合。

（4）起重机，适用于上下左右移动、体积重量可不一致的场合。

（5）专用车辆（如叉车等），适用于重量较大、件数固定、便于堆放整齐的场合。

（6）一般车辆（如卡车等），适用于数量较多，体积较大，距离较远的场合。

（四）停滞

停滞即在流程中生产对象的形态或位置并不改变，仅有时间的改变。停滞的发生往往是由于加工与搬运能力的不平衡，工序与工序之间的能力不平衡，材料供应与计划的加工不协调、零件供应与总装要求的不协调，以及设备的调整、生产事故、计划的变更，等等。

1．停滞的作用

（1）停滞的正作用。

1）停滞起到稳定生产、调整时间差异的缓冲作用。

2）可以调整前后工序因能力不平衡而造成的时间差异。

3）有利于调整设备负荷的不平衡。

4）可以减少计划变更所造成的影响。

5）可以使生产管理较为方便。

（2）停滞的负作用。

1）会使生产时间延长。停滞一般要占到生产时间中很大的比例，但是这一点往往受到忽视，而没有引起应有的注意。

2）会使在制品增加，相应增加了占用空间的面积，增加了生产资金的占用、保管的费用等。在生产上，应当将停滞的副作用减少至最低限度。

2. 停滞的分类

（1）正式的储存：具有一定的手续，进入仓库做正式储存的，如零件入半成品库。

（2）临时的堆放（等待）：如因等待检验或下一道工序的临时性堆放、机床旁的搁置都属于此。

任务小结

通过本任务的学习，可以对生产流程的内涵和构成有初步的了解。流程化生产强调生产应该是一个迅速流动的过程，当客户下订单时，便会指示流程取得完成客户订单所需要的原材料，而且只提供这个订单所需要的原材料。接着，这些原材料将立即被输送到工厂，在工厂内物料无间断地流经各个工序，期间的等候时间减至最少，流程距离最短，迅速而顺畅的流程能减少总生产时间。流程化生产包括整流化和一个流，整流化是指这种工艺方案生产过程十分明确，制造零件按顺序不停顿流动，当有不良品时，也能知道是何时、何地、为什么发生的。一个流生产是指各工序只有一个工件在流动，使工序从毛坯到成品的加工过程始终处于不停滞、不堆积、不超越的流动状态，是一种工序间在制品向“零”挑战的生产管理方式。

任务二　设施布置与设计

知识目标

◎了解设施布置的含义；

◎掌握企业经济活动单元构成的影响因素。

技能目标

◎会分析设施布置类型选择的影响因素；

◎能确定设施布置形式；

◎能运用设施布置的相关方法进行设施的布置。

知识解读

设施布置是指在一个给定的设施范围内，对多个经济活动单元进行位置安排。所谓经济活动单元，是指需要占据空间的任何实体，也包括人。例如：机器、工作台、通道、桌子、储藏室和工具架等。所谓给定的设施范围，可以是一个工厂、一个车间、一座百货大楼、一个写字楼或一个餐馆等。

设施布置的目的是要将企业内的各种物质设施进行合理安排，使它们组合成一定的空间形式，从而有效地为企业的生产运作服务，获得更好的经济效果。设施布置是在设施位置选定之后进行的，它要确定组成企业的各个部分的平面或立体位置，并相应地确定物料流程、运输方式和运输路线等。具体地说，设施布置要考虑以下四个问题：

（1）应包括哪些经济活动单元？这个问题取决于企业的产品、工艺设计要求、企业规模、企业的生产专业化水平与协作化水平等多种因素。反过来说，经济活动单元的构成又在很大程度上影响生产率。例如，有些情况下一个厂集中有一个工具库就可以，但另一些情况下，也许每个车间或每个工段都应有一个工具库。

（2）每个单元需要多大空间？空间太小，可能会影响生产效率和工作人员的活动，有时甚至会引起人身事故；空间太大，是一种浪费，同样会影响生产效率，并且使工作人员之间相互隔离，产生不必要的疏远感。

（3）每个单元空间的形状如何？每个单元的空间大小、形状如何以及应包含哪些单元，这几个问题实际上相互关联。例如，一个加工单元，应包含几台机器，这几台机器应如何排列，占用多大空间，需要综合考虑。又如，空间已限定，考虑是一字排开，还是三角形排列等；若根据加工工艺的需要，必须一字排开或三角形排列，则必须在此条件下考虑需多大空间以及所需空间的形状。在办公室设计中，办公桌的排列也是类似的问题。

（4）每个单元在设施范围内的位置？这个问题应包括两层含义：单元的绝对位置与相对位置。有时，几个单元的绝对位置变了，但相对位置没变。相对位置的重要意义在于它关系到物料搬运路线是否合理，是否节省运费与时间，以及通信是否便利。此外，如果内部相对位置影响不大时，还应考虑与外部的联系，例如将有出入口的单元设置在靠近路旁处。

（一）企业的产品

企业的目标最终是要通过它提供的产品或服务来实现的，因此，企业的产品或服务从根本上决定着企业经济活动单元的构成。对于制造企业来说，首先，企业的产品品种将决定企业所要配置的主要生产单元，如汽车制造厂需有冲压车间，而仪表制造公司则不需要；其次，由于产品的结构工艺特点决定着产品粗加工和原材料的种类，决定着产品的劳动量构成，因此也就影响着生产单元的构成；最后，产品的生产规模也会影响生产单元的构成，如某产品的产量较大且加工劳动量也较大、具有一定规模时，就要考虑设置该种产品的专门生产车间或分厂，反之，则没有必要。对于服务业企业来说也同样如此，所提供服务内容不同、服务规模不同，经济活动单元的构成自然不同。

（二）企业规模

企业经济活动单元的构成与企业规模的关系是十分密切的。这是因为企业所需经济活动单元的数目、大小是由企业规模所决定的。企业规模越大，所需要的单元数目也越多。

（三）企业的生产专业化与协作化水平

这主要是从两个方面影响企业的经济活动单元构成：一是采用不同专业化形式（指产品对象专业化或工艺对象专业化）的企业，对工艺阶段是否配备完整的要求不同，从而带来了经济活动单元构成上的不同；二是企业的协作化水平越高，即通过协作取得的零部件、工具和能源等越多，则企业的主要生产单元就越少。例如，很多标准件都可容易地通过外协而得到，没必要全部自己建立这样的生产单元。当前，企业正在向两个不同的趋势发展：一是生产的集中化和专业化，即生产要素越来越多地向大型专业化企业集中；二是生产的分散化，即生产要素向与大企业协作配套的小型企业扩散，以大企业为核心构成一个企业群体，以固定的协作关系从事某些专门零部件的生产或完成某些工艺过程。这两种发展趋势给企业的设施布置带来了一些新要求。

（四）企业的技术水平

其中主要是装备的技术水平，它直接影响着企业经济活动单元的构成。数控设备、加工中心等高技术设备拥有率较高的企业，其生产单位的组成较简单；反之，则较复杂。

在设施布置中，到底选用哪一种布置类型（工艺专业化布置、对象专业化布置、混合布置和固定布置），除了生产组织方式战略以及产品加工特性以外，还应该考虑其他因素。也就是说，一个好的设施布置方案，应该能够使设备、人员的效益和效率尽可能好。

（一）所需投资

设施布置将在很大程度上决定所要占用的空间、所需设备以及库存水平，从而决定投资规模。如果产品的产量不大，设施布置人员可能愿意采用工艺专业化布置，这样可节省空间，提高设备的利用率，但可能会带来较高的库存水平，因此，这里有一个平衡的问题。如果是对现有的设施布置进行改造，更要考虑所需投资与可能获得的效益相比是否合算。

（二）物料搬运

在考虑各个经济活动单元之间的相对位置时，物流的合理性是一个主要考虑因素，即应该使搬运量较大的物流的距离尽可能短，使相互之间搬运量较大的单元尽量靠近，以便使搬运费用尽可能小，搬运时间尽可能短。一般情况下，在一个企业中，从原材料投入直至产品产出的整个生产周期中，物料只有15%左右的时间是处在加工工位上，其余都处于搬运过程中或库存中，搬运成本可达总生产成本的25% ~ 50%。由此可见，物料搬运是生产运作管理中相当重要的一个问题。而一个好的设施布置，可使搬运成本大为减少。

（三）柔性

设施布置的柔性一方面是指对生产的变化有一定的适应性，即使变化发生后也仍然能达到令人满意的效果；另一方面是指能够容易地改变设施布置，以适应变化了的情况。因此，在一开始设计布置方案时，就需要对未来进行充分预测，考虑到以后的可改造性。

（四）其他

其他还需要着重考虑的因素有：劳动生产率，为此在进行设施布置时要注意不同单元操作的难易程度悬殊不宜过大；设备维修，注意不要使空间太狭小，这样会导致设备之间的相对位置不好；工作环境，如温度、噪音水平和安全性等，均受设施布置的影响；人的情绪，要考虑到是否可使工作人员相互之间能有所交流，是否给予不同单元的人员相同的责任与机会，使他们感到公平，等等。

（一）工艺导向布局

工艺导向布局，也称车间或功能布置，是指一种将相似的设备或功能放在一起的生产布局方式。例如将所有的车床放在一处，将冲压机床放在另一处。被加工的零件，根据预先设定好的流程顺序从一个地方转移到另一个地方，每项操作都由适宜的机器来完成。医院是采用工艺导向布局的典型。

在工艺导向布置的计划中，最为常见的做法是合理安排部门或工作中心的位置，以减少材料的处理成本。换句话说，零件和人员流动较多的部门应该相邻。这种方法的材料处理成本取决于：①两个部门（i 或 j）在某一时间内人员或物品的流动量；②与部门间距离有关的成本。成本可以表达为部门之间距离的一个函数。这个目标函数可以表达成以下的形式：

$$最小成本=\sum_{i=1}^{x}\sum_{j=1}^{x}X_{ij}C_{ij}$$

式中：X_{ij}——从部门 i 到部门 j 之间物品流动的数量；

C_{ij}——单位物品在部门 i 和部门 j 之间流动的成本。

工艺导向布局尽量减少与距离相关的成本。C_{ij} 这个因子综合考虑了距离和其他成本，因此可以假定不仅移动难度相等，而且装卸成本也是恒定的。虽然它们并非总是恒定不变的，但为了简单起见，可以将这些数据（成本、难度和装卸费用等）概括为一个变量。

工艺导向布局适合于处理小批量、顾客化程度高的生产与服务，其优点是设备和人员安排具有灵活性；其缺点是设备使用的通用性要求较高的劳动力及其熟练程度和创新，在制品较多。

（二）产品导向布局

产品导向布局，也称装配线布局，是指一种根据产品制造的步骤来安排设备或工作过程的布局方式。鞋、化工设备和汽车清洗剂的生产都是按产品导向原则设计的。产品导向布局是对生产大批量、相似程度高和少变化的产品进行组织规划。一个典型的实例：飞机制造公司巨大产品的最后组装线采用的就是产品导向布局。

产品导向布局的两种类型是生产线和装配线。生产线是在一系列机器上制造零件，诸如汽车轮胎或冰箱的金属部件。装配线是在一系列工作台上将制造出的零件组合在一起。这两种类型都是重复过程，而且二者都必须“平衡”，即在生产线上的一台机器所做的工作必须与另一台机器所做的工作相平衡，就像装配线上的一个雇员在一个工作站上所做的工作必须和另一个雇员在另一个工作站上做的工作相配合一样。

生产线趋向于机器步调，并要求通过机器和工程上的改变来达到平衡。装配线则相反，生产的步调由分配给个人或工作站的任务来确定。所以，装配线上可以将一个人的工作转移给另一个人来达到平衡。在这种情况下，每个人或工作站要求的时间是一样的。

产品导向布局的中心问题是平衡生产线上每个工作站的产出，使它趋于相等，从而获得所需的产出。管理者的目标就是在生产线上保持一种平滑、连续流动的生产状态，并减少每个工作站的闲暇时间，一条平衡性好的装配线具有的优点是人员和设备利用率高，雇员之间工作量相等。一些企业要求同一条装配线的工作量应该大致相等，这就涉及装配线平衡的问题。

工艺导向布局与产品导向布局之间的区别就是工作流程的路线不同。工艺导向布局中的物流路线是高度变化的，因为用于既定任务的物流在其生产周期中要多次送往同一加工车间。在产品导向布局中，设备或车间服务于专门的产品线，采用相同的设备能避免物料迂回，实现物料的直线运动。只有当给定产品或零件的批量远大于所生产的产品或零件种类时，采用产品导向布局原则才有意义。

产品导向布局适合大批量的、高标准化的产品的生产，其优点是单位产品的可变成本低，物料处理成本低，存货少，对劳动力标准要求低；其缺点是投资巨大，不具产品弹性，一处停产就会影响整条生产线。

（三）混合类型布局

混合类型布局是指将两种布局方式结合起来的布局方式。混合布置是一种常用的设施布置方法。比如，一些工厂总体上是按产品导向布局（包括加工、部装和总装三阶段），在加工阶段采用工艺导向布局，在部装和总装阶段采用产品导向布局。这种布置方法的主要目的是：在产品产量不足以大到使用生产线的情况下，也尽量根据产品的一定批量、工艺相似性来使产品生产有一定顺序，物流流向有一定秩序，以达到减少中间在制品库存、缩短生产周期的目的。混合布置的方法又包括：一人多机、成组技术等具体应用方法。

1. 一人多机

一人多机（one worker，multiple machine，OWMM）是一种常用的混合布置方式。这种方法的基本原理是，如果生产量不足以使 1 个人看管一台机器就足够忙，可以设置一人可看管的小生产线，既可使操作人员保持满工作量，又可在这种小生产线内使物流流向有一定秩序。这个所谓的小生产线，即指由 1 个人同时看管的几台机器，如图 10-3 所示。其中，M1、M2 等分别表示不同的机器设备。

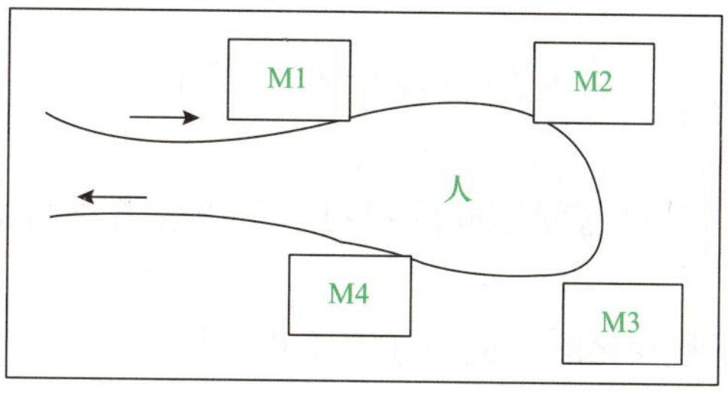

图 10-3　一人多机布置示意图

在一人多机系统中，因为有机器自动加工时间，员工只在需要看管的时候（装、卸、换刀和控制等）采取看管，所以可能在 M1 自动加工时看管 M2，以此类推。通过使用不同的装夹具或不同的加工方法，具有相似性的不同产品可以在同一 OWMM 中生产。这种方法可以减少在制品库存以及提高劳动生产率，其原因是工件不需要在每一台机器旁积累到一定数量后再搬运至下一台机器。通过一些小的技术革新，例如在机器上装自动换刀、自动装卸、自动启动和自动停止等小装置，可以增加 OWMM 中的机器数量，以进一步降低成本。

图 10-3 所示的 OWMM 系统呈现一种 U 形布置，其最大特点是物料入口和加工完毕的产品的出口在同一地点，这是最常用的一种 OWMM 布置。其中，加工的产品并不一定必须通过所有的机器，可以是 M1 → M3 → M4，也可以是 M2 → M3 → M4 等。进一步，通过联合 U 形布置，可以获得更大的灵活性，这在日本丰田汽车公司的生产实践中已被充分证实。

2. 成组技术布局

成组技术布局是将不同的机器分成单元来生产具有相似形状和工艺要求的产品。成组技术布局现在被广泛应用于金属加工、计算机芯片制造和装配作业。成组原则应用的目的是要在生产车间中获得产品原则布置的好处，主要有以下几方面：

（1）改善人际关系：员工组成团队来完成整个任务。

（2）提高操作技能：在一个生产周期内，员工只能加工有限数量的不同零件，重复程度高，有利于员工快速学习和熟练掌握生产技能。

（3）减少在制品和物料搬运：一个生产单元完成几个生产步骤，可以减少零件在车间之间的移动。

（4）缩短生产准备时间：加工种类的减少意味着模具的减少，因而可提高模具的更换速度。

工艺导向布局转换为成组技术布局可通过以下三个步骤来实现：

（1）将零件分类：该步骤需要建立并维护计算机化的零件分类与编码系统。尽管许多公司都已开发了简便程序来对零件进行分组，但这项支出仍然很大。

（2）识别零件组的物流类型，以此作为工艺布置和再布置的基础。

（3）将机器和工艺分组，组成工作单元。在分组过程中经常会发现，有一些零件由于与其他零件联系不明显而不能分组，还有专用设备由于在各加工单元中的普遍使用而不能具体分到任一单元中去。这些无法分组的零件和设备都放到“公用单元”中。

成组技术布局则是将不同的机器分成单元来生产具有相似形状和工艺要求的产品。其优点是：改善人际关系，增强参与意识；减少在制品和物料搬运及生产过程中的存货；提高机器设备利用率；减少机器设备投资与缩短生产准备时间等。

（四）固定位置布局

固定位置布局是指产品由于体积或重量庞大停留在一个地方，从而需要生产设备移到要加工的产品处，而不是将产品移动到设备处的布局方式。造船厂、建筑工地和电影外景制片场往往采用这种布局方式。

在一个固定位置的布局中，生产项目保持在一个地方，工作人员和设备都到这个地点工作。

（1）在建设过程中的不同阶段需要不同的材料，所以随着项目的进行，不同材料的安排变得关键。

（2）材料所需的空间是不断变化的，例如随着工程进展，建造一艘船的外壳所使用的钢板量是不断改变的。

上述两个原因使得固定位置的布局技术发展很慢。不同的企业处理固定位置布局时采用不同的方法。例如，建筑企业通常有一个“行业会议”来对不同时期的空间进行安排，但这种布局方法并不是最优的，因为讨论更倾向于政策性的利益分配而非分析性的效率安排；造船厂在靠近船的地方有称为“平台”的装载区域，物料装卸由事先计划好的部门完成。

（一）物料流向图法

按照原材料、在制品以及其他物资在生产过程中的总流动方向来布置工厂的各车间、仓库和其他设施，并绘制物料流向图。图 10-4 所示为某机加工企业按物料流向布置设施示意图。

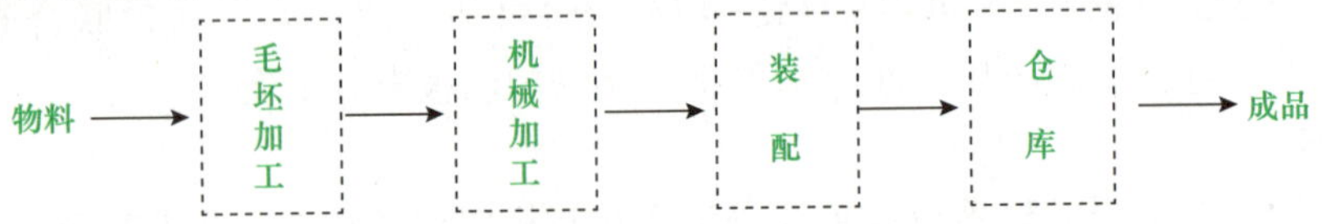

图 10-4　某机加工企业设施布置示意图

（二）物料运量比较法

该方法是按照生产过程中物料流向及生产单位之间运输量布置设施的相对位置，其步骤如下：

（1）根据原材料、在制品在生产过程中的流向初步布置各个生产单位的相对位置，绘出初步物流图。

（2）统计各个单位间的物料流量，制定物料运量表。

（3）按运量大小进行布置，将彼此之间运量大的单位安排在相邻位置，并考虑其他因素进行改进和调整。

（三）相对关系布置法

根据工厂各组成部分之间的关系的密切程度加以布置，得出较优方案。工厂各组成部分之间的密切程度一般可分为六个等级，见表 10-1。

表 10-1　关系密切程度分类及代号

代号	关系密切程度	评分	代号	关系密切程度	评分
A	绝对必要	5	O	普通的	2
E	特别重要	4	U	不重要	1
I	重要	3	X	不予考虑	0

形成其密切程度的原因可能是单一的，也可能是综合的，一般可根据表 10-2 中的原因确定组成部分的关系密切程度。

表 10-2　关系密切程度的原因

代号	关系密切程度原因
1	使用共同的记录
2	共用人员
3	共用地方
4	人员接触程度
5	文件接触程度
6	工作流程的连续性
7	做类似的工作
8	使用共同的设备
9	可能的不良秩序

应用相对关系布置时，先使用工厂各组成部分相互作用关系表，再依据此表定出各组成部分的位置。

（四）从至表法

从至表法是一种常用的车间设备布置方法。从至表是记录车间内各设备间物料运输情况的工具，是一种矩阵式图表，因为其表达清晰且阅读方便，所以得到了广泛的应用。一般来说，从至表根据其所含数据元素的意义不同可分为三类：①表中元素表示从出发设备至到达设备距离的叫作距离从至表；②表中元素表示从出发设备至到达设备运输成本的叫作运输成本从至表；③表中元素表示从出发设备至到达设备运输次数的叫作运输次数从至表。当达到最优化时，这三种表所代表的优化方案分别可以实现运输距离最小化、运输成本最小化和运输次数最小化。

任务小结

通过本任务的学习，可以对设施布置的内涵及影响因素有初步的了解。设施布置是指在一个给定的设施范围内，对多个经济活动单元进行位置安排。设施布置的目的是要将企业内的各种物质设施进行合理安排，使他们组合成一定的空间形式，从而有效地为企业的生产运作服务，获得更好的经济效果。设施布置要确定组成企业的各个部分的平面或立体位置，并相应地确定物料流程、运输方式和运输路线等。

任务三　一个流生产

知识目标

◎掌握一个流生产的概念；
◎理解一个流生产的优点。

技能目标

◎能进行生产同步化的设计；
◎能进行一个流生产的实施。

知识解读

一个流生产又称一件流生产，是指将作业场地、人员、设备合理配置，按照一定的作业顺序，零件一个一个地依次经过各工序设备进行加工、移动，做一个、传送一个、检查一个，每个工序最多只有一个在制品或成品，从生产开始到完成之前，没有在制品周转的作业。

一个流生产特征：①做一个、传送一个、检查一个，而不是一批一批地加工、移动；②作业人员跟着在制品走动，进行多工序操作。

工厂内各个生产线之间也是采取一个流进行同步生产，这样整个工厂就像是被用一条“看不见的传送带”把各个工序、生产线衔接起来，形成了整个工厂一体化的“一个流生产”。

（一）最短生产周期

在一个流生产方式中，每次只加工一件，与批量生产方式相比，减少了批量等待的时间，因此生产周期也大为缩短。生产周期的缩短有可能把原有的急订单变为常规订单，便于生产组织，同时资金周转加快，获利能力大大提高。

（二）及时发现问题

高品质是精益生产所追求的一个重要目标，它依托的就是一个流的作业原理，以此形成有效的品质管理体系。在一个流生产中，每一个作业员都是品质监控者，不让问题进入下一道工序。若未能发现某件产品存在瑕疵，而让其流入到下一工序时，则下一工序操作员会非常迅速地检测到此问题，并立刻反馈诊断，予以矫正。因为一旦质量存在问题，就会对后续工序产生影响，所以发现问题必须立刻解决。

此外，与大批量生产方式的“乱流方式”不同，在一个流生产中，每个产品都很清楚地在某一条生产线上流动，称为整流方式，这样即使出现异常也能及时发现，并能追溯到发生异常的工位。

（三）搬运作业最小化，创造安全的生产条件

对于生产型企业来说，工伤意外以及其他安全事故是一个必须认真面对的问题，采用一个流生产后，在厂房内搬运作业显著减少，使用起重机、行车等搬运设备也大大减少，因搬运而发生工伤事故也大大减少。

（四）减少存货和在制品数量

精益生产认为库存是“万恶之源”，因此精益生产以实现“零库存”作为努力的目标。采用一个流生产，每个工序最多只有一个在制品或成品，因此在制品数量大幅度降低。

在制品的降低不仅大幅减少了存货成本，节省了生产空间，而且直接或间接地杜绝了其他形式的浪费现象，如等待的浪费、搬运的浪费等。

总之，一个流的生产促使生产效率与品质显著提升，存货、空间、生产周期显著缩减，可以说，一个流生产是精益生产的根本，它可以最大限度地杜绝各种浪费现象。实际上，精益生产的最终目标是把一个流的模式应用到从产品设计到推出产品、接受订单、实际生产等所有作业上，使所有的相关作业形成不间断的流程，从而缩短从原材料投入到最终产品产出的时间消耗，促成最佳品质、最低成本以及最短的交货时间。

工厂里的生产技术分两种：一种是制造技术，即在各工序上对物料进行加工或装配的技术；另一种是管理技术，一个流生产就是管理技术中最重要的技术之一。实施一个流生产具有如下 6 大要点。

（一）实行单件流动

一个流生产的条件，首先是单件流动，就是仅做一个、传送一个、检查一个，将制品经过一个个的加工工序而做成成品。作为一个流生产改善的起点，单件流动并不是要立即改变生产线的布置方式，而是可在原有的设备以及布置方式下，按照单件流动的方式试做。这样就能将由于批量生产而隐藏在搬运或设备上的浪费显现出来，以此作为改善及建立一个流的起点。

（二）按加工顺序布置设备

彻底进行单件流动生产之后，搬运上的浪费就显现出来。图 10-5 为工艺原则布置方式，原来以 100 件为一个批量在各个工序之间搬运的工作，现在由于采用单件流动的生产方式，每做完一个就必须搬运到下一个工序，所以搬运浪费就增加了 100 倍。因此，要依照产品加工需使用到的设备及加工顺序排列布置，即产品原则布置，如图 10-6 所示。

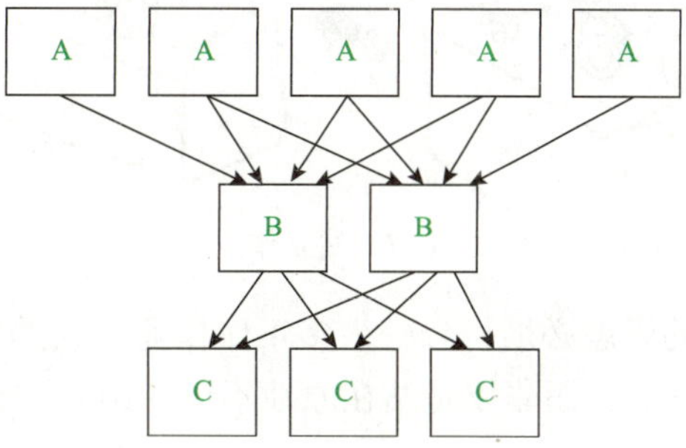

图 10-5 工艺原则布置

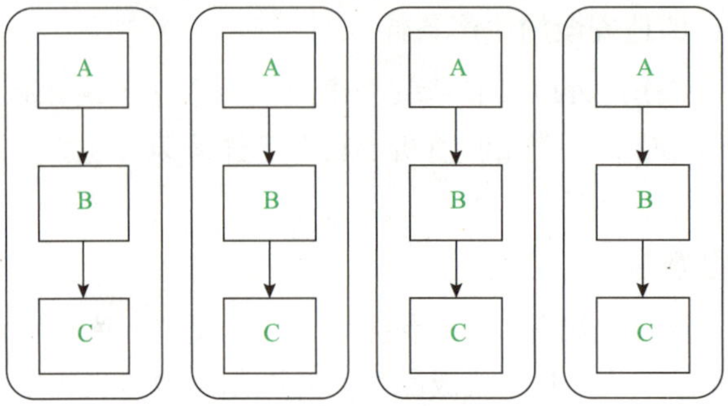

图 10-6 产品原则布置

（三）生产同步化

按照加工顺序布置好设备后，产品经过不同的工序设备流动。如果各个工序的生产速度不一致，就会在各个工序形成在制品的堆积，从而破坏了一个流的顺畅性，这种生产现象即“浊流”。为了保证产品流动的顺畅性，消除浊流现象，各个工序必须严格按照生产节拍进行生产，即所谓的生产同步化。生产同步追求的是整体效率，而不是个别效率。

（四）员工的多能化

一个流生产方式应尽可能以操作多工序的作业方式来安排，这种操作方式与操作同一功能机器设备的“多机台作业”是不同的。能操作多工序的作业员称为多能工。在一个流生产中，作业员的多能工化是极为重要的，只有实现了多能工化，才能达到少人化。

（五）站立式走动作业

在一些行业中（如汽车制造或食品包装行业），站立作业已成为惯例，但在其他一些行业（如航空制造业或电子设备加工行业）并非如此。

如果在站与坐之间做选择，多数人倾向于坐，如图 10-7 所示。从人因工程学观点来看，长时间的坐姿势操作比长时间的站姿势操作为佳，人因工程学最优的工作是坐和站的交替。然而，实际工作却很少能够这样，因为为了按照一定的顺序操作或管理多台设备，作业员必须是站着工作而非坐着工作，而且站着工作也会使得作业员在设备出现故障时能够快速地做出反应。

图 10-7 站立作业

实施一个流生产，作业员的姿态必须符合一人多工序作业方式的要求，一边走动，一边进行加工动作，即所谓“走动作业”方式，而非仅是站在原地不动的站立作业方式。

（六）合理布置和设计设备

在一个流生产中，如果采取多工序操作，将原材料经过一次次的加工而制成成品，作业人员必须沿着加工顺序走动。如果设备按照直线进行排布，由一端投入生产，再由另一端生产出来，作业人员就会有空手走回原点的动作浪费和时间浪费。此外，设备的设计和选用也应符合一个流生产的要求，当进行大批量生产时，大型设备或许仍是合适的，可是什么都能做的泛用型大设备常积压了一大堆的在制品，使生产的流动不顺畅。当今，市场发展趋势为多品种、小批量，因此生产线也必须转向细流而快的复数化生产线（即多段短线），才能更有弹性地响应市场需求的快速变化。所以，应改用具有小型化、速度快、品质稳定和故障率低等特点的机器设备。

需要注意的是，将传统的大批量生产方式改为一个流生产方式只是实施流程化改善的起点。由于机器设备按产品原则方式布置，一旦机器设备出现故障或者产生次品，整条生产线必然全部同步暂停，因此一个流的成功实施离不开其他精益工具和方法，如 TPM、自动化、标准作业等。

任务小结

通过本任务的学习，可以对一个流生产的内涵及优点有初步的了解。精益生产方式的核心思想之一是尽量使工序间的在制品数量接近于零。这就是说，一道工序的加工结束，立即将制品转到下一道工序去。生产同步化是精益生产的一个基本原则，为了实现这一原则，精益生产采取了一种全新的生产方式，即一个流生产。一个流生产有利于提高生产效率、降低生产成本。

思考练习

1. 简述流程化生产的内涵。
2. 简述生产流程的构成。
3. 简述设施布置的含义。
4. 简述设施布置的形式。
5. 简述设施布置的方法。
6. 简述一个流生产的优点。

项目十一

拉动式生产与看板管理

项目导读

看板拉动式生产是根据后工序和客户的实际需求来拉动前工序的生产，是对于传统推动式的生产组织方式而言的。传统推动式的生产组织是按生产计划来组织生产各个工序，只负责本工序生产而不关心后工序的实际需求。拉动式生产系统是一种通过只补充已消耗的资源来达到控制资源流动的生产管理系统，旨在需要的时间、按需要的品种和数量生产所需要的产品。通过本项目的学习，使学生认识到拉动式生产是制造业向高质量发展的一种有效方式，让学生深刻领悟我国从制造大国向制造强国迈进的重要性。

案例导入

××集团所属××汽车有限公司（简称××公司）目前所运用的看板分为两种：一种是条形码电子看板，即针对外部的配套供货厂家所使用的一次性看板。它记载了供货单位的名称、物料名称、供货时间、供货数量、工序、所使用的器具、交货地点等信息。另一种是条形码卡片式看板，它协调着冲压分厂与焊装分厂的生产和物料运送，是可以循环使用的一种看板。它记载了物料名称、供货数量、工序、所使用的器具等信息。××公司看板管理主要分为四个大的步骤实施。

一、分厂内部实行看板

公司先从总装分厂内部开始推行看板，编制了看板管理初期管理流程5个，考核管理制度1个。每天核对总装线旁库的库存量，对出现的差异进行即时分析；组织盘点，对盘点结果进行综合分析，确保看板管理与账目管理保持一致。

看板管理启动后，对公司物流和生产工作起到了如下作用：

（1）指令作用：是后工序向前工序取货的指令。

（2）控制过量制造和过量运送的作用：看板控制着生产（或货）的品种、数量，以及运输的时间。不见看板不准生产，不准提前生产，不准超量生产，不准提前或超量取货。

（3）信息作用：看板作为“实物”，挂在在制品上，当生产使用该零件时就摘下看板，这就构成了下一次取货的信息。看板使准时化思想渗透到生产现场，能迅速、有效地反馈生产活动信息，进行“自律”管理。

（4）防止生产和运输不良品：看板是实物的凭证并挂在实物上，但不合格的零件是不允许挂看板的，因此，凡是没有挂上看板的零件，不准取走，不准流动。

（5）表明问题所在和管理库存的手段：看板是在生产过程中流动的，一旦看板停滞或者周转过快，说明生产上有异常，可以及时发现、及时处理；看板周转张数中有保险系数，若生产储存正常，可以减少看板张数，以压缩库存和在制品数量。

（6）微调计划的作用：当用户的需求或生产的品种和数量有微量变动时，通过控制看板的流动就可以微调计划，使生产具有可控性和一定的柔性。

经过这一摸索，公司基本确定了看板管理的发展方向。由于最初实施看板管理采取的是纯手工操作，相关数据不能及时登记，账目核对烦琐。针对出现的各类问题，公司成立了信息化看板管理项目，启动条形码扫描项目。

二、条形码扫描

条形码卡片是建立在原有的纯手工操作的卡片式看板管理基础上的，是具有条形码扫描功能的看板运作方式。其采用39码共18位（现用17位）的编码规则：1～1位，看板序号（共1位）；2～5位，工序（共4位）；6～8位，压缩简码（共3位）；9～13位，压缩供应商号（共5位）；14～17位，压缩批次号（共4位）。

其中，压缩简码、压缩供应商号、压缩批次号采用36进制编码，分别将简码、供应商号、批次号由十进制转换成36进制。为此，公司编制了8个看板管理流程；制定了运行过程中流通的4个单据，具体为“换件单”“试制车装配清单”“待处理零件单”“非正常下线单”；管理部正式编制下发《ERP系统运行实施考核办法（试行）》，将看板运行过程中存在的不规范操作加以考核，为看板操作制定了一套有效的管理标准。通过摸索与实际操作结果的论证，公司将条形码扫描推广到冲压件管理上，进而形成了冲压分厂—物流仓库—焊装分厂—冲压分厂的一个流生产模式。焊装分厂生产线工人在适当的时候将看板投入看板收集箱，冲压件仓库送料人员定时收取看板，并凭看板备料、送料。冲压件仓库保管员定时将回收的看板交给冲压分厂，冲压分厂根据看板返回的时间和数量安排生产，以看板指导生产。

条形码扫描实现了看板物料的落地（整车下线）结算、对在线仓库存数量不清线盘点、总装车间生产线生产情况综合查询、“一车一档”生成与查询。

三、外部供应商进行看板试点

公司在内部实行了看板管理的试运行工作，在已经积累了一定经验的基础上，又在公司的采购环节进一步推广看板管理，将采购供应链作为看板管理的下一个目标。公司开始先选取部分供应商参与此项工作，建立样板工程，形成采购供应链的雏形，进而在所有供应商之间全面推广使用。

为了进一步在外部供应商中推广物流看板，公司引进了现调部品集货物流的理念。现调部品就是指产自本地的零部件现使用现到供应商那里调集。集货是指把分散在各个供应商的零散货物先集中起来，再一起送往主机厂。现调部品集货物流是日本丰田汽车公司采用的一种最主要的采购物流方式，又叫“挤牛奶”方式。为了推广和应用现调部品集货的思路与理念，公司启动三方物流，选择物流服务商，由其提供拣货服务，其车辆在主机厂与各供应商之间循环周转，同时还要起到信息传递作用。详细计算定量定时集货的循环周期时间，包括车辆运行路线、运行时间、在各供应商处停车装货停留的时间、在主机厂停留的时间。通过采用周转箱、专用器具、专用车辆实现物流标准化作业，以缩短循环周期时间。每日向各供应商提供两至三天后主机厂所需要的详细物料品种、数量等信息。供应商产品质量必须得到保证，在日送料情况下，一旦出现产品质量问题，供应商必须采取特快加急的方式，用专车紧急送货到主机厂。

在外部供应商推行看板试点后，通过外部物流看板拣货制与供应商直送货制的铺开，为今后的三方物流看板管理打下了坚实基础。

四、三方物流电子看板

在内部推行看板仅仅服务于生产线——物流仓库，在外部推行看板仅仅服务于供应商——物流仓库，如何将两种看板进行有机结合，直接服务于供应商与生产线，形成一套供应链管理系统呢？公司引进了三方物流的电子看板。三方物流电子管理看板是联系供应商—物流仓库—生产线的桥梁，将三方形成了一个有机的整体。

任务一　拉动式生产

知识目标

◎了解准时化生产和拉动式生产；
◎理解推动式生产与拉动式生产的区别；
◎熟悉需求拉动式生产管理的支撑体系。

技能目标

◎能建立需求拉动式生产管理的支撑体系；
◎能进行需求拉动式生产方式的实施。

知识解读

为了适应多变的市场需求，应对突然发生的生产变化，企业必须对所有工序的生产计划进行修改。这样的修改不但工作量大、难度大，还会造成许多混乱。因此，企业不得不在各个工序储备在制品，从而造成生产系统内的不均衡现象、设备能力和劳动力过剩现象，一旦产品形式发生变化或设计变更时，还会造成“死料”。所有这些都会造成浪费，增加成本。

以上这些问题一直困扰着丰田汽车公司的管理人员，直到1956年以后，事情发生了转折。当时，大野耐一去美国参观汽车行业，然而到了美国后他完全迷上了早有耳闻的超级自选商场（超市）。当时日本还没有自选商场，他十分惊讶消费者能够按他们的需要选择商品，商场也能在顾客买走了商品后有条不紊地补充销售出去的商品。大野耐一对自选商场这种简单、有效、有节奏的供销方式十分感兴趣，于是，他在美国参观期间对自选商场进行了全面的研究，得出超市与普通商场相比具有三个显著特点：

（1）顾客在需要的时刻，根据自己的需要，在商场内自由地挑选商品。

（2）顾客把挑选出的所有商品运送到付款处，并一次性付款。

（3）商场内的服务人员根据货架上出现的商品空缺（表示该种商品已经出售），及时地补充已经出售的商品，而没有出售的商品就没有必要补充。

这种运作方式方便了顾客选购，缩减了售货人员，大大减少了商场的商品库存储备和资金占用，以及与库存有关的费用支出。

丰田汽车公司的管理人员在超市运作方式的启发下，创造性地把这种与工业生产看似毫不相干的商场运作方式应用于工业生产组织与生产过程控制，萌发出了“把生产组织与控制倒过来”的生产方式设想，并把这种方式成功地引进到生产线上，实现客户拉动式生产，在此基础上不断探索，最终创建了丰田准时生产方式。

丰田准时生产方式就是只把客户订购的产品通知到最后一道工序，最后一道工序向前一道工序索要自己需要的零件，前一道工序只生产后一道工序需要的零件，实现客户拉动式生产（又被称为拉动式生产）。它以均衡化生产为前提，进行单件流水式生产。

拉动式生产是精益生产的核心方法。通过拉动式生产可以实现在需要的时候、按需要的量、生产需要的产品这种精益理念。将传统生产过程中前道工序向后道工序送货改为后道工序向前道工序取货，使得库存降低到最小限度，进而降低制造成本。拉动式生产方式是指以快速反应市场为核心，适时响应客户实际需求，是一种由下游向上游提出实际生产需求的生产控制方式。拉动式生产是一种与推动式生产相对应的生产方式，虽然在市场预测、订单和制订所有工序生产计划方面有共同点，但在生产计划的制订与传递方式方面有很大的区别，见表 11-1。

表 11-1　推动式生产与拉动式生产的比较

项目	推动式生产	拉动式生产
观念	• 先生产，准备以后用	• 以销定产
	• 提前超额完成任务	• 接到生产指示板后生产
市场应变	• 能力弱	• 能力强
产量	• 产量预测	• 精确的产量
生产	• 大批量	• 小批量
计划	• 计划下达所有工序	• 计划下达最后工序（后工序向前工序发出指令）
	• 计划调整较困难	• 计划调整较容易
制造周期	• 比较长	• 短
物料	• 估计使用量	• 实际消耗量
在制品存货	• 大量存货	• 少量存货
资源	• 浪费	• 减少浪费
	• 可能只影响本工序	• 几乎影响所有工序
出现异常的影响	• 有缓冲库存	• 无缓冲库存
	• 改善压力小	• 改善压力大
管理	• 应急管理	• 目视化管理
沟通	• 沟通不畅	• 沟通畅达

在推动式生产中，前道工序将零件加工出来并“推给”后道工序。在拉动式生产中，最后一道工序根据需要加工的产品数量，要求前一工序生产出相同数量的零部件。其具体特点如下：

（1）生产计划只下达给最后一道组装工序，以组装为起点，前工序按照后工序要求数量生产并领取必要的物料。

（2）前工序进行生产加工为后工序提供该物料，前工序生产加工时向更前一道工序领取所需的零部件进行生产。这样一层一层向前工序领取，直至原材料部门，就可以把各个工序都连接起来，实现拉动式生产。

（3）除了最后一道工序（组装工序）按生产计划进行生产外，其余各工序按后工序的看板指令进行生产。

看板管理是拉动式生产赖以实现的最重要手段之一，是一种生产控制与调节方式，实现在必要的时刻生产必要数量的必要产品或零件的信息工具。

（一）思想转换准备

需求拉动式生产方式以精益思想为指导，因此要实施推进，必须先做思想企业上的转变准备。企业必须对员工甚至一些主要管理人员进行精益思想的培训，帮助他们转变思想观念，通过组织专题学习、讨论等形式将精益思想传达和灌输给每位员工。

可以通过公司和部门两级学习、讨论的方式，在全公司开展精益思想的宣传和学习；通过各单位每周的会议和班组会形成制度化的学习方式，组织相关管理人员集中学习精益生产业务知识，促进员工思想观念的转变。

（二）现场改善准备

需求拉动式生产管理需要基本良好的现场作为基础支撑，因此在决定实施前必须对现场进行必要的整顿和规范管理。

公司通过现场的定置管理、物流的规范和库存的压缩来切入：重新划分主要在制品区域，实行定置管理；按目视化要求更新工位器具，规范物流程序；规范现场各类作业文件和质量记录；压缩成品库存和工序在制品等，从而使现场整洁规范。

（一）现场支撑

一个良好的现场是实施前的必要准备，也是保证系统能持续运行的必要支撑，现场的无序和混乱势必影响需求拉动式系统的运行和效果。需求拉动式生产方式对现场的管理主要是通过 5S 管理方式实现的。

（二）质量支撑

良好的产品质量可以使生产系统健康高效地运转。通过实施 ISO9001 和 QS9000 质量标准，落实标准体系要求，履行“预防为主，持续改进”和“一次做好”的原则，切实提高产品的质量，从而更有效地满足客户的要求。

（三）装备支撑

有效的装备保证直接决定了需求拉动式生产系统的实施效果。通过全面生产管理对装备进行全员的管理和维护，变传统的抢修式管理为预检修式管理，对故障加以分析和控制，提高装备对生产的保证作用，不仅可以有效满足产品准时交付，而且可以大大降低生产成本。

任务小结

通过本任务的学习，可以对拉动式生产的概念有初步的了解。拉动式生产只把客户订购的产品通知到最后一道工序，最后一道工序向前一道工序索要自己需要的零件，前一道工序只生产后一道工序需要的零件，实现客户拉动式生产，它以均衡化生产为前提，进行单件流水式生产。拉动式生产是精益生产的核心方法，通过拉动式生产可以实现在需要的时候、按需要的量、生产需要的产品这种精益理念。将传统生产过程中前道工序向后道工序送货改为后道工序向前道工序取货，使得库存降低到最小限度，进而降低制造成本。

任务二　看板管理

知识目标

◎了解看板概念与类型；
◎掌握看板的使用方法；
◎了解看板的使用规则。

技能目标

◎会运用看板的使用规则进行看板管理；
◎能运用看板进行拉动式生产。

知识解读

（一）看板的概念

看板一词起源于日语，是传递信号控制生产的工具，它可以是某种“板”，如卡片、揭示牌、电子显示屏等，也可以是能表示某种信息的任何其他形式，如彩色乒乓球、容器位置、方格标识、信号灯等。

看板管理是协调管理企业的一个生产信息系统，就是利用看板在各工序、各车间、各工厂以及与协作厂之间传送作业命令，使各工序都按照看板所传递的信息执行，以此保证在必需时间制造必需数量的必需产品，最终达到准时化生产的目的。看板管理是精益生产中的重要子系统。

（二）看板的类型

1．三角形看板

三角形看板主要为5S管理服务。看板内容主要标示各种物品的名称，如成品区、半成品区、原材料区等，将看板统一放置在现场划分好的区域内的固定位置。

2. 设备看板

设备看板可粘贴于设备上，也可在不影响人流、物流及作业的情况下放置于设备周边合适的位置。设备看板的内容包括设备的基本情况、点检情况、点检部位示意图、主要故障处理程序、管理职责等内容。

3. 品质看板

品质看板的主要内容有生产现场每日、每周、每月的品质状况分析、品质趋势图、品质事故的件数及说明、员工的技能状况、部门方针等。

4. 生产管理看板

生产管理看板的内容包括作业计划、计划的完成率、生产作业进度、设备运行与维护状况、车间的组织结构等内容。

5. 工序管理看板

工序管理看板主要指车间内在工序之间使用的看板，如取料看板、发货状况管理看板等。

（1）取料看板，主要位于车间的各工序之间，其内容主要包括工序序号、工序名称、工序操作者、下料时间、数量、完工时间、首检等。

（2）发货状况管理看板，主要位于生产车间，其内容主要包括工序序号、小组名称、产品完成日期、发货日期、收货客户等内容。

（二）看板的功能

看板是实现准时化生产的工具。看板起到了传递工厂前后道工序及各零件供应厂家与客户之间信息的作用。看板方式可以根据客户订购的信息，承担自动调节生产计划、订购零配件、调节零配件到达时间等复杂工作。看板从生产开始并推广到供应商处，在现场发挥着重要的作用，对整个增值工序实现了很好的控制，而且作业员通过拉动看板获得了充足的授权来控制生产线。管理者、物料员、计划员有时间来解决异常问题和进行持续改善，从而促进生产并提高效益。其主要功能见表 11-2。

表 11-2　看板的功能

看板的功能	具体内容
生产及运送工作指令	看板记载着生产和运送的数量、时间、目的地、放置场所、搬运工具等信息，从装配工序逐次向前工序追溯。在装配线将所使用的零部件上所带的看板取下，以此再去前一道工序领取。前工序只生产被这些看板所领走的量，从而由看板实现“后工序领取”及“适时适量生产”
防止过量生产和过量运送	各工序如果没有看板，就既不能生产，也不进行运送。因此运用看板能够做到自动防止过量生产、过量运送
目视化管理工具	零件或产品的货架上若附有看板，则可以知道后工序的作业进展情况、本工序的生产能力利用情况；明确地判断库存量、产品编号、产品名称，也易于搬运
现场改善工具	在拉动式生产方式中，通过不断减少数量来减少在制品库存，不断通过改善活动解决生产线生产、质量和设备等问题，从而提高整个生产线效能

（一）运用看板的前提条件

看板拉动式生产导入必须具备一定的条件，运用看板的前提条件见表 11-3。

表 11-3 运用看板的前提条件

生产的均衡化	企业需根据生产计划彻底实现产品种类和生产量的平均化
缩短更换作业程序的时间	根据准时化生产原则进行“一个流”生产或者小批量生产，以减少更换作业程序的次数和更换作业程序的时间
后道工序领取方式	前道工序在需要的时刻按照后道工序需要的数量生产其所需要的零件或产品
不合格产品接近零（不让不合格产品流入下道工序）	在生产过程中，以“产品质量是在工序中创造”的思想为原则，减少产生的不合格产品，避免由此造成大量的半成品和生产线停止而引发多种浪费
机械设备故障无限接近零	进行设备维护保养，减少异常停止和机器设备故障，实现准时化生产
全面实施整理、整顿	看板方式的起点就是整理、整顿。通过整理、整顿有效利用空间，做到在必要的时候使用必要的东西
全面推行员工的意识教育	全面推行意识教育，培养消除浪费的意识，进行教育训练，直到员工真正领会浪费的含义
坚持现场问题改善活动	实现目视化管理，查找现场问题的真正原因，并且彻底解决问题

（二）生产指示看板的使用方法

1. 工序内看板的使用方法

工序内看板为单一工序进行加工时所用的看板，其使用时最重要的一点是看板必须跟随实物，即与产品一起移动。后工序来领取中间品时摘下挂在产品上的工序内看板，然后挂上领取用的工序间看板。该工序按照看板被摘下的顺序及这些看板所标示的数量进行生产，若摘下的看板数量变为零，则停止生产，这样既不会延误也不会产生过量的存储。

如果两个工序乃至两个以上的工序紧密连接，甚至可视为一个工序，这些相连接的工序之间就没有必要使用工序间看板。在这种情况下，这些工序间可以使用一张共同的看板。这种看板被称为“工序内看板”。

2. 信号看板（三角看板）的使用方法

信号看板挂在成批制作出的产品上面。如果该批产品的数量减少到基准数时就摘下看板，送回生产工序，然后生产工序按照该看板的指示开始生产。没有摘牌则说明数量足够，不需要再生产。信号看板三角看板和材料领取看板有两种类型，如图 11-1 所示。

三角看板一般挂在一个批量（若干箱）的某个物料箱子上，如图 11-1（c）所示。如果领取到挂着这张看板的物料箱时，生产指示就必须下达，其功能相当于工序内看板。图 11-1（b）所示为冲压工序的三角看板，如果零部件箱领取到下数第 2 箱时，就指示生产 300 个门条。材料领取看板也称为材料准备看板、材料看板，如图 11-1（a）所示，如果领取到挂着这张看板的地方时，搬运指示就必须下达，其功能相当于工序间领取看板。图 11-1（c）所示为看板使用方法，如果领取到第 3 箱的时候，材料领取看板所挂位置，冲压工序就必须到物料存放处领取一个批量（6 箱，即 300 张）钢板。

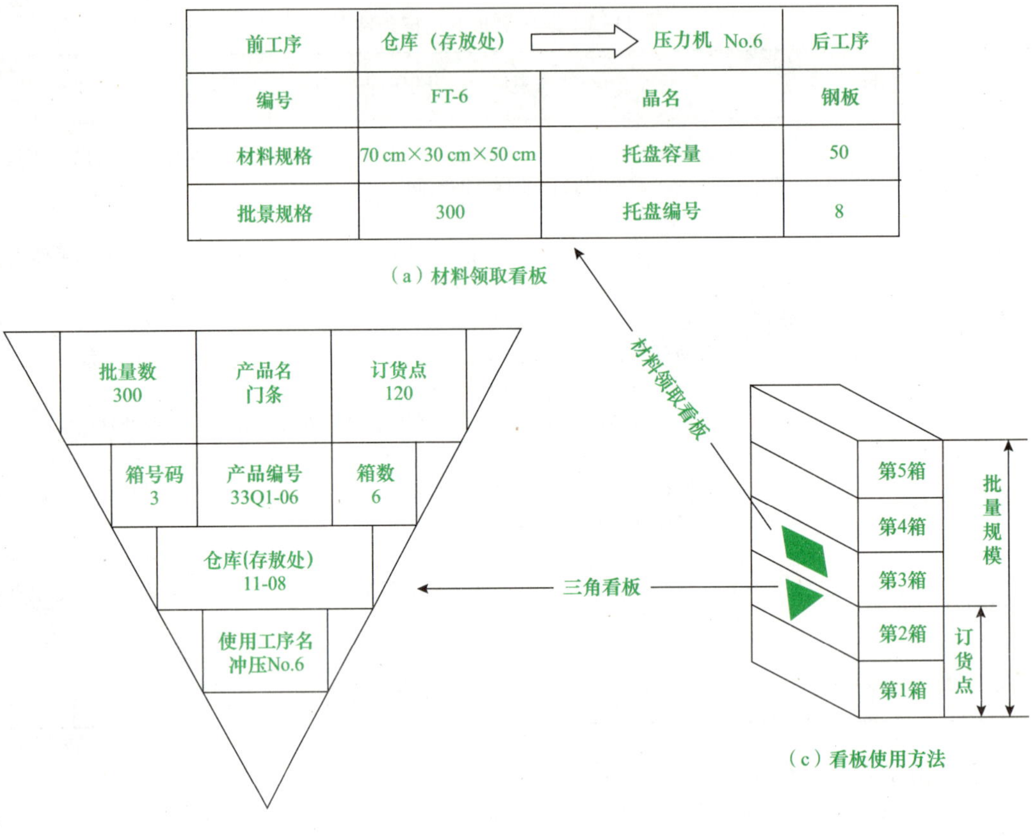

图 11-1　信号看板示意图

（三）领取看板的使用方法

1．工序间领取看板的使用方法

工序间领取看板挂在从前工序领来的零部件的箱子上，当该零部件被使用后，取下看板，放到设置在作业场地的看板回收箱内。看板回收箱中的工序间领取看板所表示的意思是“该零件已被使用，请补充”。现场管理人员定时回收看板，集中起来后再分送到各个相应的前工序，以便领取需要补充的零部件。

2．外协领取看板的使用方法

外协领取看板的摘下和回收与工序间领取看板基本相同。在固定的时间由专人将总装配线旁零件空箱子及供货商看板回收，并按各协作厂家分开，等各协作厂家来送货时由他们带回去，成为该厂下次生产的生产指示。在这种情况下，该批产品的进货将会延迟一回以上。因此，需要按照延迟的回数发行相应的看板数量，这样就能够做到按照 JIT 进行周转。

（四）特殊用途看板的使用方法

1．特快看板的使用方法

当零部件数量不足时使用特快看板。虽然它的作用与生产指示看板和领取看板的作用相同，但特快看板仅限于在异常情况出现时才发出，而且使用之后一定要立刻收回。例如，当后工序的搬运人员去前工序的在制品存放处领取物料时，发现某一零件没有足够的数量，此时他需发出该零件的特快看板，把它放入被称为“红箱子”的特快看板收集箱中，按下设在看板收集箱旁边对应此零件工序的警示灯按钮，以此提醒生产零件的作业人员。

2. 紧急看板的使用方法

紧急看板是为了应对不合格品、设备故障、额外增产、周末增产等而需要一些库存时暂时发出的。这种看板仍采取领取看板或生产指示看板的形式，使用后必须马上收回。

3. 共用看板的使用方法

如果两个工序乃至两个以上的工序紧密连接，以至于可视为一个工序，这些相连接的工序之间就没有必要交换看板。在这种情况下，这些工序间可以使用一张共用的看板，被称为“共用看板”。

例如，在热处理、电镀、冲洗、喷漆等工序之间，就可以使用这种共用看板。因为这些工序所生产的零件制品可以迅速地传往下道工序，工序之间的衔接十分紧密。

4. 台车作为看板的使用方法

在丰田汽车公司的生产现场，当总装配线的发动机数量减少到订货点时，安装发动机的作业人员会立刻把空的台车推向上游发动机生产线，领取装载着一定数量发动机的台车。这时候，台车的数量相当于看板的数量，一辆台车就代表一定数量的发动机，空台车就是发给工序的作业指令。

（一）没有看板就不能生产，也不能搬运

后工序只在需要的时候，才向前工序领取必要数量的零部件。没有看板就说明后工序现在不需要产品，这时候如果生产就变为多余的中间品了。

（二）看板只能来自后工序

JIT 生产是拉动式的生产方式，只能从后工序往前工序送看板，然后前工序才能按照这个看板去生产。

（三）前工序只能生产取走的部分

后工序把前工序生产的产品取走了，前工序就生产以补足那一部分，不能生产太多。

（四）前工序按收到看板的顺序生产

收看板是有顺序的，前工序的生产顺序是先送过来的看板先生产，后送过来的看板后生产，这样前工序就知道后工序最急需的是什么产品，第二急需的是什么产品。

（五）看板与实物要一起传递

一般情况下，看板在传递的时候会与实物一起传递，也就是说看板在传递信息流，而实物就是物流，信息流要与物流结合在一起。

（六）不能把不良品交给后工序

如果前工序把不良品交给后工序，而看板上标注的后工序所需要的中间品的数量是固定的，那么后工序不予签收。例如后工序需要 20 个中间品，前工序提供的 20 个中间品中有一个是不良品，这时候就只剩下 19 个能用，达不到后工序要用的量，后工序就不能签收。

任务小结

通过本任务的学习，可以对看板管理有初步的了解。看板管理是协调管理全公司的一个生产信息系统，就是利用看板在各工序、各车间、各工厂以及与协作厂之间传送作业命令，使各工序都按照看板所传递的信息执行，以此保证在必需时间制造必需数量的必需产品，最终达到准时化生产的目的。看板管理是精益生产中的重要子系统。

思考练习

1. 简述拉动式管理的含义。
2. 简述拉动式生产与推动式生产的区别。
3. 简述看板的概念与类型。
4. 简述看板的功能。
5. 简述看板的使用规则。

项目十二

品质管理

项目导读

品质管理（Quality Control，QC）是以质量为中心，以全员参与为基础，目的在于通过让客户满意而达到长期成功的管理途径。品质管理涉及企业的各个方面，是否有效地实施品质管理关系到企业的兴衰。通过本项目的学习，使学生认识到质量是企业的生命，同时让学生意识到精益求精的品质精神是工匠精神的核心。

案例导入

“符合性质量”与“适用性质量”是目前比较流行的两种质量观念，其代表人物分别是著名的质量管理专家克劳士比、戴明和朱兰。符合性质量观认为，质量就是对特定的规范或要求的符合程度。克劳士比认为，质量并不意味着好、卓越、优秀等，如果要管理质量或者谈论质量，只有相对于特定的规范或要求才是有意义的，也就是说合乎规范或要求即意味着具有质量。符合性质量观对人们具体的工作显然是很实用的。符合性质量观要求人们必须认真对待规定的要求，并坚持“要求”能得到贯彻执行。如果认为“差不多就好”，质量问题就总会存在。

适用性质量观认为，质量就是产品在使用过程中成功地满足用户要求的程度。朱兰说，“质量就是‘适用性’，定义质量应该更多地站在用户的立场上去思考问题”，因此对用户来说，质量就是适用性。

在当今激烈的市场竞争中，适用性质量观要求人们转变观念，“以顾客为中心”，明确企业存在的根本目的。因为在市场经济中，顾客是市场的主体。全球一体化的市场竞争的实质在于企业间对顾客的争夺。企业要想赢得顾客，就必须明确顾客的期望并通过自身的经营活动来满足甚至超越顾客的期望。关注顾客，服务顾客已成为企业运行的基本准则。

有人认为，“符合性质量观”仅仅强调规范，强调合格，难免会忽略顾客的需要，忽略企业存在的真正目的和使命，从而犯下本末倒置的错误。这一结论值得商榷，例如一些假冒伪劣商品也存在市场，一些违背相关标准或者对标准中的技术条款任意削弱、删减的商品也存在市场，等等。

对于适用性质量观念，有人也指出：“对顾客来说，质量就是适用性，而不是‘符合规范’”。这一结论也值得商榷，例如当今假冒伪劣商品屡禁不止，除了制度不健全之外，与标准概念的模糊也有一定的关系。

任务一　认识品质管理

知识目标

◎理解品质管理的重要性；
◎掌握品质管理的基本原则；
◎理解品质管理的理念。

技能目标

◎能根据质量管理的八项原则进行品质管理；
◎能运用品质管理方法提升产品品质。

知识解读

（一）品质是实行精益生产的保证

精益生产为了实现利润最大化，以降低成本作为基本目标，但是为了实现这个基本目标，还必须同时实现另外三个目标：适时适量生产、品质保证和对人性的尊重。如果不从根本上保证品质，就不能全面地实施精益生产。当进行一个流生产时，如果某道工序产出了不良品，那么后续工序将没有物料可以加工，会立即停工，难以做到准时化。精益生产注重的就是不间断的流程化生产，因此必须消除不良品。

传统的品质管理主要依靠事后检验来保证品质，而精益生产品质管理强调事前预防，从操作者、机器、工具、材料和生产过程等方面保证不出现不良品，它强调从根源上保证品质。

此外，精益生产认为凡是不增加产品价值的活动，以及超过增加产品价值所必需的绝对最少的物料、机器、人力、场地和时间等各种资源都是浪费。任何不良品的发生，都会造成材料、机器、人工等损失，任何不良品的修复都是额外的成本支出，与精益生产的目标相违背。因此，品质是实行精益生产的保证。

（二）精益生产促进品质提高

1. 流程化和自动化促进品质提高

对于传统的生产方式，一道工序往往持续数周加工一种零件，等下道工序加工这种零件发现有品质问题，再返修或报废这批零件时，已造成损失。同时，由于时隔数周，该工序的作业人员已经开始加工其他零件，很难辨别究竟以前哪方面的操作出了问题，因此难以找出造成产品质量问题的根本原因。

精益生产进行一个流生产，当加工过程出现问题时，可以立即得到反馈信息，采取纠正措施。下道工序是上道工序的用户，是上道工序品质最权威的检验者，而且实行的不是抽检，是100%的检查。这样取消了工序间的专职检查，既消除了检验这一不增值的活动，同时更彻底地保证了品质。另外，因为实施了自动化，当某道工序出现问题时，生产线就会自动停下来，迫使每个操作者保证品质，防止继续生产不良品，有利于找出问题并进行改善。

2. 准时化采购促进品质的提高

一般企业的采购中有大量活动是不增加产品价值的，如订货、改订、收货、开票、装卸、运输、品质检验、入库、点数、运转、送货等。

为了消除这些浪费，应该先从供货品质抓起。由于供应商提供的产品品质有保证，所以取消了来货检验。运货卡车直接将所需的原材料和零部件运到生产车间，消除了收货、装卸、入库、点数、品质检验等一系列环节，减少了浪费。

在精益生产方式下，为了消除采购中的浪费，宜选择较少的、合格的供应商，并与之建立长期的、互利的合作关系。只有建立长期的关系，供应商才愿意采用较好的设备、技术条件和较好的管理水平来保证准时供货，保证品质。日本公司大都倾向于采用单一供应来源并与之通过合同建立长期的合作关系。他们的信念是，这样会使公司和其供应商在实现市场目标方面开发共同的利益。

总之，准时化采购在品质方面具有如下特点：①协助供应商满足品质要求；②购买者和供应商品质保证人保持密切关系；③鼓励供应商使用工序控制图而非批量抽样检查。这样才能保证“零”不良的流入，同时取消在采购过程中的一系列浪费，因此准时化采购可以促进品质提高。

3. 产品开发促进品质提高

精益生产中对设计开发强调“低损耗”，它包含两层含义：①将损耗及品质问题尽可能在设计与试制阶段暴露与解决。保证开始批量生产时，品质问题少、损耗低；②缩短设计到批量生产的过程时间。

为实现精益设计所要求的“低损耗”，企业在开发设计过程中应采用并行开发、项目管理、完成度评价、品质预测活动、应用统计技术、模块化设计等方法。其中，品质预测活动，也就是利用已有的经验，再根据被预测对象本身的特点、特征，对生产环节中可能出现的问题进行事先预测，使之在发生之前就采取对策，做到防患于未然。有效地使用品质预测方法能提升产品品质，大幅度缩短新产品从投入到产品品质稳定的时间。对于企业来说，其得到的有形价值（品质成本降低）及无形价值（优良品质）都是十分巨大的。此外，在产品设计阶段就充分考虑到质量因素将有助于提高固有品质水平，降低生产成本。

（一）以顾客为关注焦点

组织依存于顾客。因此，组织应理解顾客当前的和未来的需求，满足顾客要求并争取超越顾客期望。这是质量管理最基本的原则，体现了质量管理中最核心的指导思想，提出顾客是组织一切活动、行为、思维的集中点。

组织生产的产品或提供的服务必须有接受者、使用者，即顾客。如果没有顾客，企业就无法生存。组织应调查研究顾客的需求和期望，始终关注顾客要求及顾客对其的满意程度，在理解顾客当前需求的同时还要识别、理解顾客未来的需求，满足顾客当前要求是组织对顾客最基本的承诺，是必须做到的，否则它将被淘汰。由于顾客的需求和期望是不断发展的，组织必须适应这种发展，不断地调整经营策略和采取相应的措施，以满足顾客不断发展的需求和期望。组织为了生存发展，必须具有超越顾客期望的意识和行动，这样它不仅可以赢得现有顾客的信赖，还可招揽潜在的顾客和扩大市场层面，提高市场占有率。一个组织如果遵循以顾客为关注焦点的原则，以增强顾客满意为首要任务，就能抓住机遇，对市场做出快捷而灵活的反应，在竞争中取得优势，为组织及其相关方带来效益。

（二）领导作用

领导者确立组织统一的宗旨及方向。他们应当创造并保持使员工能充分参与实现组织目标的内部环境。这是质量管理的关键。领导者指的是在组织最高层指挥和控制组织的最高管理者。作为领导者，首先要从本组织产品的特点、顾客群体以及所有相关方的利益出发，为本组织确立方向，策划未来，制定质量方针，确定质量目标，建立和实施有效的质量管理体系。领导应确保组织内各岗位的职责和权限得到明确规定和沟通，使全员理解质量方针和质量目标。领导还应确保资源的提供，为员工创造适宜的工作条件和培训机会。为发挥领导作用，领导艺术、领导的管理文化应不断提高，要提倡价值共享、公平竞争，要有透明、务实的工作作风，这样才能调动全体员工的积极性和主观能动性。实践和理论证明：领导者的素质、管理理念的更新、思想和行动的到位，对质量管理起着决定性的作用。总之，一个成功的领导者，必然应当创造并保持使员工能充分参与实现目标的内部环境。

（三）全员参与

各级人员都是组织之本，只有他们的充分参与，才能为组织带来收益。这是质量管理有效运作的基础。组织是指职责、权限和相互关系得到安排的一组人员及设施。组织中的各级人员是组织最根本的组成部分，是组织最重要的资源。他们每个人都在组织中扮演自己的角色，有各自的岗位职责和权限，以使组织成为有机的整体，有序地进行各项活动。

本原则的关键词是“充分参与”，如何体现充分参与，这需要两方面的积极因素：一方面是领导要为员工创造能充分参与的内部环境；另一方面是员工本身应具有强烈的质量意识、敬业精神和责任感，奉献自己所有的聪明才智，尽职尽力。人是生产力中最活跃的因素，随着科技的不断发展，以及人们对物质和精神生活需求层次的提高，对人的知识、技能、才干、职业道德等素质要求也越来越高，一方面是在工作实践中不断地自我完善，另一方面需要加强培训，组织为其创造机会不断地增强他们的能力、知识和才干。在日常的质量管理活动中，在职权范围内给予其充分的自主权，最大限度地调动各级人员的智慧与才干，体现其价值并实现其充分参与以及为实现组织的质量方针、质量目标与持续改进做贡献的愿望。一个组织如果有这样一支团队，必然能为组织带来无限的商机和巨大的收益。

（四）过程方法

将活动和相关的资源作为过程进行管理，可以更高效地得到期望的结果。这是质量管理八大原则中所提的方法中最具特色、最根本的方法。过程是指一组将输入转化为输出的相互关联或相互作用的活动。系统地识别和管理组织所应用的过程，特别是这些过程之间的相互作用，称为“过程方法”。将活动和相关的资源作为过程进行管理，以过程作为质量管理的基本单元，是引导质量管理入门的最好途径。

系统地识别和管理组织所应用的过程可以理解为从组织运作的总体角度来考虑可能涉及的所有过程，要求对每个过程都要进行识别并进行管理。过程可大可小，一个过程可能再分为多个子过程，形成过程网络。对每个过程的识别包括对该过程输入、输出、活动及所需资源的识别。相互作用体现在过程之间的连接关系和某个过程的输出与其下一个过程或几个过程的输入关系。这种关系应予以识别和确定，以利于实施控制。对过程及其相互作用的管理是由诸多活动构成的，它包括对过程的策划，规定过程的目标，职责、权限和使用的资源，明确活动间的接口，进行活动的途径，如何实施过程控制确保过程得到改进。

过程方法的优点是，对诸过程的系统中单个过程之间的联系以及过程的组合和相互作用进行连续的控制。这样就可以有效地使用资源，避免职能交叉，降低成本，缩短周期，并可获得持续改进的动态循环，显著提高组织的总体业绩，能高效地得到期望的结果。

（五）管理的系统方法

将相互关联的过程作为系统加以识别、理解和管理，有助于组织提高实现目标的有效性和效率。系统是指相互关联或相互作用的一组要素，要素是构成事物的必要因素。在质量管理中采用系统方法也就是质量管理的体系方法，它注重体系中过程之间的关系和过程网络（系统）的形成。把质量管理看成一个系统工程，通过建立一个质量管理体系来加以实现，一个有效运行的体系是一个完整的整体，它通过制定质量方针，质量目标，明确职能，确定权限，互相沟通了解，减少或消除职能不清导致的障碍，可系统地考虑资源的投入，减少浪费。由于将相互关联的过程作为系统加以识别、理解和管理，可以使各过程协调运作，根据组织的总目标来设定各过程的分目标，进行系统管理以最终实现其总目标，以最少的资源投入达到最佳的结果。

质量管理的系统方法和过程方法关系非常密切。它们都是以过程为基础，都要求对各个过程之间的相互作用进行识别和管理。但前者着眼于整个系统和实现总目标，使组织所策划的过程之间相互协调和相容，有助于组织提高实现目标的有效性和效率；后者着眼于具体过程，对系统中单个过程之间的联系及其相互作用进行连续控制，以更高效地得到期望的结果。

（六）持续改进

持续改进总体业绩应当是组织的一个永恒目标，也是质量管理中另一个重要的指导思想。它是增强满足顾客要求能力的循环活动，与第一个原则“以顾客为关注焦点”互相呼应，是组织内部环境与外部环境形成良性循环的动力。

组织要生存发展，要不断满足顾客日益增长的需求和期望，还要争取超越顾客的期望。为适应外部环境的不断变化，组织必须不断改进产品的质量，调整产品结构，改进过程、体系运行的有效性，让所有的相关方满意，这样才能增加竞争能力，在市场上立于不败之地。持续改进是一种管理理念，要求组织建立自我完善与不断改进的机制，最高管理者要对持续改进做出承诺，为体系改进、纠正措施、预防措施提供资源保证，亲自主持管理评审，做出提高总体业绩的种种重要决策。持续改进也是组织内每位员工的重要职责，需要全体员工的积极参与。这是一个周而复始、永无止境的螺旋式上升的循环活动，只有坚持持续改进，组织才具有生命力，才能蒸蒸日上。它是每个组织永恒的追求、永恒的动力和永恒的目标。

（七）基于事实的决策方法

有效决策建立在数据和信息分析的基础上。决策是一个在行动之前选择最佳行动方案的过程。组织的各级领导为了实现质量方针、质量目标进行持续改进，对质量管理中的许多方面需要各级领导做出决策，特别是最高管理者的一些重大决策。这一原则的关键词是“有效”，强调决策的有效性。如何实现有效策划，就是决策要建立在数据和信息分析的基础上。数据是事实的表现形式，信息是有意义的数据。组织首先要确定所需的数据和信息及其来源、传递途径和用途，要确保数据是真实的，信息是可靠的。其次，将决策看成是一个过程，应用过程方法使决策达到预期的目标。决策过程就是基于事实的、真实、可靠的数据和信息，应进行的活动可包括将收集的数据和信息进行合乎逻辑的、客观的分析，召集有关人员研究，提出各种方案并对其进行评价、比较、论证，必要时可通过试验、验证等，最后形成最佳方案，这是决策过程的输出。这种决策方法是客观的、理智的，不是凭领导者的主观臆测，可减少决策不当，避免决策失误。它必然会产生增值效应，确保决策的结果是有效的。

（八）与供方互利的关系

组织与供方是相互依存的，互利的关系可增强双方创造价值的能力。供方是指提供产品的组织或个人，如制造商、批发商、产品的零售商或商贩、服务或信息的提供方。他们是组织的合作伙伴，其间是合作互利的关系。随着生产社会化的不断发展，生产专业化程度越来越高，分工也就越来越细，它们彼此间相互依赖，为满足顾客要求必须共同合作。这三者形成一个“供方→组织→顾客”的供应链，顾客和供方都是组织的相关方，组织在考虑满足顾客的需求和期望时，也要考虑供方的利益，也就是说要考虑相关方的利益，达到“三赢”的结果。在组织和供方的关系中，组织首先要根据产品的特点确定需求，对供方进行识别和选择，要实施动态控制，但不能只讲控制不讲互利，要把握好分寸，互相沟通，为共同的利益密切合作。控制与互利是相辅相成的，可促使双方互相鼓励、推动。此外，在法律法规允许的范围内做到共享知识，共享资源，这样可以增强双方共同创造价值的能力，优化成本和资源，能更灵活、快速、一致地对变化的市场做出反应。

（一）零不良

企业的主要生产活动就是制造产品。由于生产的数量非常多，出于经济的原因或者受某些条件的限制，自然就会认为不可能实现全部检查，因此传统观念中存在着“多少会有些不良品存在”这种错误的想法。比如，生产汽车的工厂每年生产数十万辆甚至上百万辆汽车，假设发现一辆不良，以不良率来说只是数十万分之一，甚至是百万分之一，对企业来说品质已经是很好了，但是具体到某一个消费者而言，可能一生中就买了一辆汽车却恰好是不良的汽车。根据资料统计，对小问题不满的消费者会告诉周围 10 个以上的人，而对质量严重不满的消费者会把自己的不幸遭遇告知 16 个以上的人。

就制造工厂而言，任何一个不良品的发生，除了造成成本增加之外，还会使整个生产计划及管理控制活动发生混乱，而衍生的问题及额外的成本负担更是难以计算。精益生产以消除一切浪费为目标，而要降低成本就必须彻底消除不合格品。所以，企业的品质目标应该是“零不良”。

（二）“三防”管理

丰田汽车公司将不良品发生防止、流出防止、再发生防止简称为“三防”管理。①发生防止：确保本工序不出现不合格品；②流出防止：下道工序是用户，防止不合格品从本工序、后工序、检查工序流出；③再发生防止：防止曾经出现的不合格品再次发生。

（三）风化管理

风化管理是指为防止曾经出现的不合格品再次发生，避免管理人员和操作者将其逐渐淡忘，而运用表格和图片方式将不合格品的状态和产生原因记录下来，通过在工位采用目视化方式提醒操作者，不要再次出现同样的不合格品。

（四）过程控制

为用户提供品质优良的产品，提高用户的满意度是所有企业的追求。如果因为产品品质不良给用户造成了损失，那将是企业最大的损失。因为这样不仅伤害了用户，影响了市场，后续的索赔、返修等工作还增加了企业的成本支出。如果在产品未流入市场或在生产过程中就发现了问题并及时解决，就会大大降低企业的损失。有效的应对方法就是能在每个制造工序内发现问题，对影响品质的关键原因进行管理，在每个工序对不良原因做出对策。

（五）工序内采用“三不原则”

丰田汽车公司将不制造不良品、不接受不良品、不流出不良品简称为“三不原则”，这是精益生产贯彻质量“零不良”的基础。

1．不制造不良品

操作者在本工位必须树立的质量意识：下道工序就是用户，不合格品的产生就是浪费，要降低成本就必须彻底消除不合格品。这就需要针对各种质量问题进行事先预防或改善，保证在本工位不制造出不合格品。

2. 不接受不良品

要求本工序做好检查，不接受上道工序的不良品。下道工序的人员一旦发现前工序来的不良品，必须即刻退回去，要求纠正处置，绝对不可以代为修正或者没有反映到前工序。

3. 不流出不良品

如果能达到不制造不良品的完美境界，那么后续的一些检查工作就可以不用做了。但是在现实中，企业几乎无法达到这个目标，所以退而求其次，把重点放在防止不良品流到下一道工序去。换句话说，制造者必须自主检查，不可以有“制造是一个人，检查的是另外一个人”的错误做法。不流出不良品即要做到在哪个环节发现，就必须在哪个环节处理，决不流入下道工序。

任务小结

通过本任务的学习，可以对品质管理的相关概念有初步的了解。品质管理是指确定质量方针、目标和职责，并通过质量体系中的质量策划、控制、保证和改进来使其实现的全部活动。品质是实行精益生产的保证，精益生产促进品质提高。为了实现利润最大化，精益生产以降低成本作为基本目标，但是为了实现这个基本目标，还必须同时实现另外三个目标：适时适量生产、品质保证和对人性的尊重。如果不从根本上保证品质，就不能全面地实施精益生产，因此品质管理也是精益生产的基本要求。

任务二　全面质量管理

知识目标

◎掌握全面质量管理的含义；
◎理解全面质量管理的特点。

技能目标

◎会运用 PDCA 循环法进行质量提升；
◎能有效实施全面质量管理。

知识解读

全面质量管理起源于美国，后来在其他一些工业发达国家开始推行，并且在实践运用中各有所长，特别是日本，在 20 世纪 60 年代以后推行全面质量管理并取得了丰硕的成果，引起世界各国的瞩目。20 世纪 80 年代后期以来，全面质量管理得到了进一步的扩展和深化，逐渐由早期的 TQC（Total Quality Control）演化成为 TQM（Total Quality Management），其含义远远超出了一般意义质量管理的领域，而成为一种综合的、全面的经营管理方式和理念。

全面质量管理创始人之一的费根堡姆1961年在其《全面质量管理》一书中首先提出了全面质量管理的概念："全面质量管理是为了能够在最经济的水平上，并考虑到充分满足用户要求的条件下进行市场研究、设计、生产和服务，把企业内各部门研制质量、维持质量和提高质量的活动构成为一体的一种有效体系。"全面质量管理强调全员通过有效的质量体系，对质量形成的全过程和全范围进行管理和控制，并使顾客满意和社会受益的科学方法和途径。

全面质量管理是从过去事后检验的以"把关"为主，转变为以预防改进为主；从"管结果"转变为"管因素"。推行全面质量管理时要求做到"三全一多样"。

（一）全面的质量管理

不仅对产品的质量进行管理，而且对工作质量、服务质量进行管理；不仅对产品性能进行管理，而且对产品的可靠性、安全性、经济性、时间性和适应性进行管理；不仅对物，而且对人进行管理。总之，全面质量管理是对各个方面的质量进行管理。

（二）全过程的质量管理

产品质量有一个产生、形成和实现的过程。全面质量管理的范围包括从市场调查开始到产品设计、生产、销售等，直到产品使用寿命结束为止的全过程。通过全过程的质量管理，在产品未流入市场时及时发现并解决问题，将顾客和企业的损失降到最小。

（三）全员参加的质量管理

全过程的质量管理不仅是质量管理部门或质量检验部门的工作，而且是设计、生产、供应、销售、服务过程中有关人员的工作，还是企业中各个部门所有人员的工作。因为企业中从事财务、教育、后勤等各种人员的工作质量，都直接或间接地关系到产品和销售服务的质量。

（四）质量管理采用的方法是科学的、多种多样的

随着科学技术的发展，人们对产品和服务的质量提出的要求越来越高，影响质量的因素也越来越复杂。在不同情况下，因影响因素不同，可采用不同的专业技术和管理技术，如目前采用的统计过程控制（SPC）软件、质量功能展开（QFC）等。

全面质量管理的基本实施步骤是一个封闭的PDCA循环，即计划（Plan）、执行（Do）、检查（Check）、处理（Act）四个步骤。计划是制订科学合理的质量保证与提升计划。执行是按照所制订的计划和措施去实施。检查是对照计划检查全面质量管理的执行情况和效果，并及时发现和总结计划实施过程中的经验和问题。处理是根据检查的结果采取措施、巩固成绩、吸取教训、提升质量，并将尚未解决的遗留问题转交下一轮PDCA循环中。

（一）全面质量管理实施的步骤

1．确立管理目标和方针

实施全面质量管理需要先明确企业或组织的管理目标和方针，以明确质量管理工作的方向和目标。这些管理目标应该是可量化和可实现的，并需要同时考虑到客户需求、市场变化和内部流程。确定管理目标和方针需要涉及组织内的所有方面，包括质量、生产、服务、销售等。

2．制订质量管理计划

制订质量管理计划是全面质量管理实施中的关键步骤。质量管理计划应涵盖组织内所有相关部门和流程，包括质量目标、工作分配、资源分配、时间表、监测和评估计划等。制订质量管理计划

需要涉及所有层面的管理，以确保计划在执行过程中得到全面的支持。

3. 实施质量管理计划

实施质量管理计划是全面质量管理过程的核心步骤。这需要关注每个流程和阶段，并为每个阶段和流程分配质量标准。此外，需要提供适当的培训和工具以帮助员工正确实施质量管理计划。

4. 验证质量管理效果

验证质量管理效果可以通过收集数据并进行分析来完成。这可以帮助确定是否满足了质量管理计划中制定的目标。数据分析应涵盖制度、过程、绩效和客户反馈等方面。通过验证质量管理效果，可以说明实施计划的实际成果，并获取反馈以引入必要的改进措施。

5. 持续改进

持续改进是全面质量管理实施过程中最为关键的环节。持续改进包括对已有流程的改进和对新流程的评估。需要不断监测和评估，以确保所有改进都是有意义和有效的。

（二）全面质量管理实施的流程

1. 确立质量管理的组织与职责

组织需要确定质量管理的具体职责，以确保所有人都知道其负责的具体范围，从而使他们能够了解如何保证组织的质量标准。这个流程需要涉及质量经理、生产经理、销售人员、客户服务经理等。质量经理是负责管理流程和执行质量管理的主要角色，其他部门的人员需要了解质量管理的基本知识，并在各自负责的领域执行全面质量管理。

2. 建立并运行质量管理体系

全面质量管理的实施需要建立一个质量管理体系。质量管理体系应该是以 ISO 9001 标准为基础的，并确保其包括所有的相关质量标准和流程。这些流程中应该包括组织架构、质量职责、文件管理、质量计划、质量控制和持续改进等方面。

3. 实施过程管理

过程管理是全面质量管理的另一个关键环节。它帮助组织识别和优化流程，并提高随机事件的控制能力。这个流程需要通过持续改进来完善，并需要专门的质量经理来负责。过程管理应该包括流程映射、流程改进、流程质量控制等方面。

4. 实施产品和服务设计

这个环节需要确保产品和服务的设计满足客户要求，并将客户的反馈纳入设计过程。这个流程需要全面考虑产品和服务设计的方方面面，包括人员、材料和流程等。产品和服务设计的实施需要包括产品和服务的规划与设计、产品和服务的评估与验证、生产和服务流程的管控等方面。

5. 实施供应商评估

实施供应商评估可以帮助组织确定与质量管理相关的供应商，并监测供应商的质量控制。这个环节需要组织检查供应商的能力、保证供应商质量管理的合规性、确定与供应商质量控制相关的款项等方面。

6. 实施质量管理数据分析

质量管理数据分析可以帮助组织得到质量监测数据，并从中获取重要的质量信息。数据分析应涵盖流程监控、产品质量控制等方面，以便即时了解组织内部的质量表现情况。

7. 实施内部审核与监测

内部审核与监测可用于审查和监测质量管理体系的运作和执行。质量管理体系的内部审核和监测是指组织内部对质量系统的自我审查和监测，以确保符合国际或国内质量管理标准。

8. 实施持续改进

持续改进是全面质量管理实施过程的关键环节。持续改进应基于数据分析、客户反馈、内部流程和管理体系的评估结果，并需要完善质量管理流程和标准，以确保组织的整体质量不断提升。

任务小结

通过本任务的学习，可以对全面质量管理的含义及特点有初步的了解。全面质量管理强调全员通过有效的质量体系对质量形成的全过程与全范围进行管理和控制，并使顾客满意和社会受益的科学方法与途径。全面质量管理是从过去事后检验的以“把关”为主，转变为以预防改进为主；从“管结果”转变为“管因素”。在推行全面质量管理时，要求做到“三全一多样”。

思考练习

1. 简述品质管理的重要性。
2. 简述品质管理的基本原则。
3. 简述品质理念与管理方法。
4. 简述全面质量管理的含义。
5. 简述全面质量管理的特点。
6. 简述全面质量管理的实施步骤。

参 考 文 献

[1] 刘树华，鲁建厦，王家尧．精益生产［M］．北京：机械工业出版社，2010.
[2] 张平亮，严志华．现场管理与精益生产［M］．北京：机械工业出版社，2019.
[3] 蔡斯等．生产与运作管理［M］．北京：机械工业出版社，1998.
[4] 宋文强．现场精细化管理［M］．北京：化学工业出版社，2011.
[5] 张淑君，林光．企业运作管理［M］．北京：清华大学出版社，2004.
[6] 陈荣秋，马士华．生产与运作管理［M］．4 版．北京：高等教育出版社，2016.
[7] 史蒂文森．生产与运作管理［M］．北京：机械工业出版社，2000.
[8] 杨华．精益生产管理实战手册［M］．北京：化学工业出版社，2018.
[9] 田英，黄辉，夏维力．生产与运作管理［M］．西安：西北工业大学出版社，2005.
[10] 吕梁，杨志宏，方飞虎．流程型企业 5S 攻略［M］．北京：机械工业出版社，2014.
[11] 李锋，黄德力．图解 5S 运作精益化管理［M］．北京：中国劳动社会保障出版社，2014.
[12] 杨建宏，殷卫民，黄华．精益生产实战应用［M］．北京：经济管理出版社，2010.
[13] 杰弗瑞·莱克，大卫·梅尔．丰田人才精益模式［M］．钱峰，译．北京：机械工业出版社，2016.
[14] 刘胜军．精益“一个流”单元生产［M］．深圳：海天出版社，2008.
[15] 大野耐一．丰田生产方式［M］．谢克俭，李颖秋译．北京：中国铁道出版社，2016.
[16] 魏大鹏．准时化生产体系实践［M］．北京：机械工业出版社，2012.
[17] 刘胜军，精益生产：现代 IE［M］．深圳：海天出版社，2003.
[18] 杨申仲．精益生产实践［M］．北京：机械工业出版社，2011.
[19] 林海，杨靖．推行精益化生产的 68 个关键细节［M］．北京：中国电力出版社，2011.
[20] 张平亮．现代生产现场管理［M］．2 版．北京：机械工业出版社，2015.